高等院校继续教育财经类系列教材

统 计 学

姜爱萍 编著

上海大学出版社
·上海·

图书在版编目(CIP)数据

统计学/姜爱萍编著. —上海:上海大学出版社,
2023.2
ISBN 978-7-5671-4555-9

Ⅰ.①统… Ⅱ.①姜… Ⅲ.①统计学 Ⅳ.①C8

中国国家版本馆 CIP 数据核字(2023)第 021961 号

责任编辑　石伟丽
封面设计　缪炎栩
技术编辑　金　鑫　钱宇坤

统计学

姜爱萍　编著
上海大学出版社出版发行
(上海市上大路 99 号　邮政编码 200444)
(https://www.shupress.cn 发行热线 021-66135112)
出版人　戴骏豪

*

南京展望文化发展有限公司排版
上海东亚彩印有限公司印刷　各地新华书店经销
开本 787mm×1092mm　1/16　印张 17.5　字数 372 千
2023 年 2 月第 1 版　2023 年 2 月第 1 次印刷
ISBN 978-7-5671-4555-9/C·142　定价　46.00 元

版权所有　侵权必究
如发现本书有印装质量问题请与印刷厂质量科联系
联系电话:021-34536788

丛书编委会

主　任　陈方泉
副主任　沈　瑶　徐宗宇
编　委　聂永有　尹应凯　胡笑寒
　　　　　房　林　严惠根　郭　琴
秘　书　石伟丽

总　序

随着经济全球化的不断深入和我国社会主义市场经济的不断发展,培养更多能够"知行合一"的高素质应用型经济管理人才是高校经管学科面临的重大任务和挑战。为此,我们遵循"笃学、笃用、笃行"的原则,组织上海大学相关学院的专业骨干教师,并与业界专业人士合作,编写这套新型的经济管理类教材。

本系列教材力求遵循教育教学规律,体现研究型挑战性教学要求,努力把握好"学习、实践、应用"三大关键。一是准确阐述本学科前沿理论知识,正确反映国家治理和制度创新的最新成就,体现经济社会发展趋势,使学生在学习专业知识的同时,养成正确的家国情怀和社会责任感,从而达到良好的思想政治和职业操守教育效果;二是通过"导入"等新的教学环节设计,教授学生科学、专业的思维方式和工作方法,培养学生在专业领域内由浅入深、由表及里,发现问题、分析问题、解决问题的能力;三是通过"拓展学习"的设计,引导学生关注并研究经济社会发展中出现的新问题,运用专业知识求实探索,寻求解决新问题的对策,培养学生的批判精神和创造能力,从而达到"授之以渔"的效果。

本系列教材的主要对象是高校经济管理学科接受继续教育的学生,同时也适用于有兴趣不断学习、更新经济管理知识的人士使用。我们还将运用现代信息技术和数字化教学资源,建设本系列教材的音像、网络课程,以及虚拟仿真实训平台等动态、共享的课程资源库。

本系列教材难免不足之处,敬请广大读者批评指正。

丛书编委会
2021 年 4 月

前　言

统计学是一门古老的科学,起源于古希腊的亚里士多德时代,迄今已有两千多年的历史。随着社会、经济和科学技术的发展,统计在现代化管理和社会生活中的地位变得日益重要,特别是在大数据时代。大数据分析与统计学知识息息相关,大数据的发展势必会将统计学推升到一个新的高度,甚至有的科学家还把我们的时代称为"统计时代"。显然,21世纪统计科学的发展及统计学的未来,已经被赋予了划时代的意义。"统计学"课程将从实际应用出发,阐述统计数据的收集方法、展示方法和利用统计数据对实际问题分析的方法。通过本课程的教学,学生可以掌握并能运用统计基本方法和技术收集数据、整理数据、分析数据,并据此对问题有正确的认识,从而培养探索数据数量规律性及解决实际问题的能力,以应用统计方法为自己所学专业服务。

本书的编写本着整体与重点兼顾、理论与实用兼顾的原则,主要面向继续教育学生,侧重统计学的基础理论知识的阐述。本书按照严密的逻辑顺序布局,具有很强的逻辑性、系统性和可读性。在本书的布局上,每章内容以问题实例引出理论内容,课后附有思考题、练习题与拓展题,便于读者巩固和复习统计知识。

本书的主要内容包括描述性统计学和推断性统计学两大部分。在介绍理论知识的同时,本书结合实践,对统计方法的应用进行介绍,使读者能够知其然,同时知其所以然,又能知其为何所用、如何使用。另外,本书还介绍了一些常用于统计学的计算机软件,如SPSS,读者利用SPSS对课后习题进行解析,可以简化统计学的运算,提高学习效率,更好地将理论和实践结合起来。

为了让读者更好地把握本课程的内容及知识点，本书还提供如下课外资源以供学习：https://coursehome.zhihuishu.com/courseHome/1000009067#onlineCourse。

本书可以作为继续教育统计学课程的教材。在使用中，教师可以根据教学需要酌情选讲。希望本书能够对读者有所帮助，也希望读者能提出更多的修改建议，以便笔者对本书进一步修改和完善。在此特别感谢王树文、郭先航、李羿和刘婷羽对于本书的编撰和修订工作的帮助。

目　录

前言 ··· 1

第一章　数据与统计的基本概念 ·· 1
　　第一节　统计学的分类 ·· 1
　　第二节　变量的分类 ·· 2
　　第三节　数据的收集 ·· 3

第二章　描述性统计学 ·· 7
　　第一节　类别数据整理 ·· 7
　　第二节　数值数据整理 ··· 10
　　第三节　拓展运用（SPSS操作介绍）··· 14

第三章　数值度量 ··· 22
　　第一节　集中趋势 ··· 23
　　第二节　变异程度 ··· 26
　　第三节　分布形态 ··· 30
　　第四节　拓展运用（SPSS操作介绍）··· 31

第四章　概率 ·· 42
　　第一节　概率的基本概念 ·· 43
　　第二节　条件概率 ··· 48
　　第三节　独立性 ··· 49
　　第四节　贝叶斯定理 ··· 50

第五章　离散概率分布 ... 56
第一节　离散概率分布 ... 57
第二节　二项分布 ... 59
第三节　泊松分布 ... 62
第四节　拓展运用（SPSS 操作介绍）... 64

第六章　连续概率分布 ... 71
第一节　连续概率分布 ... 71
第二节　正态分布 ... 72
第三节　拓展运用（SPSS 操作介绍）... 77

第七章　抽样和抽样分布 ... 84
第一节　抽样方式 ... 84
第二节　抽样分布 ... 85

第八章　置信区间估计 ... 98
第一节　置信区间估计 ... 98
第二节　总体均值的置信区间估计 ... 99
第三节　总体比例的置信区间估计 ... 103
第四节　拓展运用（SPSS 操作介绍）... 105

第九章　假设检验 ... 109
第一节　假设检验的基本概念 ... 109
第二节　假设检验的两种检验方法 ... 113
第三节　总体均值的 z 假设检验（σ 已知）... 114
第四节　总体均值的 t 假设检验（σ 未知）... 117
第五节　总体比例的 z 假设检验 ... 121
第六节　拓展运用（SPSS 操作介绍）... 124

第十章　双总体参数的推断 ... 130
第一节　两个独立总体均值的差异性推断 ... 130
第二节　两个相关总体均值的差异性推断 ... 143

第三节　两个独立总体比例的差异性推断 …………………………………… 148
　　第四节　扩展运用（SPSS操作介绍） ………………………………………… 153

第十一章　简单线性回归 ……………………………………………………………… 160
　　第一节　变量间的关系 …………………………………………………………… 161
　　第二节　简单线性回归模型的估计和推断 ……………………………………… 164
　　第三节　用简单线性回归方程进行预测 ………………………………………… 175
　　第四节　拓展运用（SPSS操作介绍） …………………………………………… 177

练习题参考答案 ………………………………………………………………………… 189

附表1　二项分布表 …………………………………………………………………… 249
附表2　泊松分布表 …………………………………………………………………… 252
附表3　累积标准正态分布表 ………………………………………………………… 258
附表4　t 分布表 ……………………………………………………………………… 261
附表5　F 分布表 ……………………………………………………………………… 265

第一章

数据与统计的基本概念

 本章教学目标

通过本章的学习,学生应当了解统计学的分类,熟悉变量的分类,掌握数据的分类。

 本章核心概念

属性变量;数值变量;离散型变量;连续型变量;总体;样本;参数;统计量

 导入

某电脑公司原来一直坚持直销模式,后陷入利润下滑困境,所以开始转变思路,尝试与终端零售卖场携手,拓宽销售渠道。该公司把其业务重点放在了电脑业增长最快的领域——个人消费和新兴市场上,从而开启了双渠道模式,一方面加强了与知名零售终端的合作,另一方面加强了和消费者的互动沟通。同时,该公司还推出了包含更多工业设计元素的电脑型号,甚至新的品牌。经过这一系列的改革后,2020年该公司全年营业收入为922亿元,同比增长12%,公司的运营利润从上一年的亏损2亿元变为盈利26亿元,实现了扭亏为盈的目标。

问题:

(1) 是什么促使该公司做出使其起死回生的决策?

(2) 该公司想在业务方面谋求改变,这需要尽快对市场偏好进行分析和调查。对此,该如何进行?

(3) 在企业和政府决策中是否也可以运用这种思路做出同样明智的决策呢?

第一节 统计学的分类

在做出决策之前,需要对很多方面进行调查和分析。例如:针对"导入"的问题(1),该公司在做出把业务重点放在个人消费和新兴市场的决策之前,就需要从多个方面对市场进行调查。而在调查和分析这些复杂问题的时候,该公司要运用不同层面的统计学知识。例如,当该公司对某季度销售状况进行分析时,需要通过表格与图线等方式呈现具体数据;在对主要消费对象进行分析时,需要调查一定范围的消费者所属的群体,研究销售额是来自个人消费还是集体购买等。

从统计学的角度来看,更为细分的统计学有两类:**描述性统计学**与**推断性统计学**。描述性统计学是指利用各种可视化方法,如制表、分类、图形和计算来概括、描述数据的方法,一般用在只需对数据的基本特征进行描述的时候。运用描述性统计学来处理问题的流程一般是:收集数据,用不同方式呈现数据和描绘数据特征。推断性统计学是依据样本数据来推断出总体特征的统计方法。在对总体的数据统计难以实现但需要获取总体数据的某些特征时,往往需要分析样本来进行推测。例如,该公司对消费者购买途径偏好的分类便属于这种情况。运用推断性统计学来处理问题的流程一般是:选择研究总体,然后抽取样本调查并计算统计量,最后推断总体情况,进行假设检验。

第二节　变量的分类

"导入"的例子中存在的一些数据,如922、12%等,如果单独拿出来,人们可能会不明白这些数据所表述的含义,产生类似疑问:"922到底是指什么?922个人还是922元钱?"所以,需要赋予这个量一个相应的名称,明确地表达它们的对应含义。而这些对应数值不固定的量就是变量。

变量大致可以划分为两类:**属性变量和数值变量**。**属性变量**又称为类别变量,它的取值是分类的不同类别;**数值变量**又称为定量变量,它的取值是通过计数或者测量得到的。

属性变量可以用于描述"是"和"否"这种判断类问题的结果,也可以用于描述一个具有多种类别的属性和特征的对象。如根据企业的经营模式可以将企业划分为个人独资企业、合伙制企业和公司制企业;根据企业的规模可以将企业划分为小微企业和大中型企业。对于一个属性变量,可以从不同的角度进行划分,所以它的变量值也随之不同。因此,在定义一个属性变量的时候,需要给出明确的划分尺度,这样变量对应的变量值才不会产生歧义。另外,需要强调的一点是,属性变量的值是定性的,表现为互不相容的类别或属性。

数值变量是用来说明事件的数值特征的一个变量。例如,该公司不同季度电脑销售台数及运营利润均为数值变量。根据这些数值变量取值的测量单位不同,可以将数值变量分为离散型变量和连续型变量。离散型变量指的是变量的取值只能通过计数的方法获得,离散型变量的取值必定是整数,并且可以列举出来。例如,某公司在某季度的电脑销售台数是1000万台。而连续型变量指的是变量的取值在数轴上是连续不断的,无法被列举出来,即在一定区间上可以取任意实数值。例如,某公司员工的平均身高是1.75米。

第三节 数据的收集

给出所需研究的变量的定义之后,就可以通过收集数据对变量进行对应数值的填充。数据是统计学的研究对象,数据的选择不同可能会导致相同的调查研究的统计结果截然不同。如果收集的数据存在主观因素或者存在缺失的情况,调查结果就可能失去可信度。因此,在收集数据时,首先要对数据来源进行区分。

一、数据的来源

回顾一下"导入"的问题(2)。显然,在这个问题中,公司转型需要尽快对市场数据进行调查和分析。如果重新对市场状况进行较为全面的调查会相对耗时耗力,这个时候通常需要借助现有数据来进行分析和研究。在收集数据的时候经常会由于时间、成本等方面的原因,选择收集不同的数据和不同的数据收集方法,这些不同的数据来源就可以分成**原始数据来源**和**二手数据来源**。如果使用自己收集的数据来进行分析,这些数据就是原始数据;如果选择对现有的数据进行分析,这些数据就是二手数据。

二、数据的分类

由于数据是变量的取值,所以按照变量的分类,数据整体上也可以分为两大类,即类别数据和数值型数据。

类别数据是一种按照数据的属性进行归类的非数值型数据,它是对事物进行分类的结果,一般通过文字信息来描述这一类数据。例如,人口按性别划分可以分为男和女两类;股票按不同类别划分可以分为 A 股、B 股等;超市中的商品按商品属性划分可以分为食品、家电、服装等。在"导入"的例子中,该电脑公司下设的各个业务部门就是类别数据。

数值型数据是按数字尺度测量的观察值,观察值结果表现为具体的数值。现实生活中常见的数据大多数都是数值型数据。例如,某班全部学生在期末考试中的数学成绩、商场对入内的消费者测量的体温数值、股市在交易日的涨跌百分比等。这些数据,均属于数值型数据。在"导入"的例子中,该电脑公司全年利润 26 亿元就是数值型数据。

与数值变量一样,数值型数据又分为**离散型数值数据**与**连续型数值数据**。离散型数值数据是指数值只能用整数单位计算的数据,如具体的人数、设备的台数。某电脑公司在某季度的电脑销售台数是 1 000 万台就是离散型数值数据。连续型数值数据是指在一定区间内可以任意取值、数值是连续不断的、相邻两个数值可作无限分割(即可取无限个数值)的数据,如人的身高、体重。

三、总体和样本

总体是包含所研究对象的全部个体(数据)的集合,通常由所研究的一些个体组成,组成总体的每一个元素称为个体。但是在实际生活中,为了节省时间和降低成本,通常是从总体中随机抽取一定数量的个体,这些个体就称作**样本**。

样本是观测或调查的一部分个体,总体是研究对象的全部。例如,在"导入"的例子中,如果该电脑公司所在的科技集团在2020财年的全年营业收入是总体的话,那么该公司所在的科技集团在2020财年第四季度的营业收入就是其中一个样本。

统计学中把总体的指标统称为**参数**,而由样本算得的相应的指标称为**统计量**。参数一般是确定的但未知的,统计量是变化的但可知的。这是由于根据一个总体可以挑选出很多个样本。

> **探究与发现**
>
> 通过上述学习,你是否对"导入"所提出的问题进行了相关思考,并能够回答上述问题?

本 章 小 结

本章主要介绍了统计学的分类,也对统计学分析中所运用的变量的种类进行了区分。除此之外,还介绍了数据收集中所需注意的数据来源的区分与数据类别的划分。本章思维导图如图1-1所示。

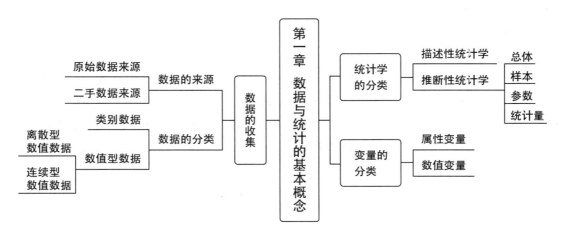

图1-1 第一章思维导图

本章练习题

一、概念梳理

1. 判断下列描述的是连续型数据还是离散型数据。
   (1) 班里所有男生的平均身高。（   ）
   (2) 双 11 期间，某店铺的消售单数为 2 315 单。（   ）
   (3) 某高速收费站某日通过的车流量为 3.2 万次。（   ）

2. 判断下列文字是对哪一定义的描述。
   某调研部门打算通过某支付软件对该软件全体用户 2020 年上半年的网上消费水平进行调查统计。该调研部门随机抽取了 5 000 名用户的消费金额数据进行统计。其中，全体用户是一个（   ），其中的 5 000 名被选取的用户是一个（   ）；全体用户的消费金额是（   ），5 000 名被选取的用户的消费金额是（   ）。

二、概念运用

1. 选取三家零售电商平台作为研究对象，平台相关信息如表 1.1 所示。判断下列文字是对哪一定义的描述，请填在括号内。

   表 1.1　　　　　　　　　　2020 年三家零售电商排行榜

平台	细分行业	估值(亿元)	成立时间	所在地	排名
电商平台 A	汽车电商	90	2015	北京	1
电商平台 B	社交电商	50	2013	上海	2
电商平台 C	汽车电商	35	2012	杭州	3

   (1) 2020 年某电商平台每天成交的订单数。（   ）
   (2) 2020 年 9 月 8 日某电商平台成交的订单数。（   ）
   (3) 2020 年某电商平台每天成交的订单的总价格。（   ）
   (4) 2020 年 9 月 8 日某电商平台每天成交的订单的总价格。（   ）
   (5) 2020 年某电商平台每天成交订单的商品类型(食品、家电、母婴等)。（   ）
   (6) 2020 年 9 月 8 日某电商平台中一商家交易订单为 20 笔。（   ）
   (7) 2020 年某电商平台活跃用户达到 4.4 亿。（   ）

2. 某调研部门打算通过某支寸软件对 2020 年上半年该软件用户网上消费物流情况进行调查。该调研部门随机抽取 5 000 名用户发放问卷进行物流满意度调查，男生用户 2 500 名，女性用户 2 500 名。其中，15% 的用户对物流很满意，25% 的用户对物流比较满意,35%的用户比较不满意,25%的用户不满意。此外,该调研部门对5 000名用户的平均收货时间进行了统计,收货时间平均为2天10小时。判断下列数据属于什么类型的数据,请填在括号内。

(1)"男""女"是(　　　　)数据。

(2) 2 500名、5 000名属于(　　　　)数据。

(3) 2天10小时属于(　　　　)数据。

三、案例分析

根据某电商平台2020年的数据报告,在2020年里平均每个月有很多人活跃在该电商平台上。从2016年到2020年,该电商平台的活跃用户持续走高。这背后,是该电商平台业务的持续创新,以及对内容化、社区化战略的坚定执行。该电商平台还特别对首页信息流进行全面改革,网络平台界面变得更为简洁,但内容更为丰富,这使得平台对更广泛、更多元用户群体的吸引力持续提升。

该电商平台2020年的数据报告还显示,用户访问该电商平台的高峰期集中在中午12点和晚上9点两个时段,这说明用户在午饭后、睡前的时间段更爱访问这个电商平台。每周三是该电商平台成交流量的高峰时段,也是一周中平均登录人数和完成购物车结算最多的一天。

90后已经取代80后成为消费的中坚力量,而95后是支付订单最爽快的群体。2020年,在该电商平台中,年收入超过百万元的卖家达到43.7万位,其中有2 252位卖家销售收入超亿元。

从上面的例子中可以看出,该电商平台已经创造了巨大的价值,并且电商平台还呈现不断增长的趋势,未来将带来更多的价值。而该电商平台的扩张是基于该电商平台对市场的不断分析和调查再进行创新得到的结果。如果想要分析今后该电商平台的发展路线,首先需要对市场有一定的了解,而市场的信息在统计学中可以由许多不同层面的数据来反映。在这个例子中,我们可以得到哪些数据并从这些数据中发掘出哪些信息呢?

本章自主练习

拓展学习

一家零件制造商称在该厂生产的零件次品率低于3%。当从一次大规模生产中抽取800个零件时,7%的零件被发现是次品。根据此例,回答以下问题:

(1) 在上例中,什么是总体?

(2) 在上例中,什么是样本?

(3) 在上例中,什么是参数?

(4) 在上例中,什么是统计量?

第二章

描述性统计学

 本章教学目标

通过本章的学习,学生应当了解描述性统计学的概念;熟悉描述性统计的两种表达方式,即可视化的图和表;掌握不同数据类型所对应的图和表。

 本章核心概念

表：总结表;列联表;频数分布表;频率分布表;百分比分布表;累计百分比分布表

图：条形图;饼状图;茎叶图;直方图;折线图;累计分布图

 导入

某电脑公司 2020 年的财务报表显示,三个业务部门收入均实现两位数增长,具体信息如下：该公司科技部门(记为 A)2020 年有 200 名员工,收入为 238 亿元,同比增长 9%;基础设施解决方案部门(记为 B)2020 年有 150 名员工,收入为 99 亿元,同比增长 10%;客户端解决方案部门(记为 C)2020 年有 100 名员工,收入为 109 亿元,同比增长 4%。为了庆祝公司扭亏为盈,2020 年底要开庆功表彰会,对各部门的优秀员工进行表彰奖励。

问题：

(1) 该公司哪个业务部门的优秀员工占比最大?

(2) 该公司三个业务部门的销售占比各为多少?

在思考这些问题的时候,一定离不开数据。但是面对纷繁复杂的原始数据,可能会无从下手。有没有一种简单直观的方法可以快速地获取信息解决问题呢?

第一节　类别数据整理

面对纷繁复杂的原始数据,首先要做的就是对数据进行整理。对于不同类型的数据可采用不同的处理方法。在整理类别数据的时候,一般采用**总结表**来分析单变量的类别数据。另外,也可以用图形使数据可视化。对于单变量的类别数据,一般使用**条形图**和**饼**

状图；而在分析多变量的时候，简单的总结表可能就无法清晰全面地展示出所有数据信息，这时一般使用**列联表**来分析多变量的类别数据。

一、总结表

总结表是将每个类别数据的计数结果用频数、频率或者百分比的形式表示出来的表格。下面以一个类别数据的例子说明总结表的用法。

【例 2-1】表 2.1 展示了某电脑公司在 2020 年得到表彰的优秀员工来自部门的数据。请用总结表分析。

表 2.1　　　　　某电脑公司在 2020 年得到表彰的优秀员工来自部门的数据

A	B	A	C	A	B	C	C	A	A
C	A	B	A	C	A	B	A	C	C
A	B	A	C	A	C	A	B	A	B
A	C	A	B	C	A	C	C	B	A
C	C	C	A	B	B	A	B	C	C

解：对表 2.1 的数据先进行排序，按部门代码进行分组，并计算各组的频数、频率及百分比，得到的数据如表 2.2 所示。

表 2.2　　　　　　　三个部门得到表彰的优秀员工分布表

部门代码	频数	频率	百分比
A	20	0.40	40%
B	12	0.24	24%
C	18	0.36	36%
合计	50	1.00	100%

在表 2.2 中，第二列是频数分布表，第三列为频率分布表，第四列为百分比分布表。与表 2.1 的原始数据相比，表 2.2 清晰地显示了类别数据的分布特征。从表 2.2 中可以看出部门 A 被表彰的优秀员工最多，占总人数的 40%。

二、条形图和饼状图

在表 2.2 的基础上使用图形能够更加直观和清晰地显示频数分布特征。对于分类数据,常用的图形有条形图和饼状图。在条形图中,用相互分开、宽度相等的条或柱表示类别,一个数轴表示分类数据,另一个数轴表示频数或频率。分类数据在横轴为柱形图,分类数据在纵轴为条形图。饼状图用圆形及圆内扇形面积表示数值大小,一般用于表示类别数据的比重。依据表2.2所绘制的柱形图和饼状图分别如图2-1和图2-2所示。

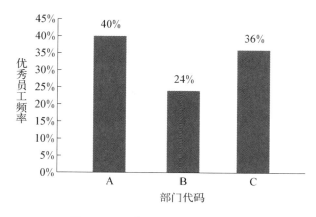

图2-1 三个部门得到表彰的优秀员工频率柱形图

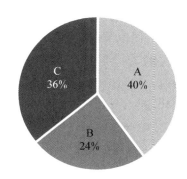

图2-2 三个部门得到表彰的优秀员工频率饼状图

三、列联表

在分析多变量类别数据的时候,可以使用列联表来进行整理。简单来说,列联表是两个类别数据总结表的结合。具体来说,列联表就是将两个类别变量交叉而构造出来的一个表。列联表可以用频数或者百分比表示,每个行和列的交点都是一个单元格,用来表示交叉结果。针对本章"导入"案例中三个部门的人员构成情况,可以建立如表2.3所示的列联表。

表2.3　　　　某电脑公司业务部门及不同性别人数列联表(单位:名)

业 务 部 门	男 性 员 工	女 性 员 工	总 　 计
科技部门	120	80	200
基础设施解决方案部门	100	50	150
客户端解决方案部门	30	70	100
总　　计	250	200	450

相比之前的总结表,列联表可以更加多元地分析数据。

第二节　数值数据整理

数值数据相比于类别数据来说,表现为原始数据的简单随机罗列,显得更加繁杂无序。所以,在整理的时候就需要对这些数据进行一个排列,排列顺序一般默认为从小到大。排序后的数据为有序数组,从有序数组可以看清楚数值型数据的范围,便于选择合适的分组。然后,可以用表格或者图形来对得到的数据组进行整理,比如频数分布表、直方图、茎叶图以及折线图等。

【例2-2】下面数据为随机抽取的某电脑公司不同门店的电脑月销售台数:67,5,17,91,2,71,6,9,55,11,76,13,62,14,87,15,77,26,87,70,27,63,33,28,83,33,84,38,89,40,98,40,42,79,42,67,42,44,67,44,51,99,59,66,71,72,81,85,93,79。

应该如何对上述数据进行整理呢?

解:这组数据本身是无序的,所以要先对数据进行排序,如下所示:2,5,6,9,11,13,14,15,17,26,27,28,33,33,38,40,40,42,42,42,44,44,51,55,59,62,63,66,67,67,67,70,71,71,72,76,77,79,79,81,83,84,85,87,87,89,91,93,98,99。通过这个有序数组可以看出这组数的范围是从2到99。

先用频数分布表来对数据进行整理。

一、频数分布表

频数分布表就是将一组数值数据按观察值大小分为不同组段,然后将各观察值归纳到各组段中,最后将各组段的观察值个数(称频数)以表格形式表示。

制作频数分布表需要以下步骤:

(1) 将数据按照升序排列;
(2) 计算数据的全距,全距为这一组数据的极大值与极小值之差;
(3) 选择数据组数;
(4) 计算组间距:组间距=全距/组数;
(5) 选择每组的上界和下界;
(6) 数每组的数据个数。

在上述步骤(3)中当确定频数分布表的组数时,一般会将组数控制在5到15之间。这是为了保证组数不会太多导致每组包含数据太少,也是为了避免组数太少导致每组包含数据太多,否则会导致数据分析时难以对数据走势进行分析。步骤(4)中计算出来的组间距数值如果不是整数,则采取向上取整的原则。另外,步骤(5)中划分组的上界和下界应注意以下几个问题:

第一,划分组的上界和下界应遵循不重复、不遗漏的原则。对于连续变量,相邻组的组段须重叠,从而避免遗漏数据;对于离散变量,也应采用组段重叠的方法。当数据正好等于组的上界和下界时采用"上限不在内"原则,即将该数据归到较大的那一组。

第二,最小组的下界应略低于数据集中的最小变量值,最大组上限应略高于数据集中的最大变量值。

第三,依据问题的需要,可设置开口组。开口组是指最小组没有下限或最大组没有上限,开口组的组距一般根据邻组组距确定。

在【例 2-2】中,因为只有 50 个数据,所以将这些数据分为 5 组即可。对这些数据进行排序后,可知这些数据的全距为 99－2＝97,则每组的组距为 97/5＝19.4,向上取整为 20,得到如表 2.4 所示的分布表。

表 2.4　　　　　　　　某电脑公司不同门店电脑月销量频数分布表

门店电脑月销量(台)	频　　数	频　率	百分比(%)
0～20	9	0.18	18
20～40	6	0.12	12
40～60	10	0.20	20
60～80	14	0.28	28
80～100	11	0.22	22
合　　计	50	1.00	100

在表 2.4 中,第二列是频数分布表,第三列为频率分布表,第四列为百分比分布表。由上表可知,该公司门店月销电脑台数大多在 60～80 台,60～100 这个范围占了 50%,达到一半的占比。

二、累计频数分布表

累计频数分布是在频数分布的基础上,把各组频数依次累计形成的。用各组累计频数除以总频数,就是累计百分比分布。一般而言,累计频数分布是指从数据值小的组向数据值大的组依次累计频数,即每组向上累计频数表示小于该组上限的数据个数。依据表 2.4 中的数据计算的累计频数分布和累计频率分布如表 2.5 所示。

在表 2.5 中,第二列是累计频数分布表,第三列为累计频率分布表,第四列为累计百分比分布表。相比较于普通的百分比分布表,累计百分比分布表可以直接得到不同区间占总体的百分比数。

表 2.5　　　　　　　某电脑公司不同门店电脑月销量累计频数分布表

门店电脑月销量(台)	向上累计频数	向上累计频率	向上累计百分比(%)
0～20	9	0.18	18
20～40	15	0.30	30
40～60	25	0.50	50
60～80	39	0.78	78
80～100	50	1.00	100
合　　计	50	1.00	100

三、直方图

显示数值数据最常用的是直方图。在直方图中,横轴表示数值数据的组段,纵轴表示每组所包含的数值数据的频数或频率。直方图由一组相互连接的矩形构成,矩形的宽度为各组组距,高度为各组频数或频率。

直方图与条形图的主要区别在于相邻矩形是否相互连接。条形图显示类别数据,以分开的矩形表示不同类别数据。因为数值数据划分组段的方法是组段重叠,因而用相邻矩形相互连接的直方图显示数值数据。

依据表 2.4 中的数据绘制的直方图如图 2-3 所示。

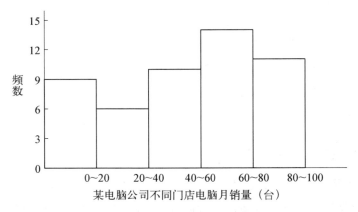

图 2-3　某电脑公司门店电脑月销量的直方图

四、折线图

在直方图的基础上,将各组矩形的中点用线段连接,为频数分布的折线图,用光滑的曲线连接为频数分布的曲线图(如图 2-4 所示)。

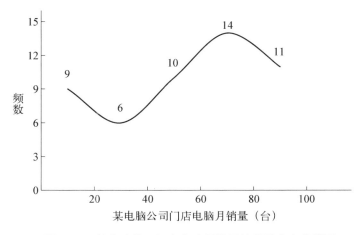

图 2-4　某电脑公司门店电脑月销量的频数分布曲线图

五、累计分布图

根据表 2.5 可以绘制累计分布图，该图能够更加直观地表示出累计分布的情况（如图 2-5 所示）。

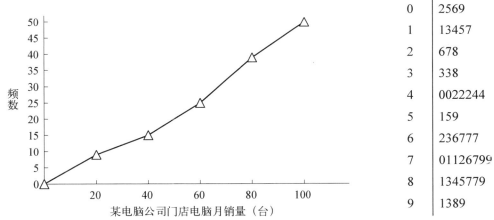

图 2-5　某电脑公司门店电脑月销量的累计分布曲线图

0	2569
1	13457
2	678
3	338
4	0022244
5	159
6	236777
7	01126799
8	1345779
9	1389

图 2-6　某电脑公司门店电脑月销量的茎叶图(单位：台)

六、茎叶图

茎叶图就是将数值数据组中的数首先按照从小到大的顺序进行排序，然后按位数进行比较，将数的大小基本不变或变化不大的位作为一个主干（茎），将变化大的位的数作为分枝（叶），列在主干的后面。用茎叶图可以清楚地看到每个主干后面有几个数，每个数具体是多少。如果叶子后面还有位数的时候，一般会对叶子后面的位数按照四舍五入的原则进行处理，再构建茎叶图。以【例 2-2】的数据为例，绘制的相应的茎叶图如图 2-6

所示。

茎叶图可以清楚地反映数据的分布情况以及数据在什么地方集中，茎叶图也可以最大限度地保留原始数据。但是，茎叶图可能无法直观地表示数据的比例以及一定区间内数据的频数或者百分比的多少，这个时候一般会使用频数分布表和直方图来表示，当然，这样处理数据的后果就是无法像茎叶图那么全面地展示原始数据。

第三节　拓展运用（SPSS 操作介绍）

一、数值数据汇总

在本章“导入”案例中的电脑公司作为电脑行业的领军企业之一，旗下拥有许多不同系列的笔记本电脑。现通过市场调查得到该公司电脑不同机型的售价。

（一）输入数据

输入该公司电脑不同机型的售价（如图 2－7 所示）。

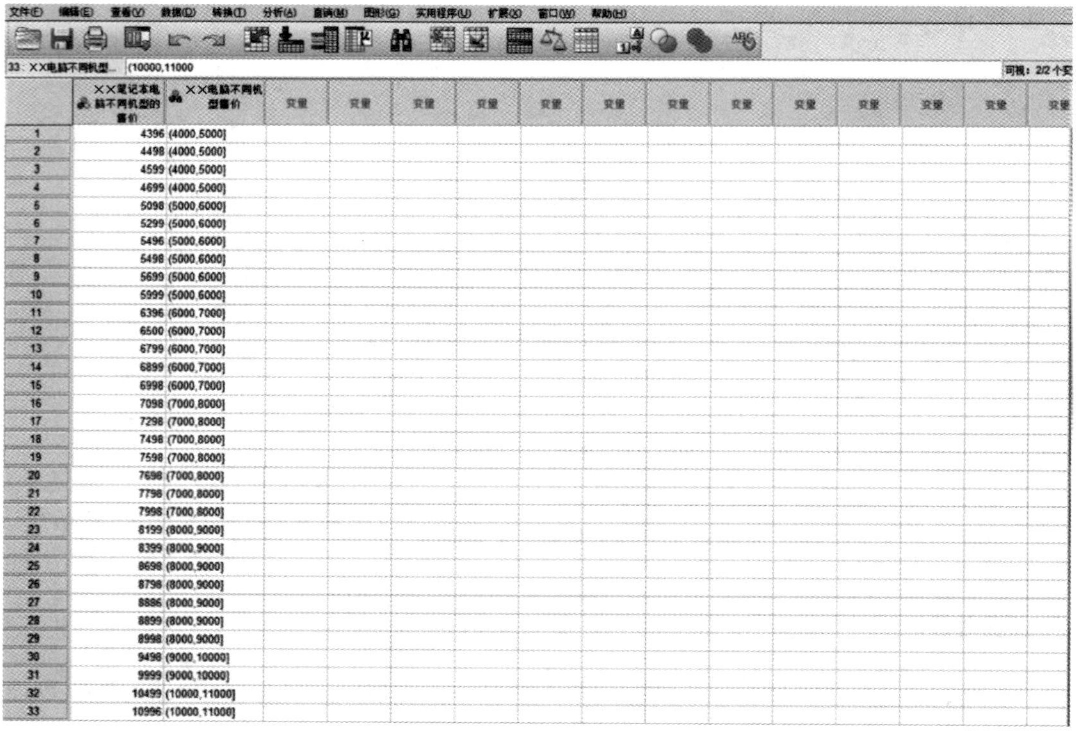

	XX笔记本电脑不同机型的售价	XX电脑不同机型售价
1	4396	(4000,5000]
2	4498	(4000,5000]
3	4599	(4000,5000]
4	4699	(4000,5000]
5	5098	(5000,6000]
6	5299	(5000,6000]
7	5496	(5000,6000]
8	5498	(5000,6000]
9	5699	(5000,6000]
10	5999	(5000,6000]
11	6396	(6000,7000]
12	6500	(6000,7000]
13	6799	(6000,7000]
14	6899	(6000,7000]
15	6998	(6000,7000]
16	7098	(7000,8000]
17	7298	(7000,8000]
18	7498	(7000,8000]
19	7598	(7000,8000]
20	7698	(7000,8000]
21	7798	(7000,8000]
22	7998	(7000,8000]
23	8199	(8000,9000]
24	8399	(8000,9000]
25	8698	(8000,9000]
26	8798	(8000,9000]
27	8886	(8000,9000]
28	8899	(8000,9000]
29	8998	(8000,9000]
30	9498	(9000,10000]
31	9999	(9000,10000]
32	10499	(10000,11000]
33	10996	(10000,11000]

图 2－7　SPSS 运用 1——输入数据

执行“分析—描述统计—频率”，选择变量，点“显示频率表”，再点“确定”，得到的界面如图 2－8 所示。

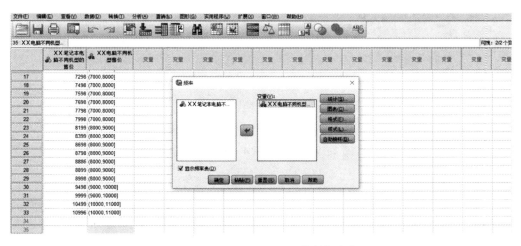

图 2-8 SPSS 运用 2——绘制频率表

(二) 输出结果

输出的结果如表 2.6 所示。

表 2.6　　　　　　　　　　SPSS 运用 3——输出结果

电脑售价所在区间	频数	百分比(%)	累计百分比(%)
(4 000, 5 000]	4	12.1	12.1
(5 000, 6 000]	6	18.2	30.3
(6 000, 7 000]	5	15.1	45.4
(7 000, 8 000]	7	21.2	66.6
(8 000, 9 000]	7	21.2	87.8
(9 000, 10 000]	2	6.1	93.9
(10 000, 11 000]	2	6.1	100.0
总　　计	33	100.0	100.0

二、类别数据汇总

该公司现在想要调查不同型号的电脑在 8 月的销量(万台)以及各型号销售对于总销售额的占比。

(一) 输入数据

因原数据量较大,在此只展示经过统计后的结果,见图 2-9。(在具体操作时应在原数据上操作。)

图 2-9　SPSS 运用 4——输入数据

（二）作表形式

1. 执行"分析—描述统计—频率"，选择变量，点"显示频率表"，再点"确定"，得到的界面如图 2-10 所示。

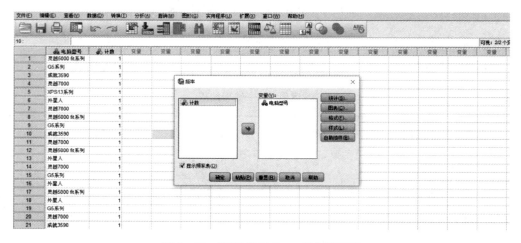

图 2-10　SPSS 运用 5——绘制频率表

2. 输出结果（如表 2.7 所示）。

表 2.7　　　　　　　　　　SPSS 运用 6——输出结果

	频数(万)	百分比(%)	累计百分比(%)
系列 A	5.5	2.7	2.7
系列 B	9.5	4.8	7.5
系列 C	10	5.0	12.5
系列 D	30	15.0	27.5
系列 E	55	27.5	55.0
系列 F	90	45.0	100.0
总　计	200	100.0	100.0

(三) 作图形式

1. 执行"图形—图表构建器",选择需要使用的图表(如"饼图/极坐标图"),选择变量,再点"确定"(如图 2-11 所示)。

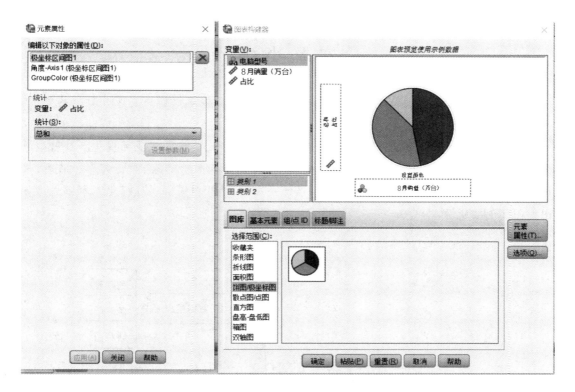

图 2-11 SPSS 运用 7——构建图表

2. 输出结果(如图 2-12 所示)。

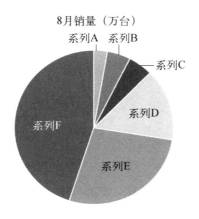

图 2-12 SPSS 运用 8——结果图

> **探究与发现**
>
> 通过上述学习,你是否对"导入"所提出的问题进行了相关思考,并能够回答上述问题?

本 章 小 结

本章介绍了整理数据以及数据可视化的多种方法。整理数据先要区分数据的类型,判断数据是类别数据还是数值型数据。

类别数据可通过总结表和列联表加以整理,用条形图、饼状图实现可视化。数值型数据可通过频数分布表、频率分布表、百分比分布表、累计频数分布表、累计频率分布表、累计百分比表加以整理,用直方图、折线图、累计分布图、茎叶图来实现可视化。本章思维导图如图 2-13 所示。

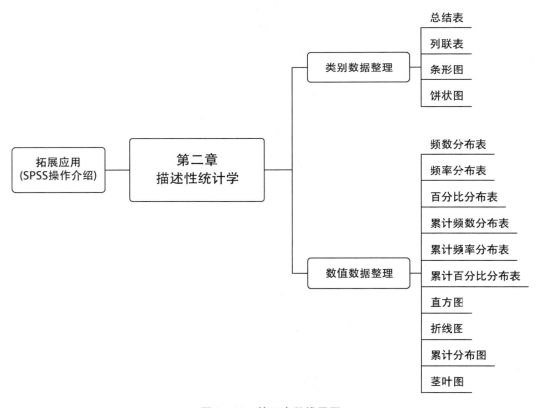

图 2-13 第二章思维导图

本章练习题

一、概念梳理

1. 请在括号内填入相应概念。

   (1) 开学之际,某学生在学校教育超市进行了采购。为养成良好习惯,该学生决定从此开始记账,如果使用较为简洁的表格进行汇总,该选择(　　　)进行绘制。

   (2) 学校对金融系某班级的学生进行体检,并收集了每名学生的体重信息。校医需要统计该班级的体重分布情况,如果使用较为简洁的表格进行汇总,该选择(　　　)进行绘制。

   (3) 进入大学之后,新生被分配到了不同的寝室。其中A楼为女生宿舍,B楼为男生宿舍。一班有a、c、e、f、h、s六名女学生分配到A楼居住,n、k、o、p、m、b六名男学生分配到B楼居住。如果使用较为简洁的表格进行汇总,该选择(　　　)进行绘制。

2. 各电子数码商品品牌在某电商平台均有网店销售电脑商品,定价不一。现已知A品牌电脑种类数量为6,B品牌为8,C品牌为12,D品牌为16,E品牌为18。据调查,这些电脑商品的具体价格为:6 499.00,7 699.00,5 699.00,6 299.00,5 099.00,4 599.00,7 448.00,3 248.00,2 499.00,8 257.00,5 499.00,6 116.00,11 245.00,9 245.00,3 396.00,7 999.00,14 499.00,6 229.00,9 145.00,9 999.00,7 899.00,9 028.00,7 999.00,5 399.00,7 399.00,6 399.00,5 099.00,4 099.00,6 999.00,4 699.00,9 999.00,4 199.00,5 399.00,4 899.00,6 399.00,6 899.00。请绘制电商平台各品牌贩售电脑商品种类数量统计表以及电商平台电脑商品价位的频数分布表。

二、概念运用

1. 某用户想大致了解2020年他在某电商平台上购买的商品类别以及对应的数量。该用户查看了自己的"某电商平台年度账单",其统计了该用户2020年的100笔消费账单明细,分别列出了这100笔消费中购买的商品类别和对应数量(见表1)。请对数据进行个案加权后进行统计分析,制作数据的频率表、条形图、饼状图。

表1　　　　　　　　　　某电商平台消费者购买类别统计

类　　别	数量(个)	类　　别	数量(个)
食品	35	生活用品	12
服装	25	电器	3
学习用品	18	娱乐用品	7

2. 某生鲜超市最大的特点就是配送快速：只要消费者的收货地址处于门店附近3千米范围内，该超市便可实现30分钟内送货上门。该超市还为消费者提供会员服务，消费者可以通过该生鲜超市app注册，以便从最近的商店查看和购买商品。未来该超市还可以跟踪消费者购买行为，借助大数据给出个性化的建议。该超市店长想通过统计不同年龄段用户的不同购买频率来制定下一季度的货物采购方案。以下是随机抽取的30位用户第二季度使用该生鲜超市app的频数数据：3,24,43,42,4,5,1,3,37,3,12,23,27,28,21,22,32,17,9,34,46,11,14,12,2,32,3,13,5,34。请根据这些数据绘制茎叶图。

3. 某地品牌书店需新购进一批书籍。市场调研人员在该地区约1 600位活跃会员中选择了300位会员进行调查，情况分别为：① 近半年更偏好科幻、悬疑类书籍；② 近半年更偏好爱情、文艺类书籍；③ 近半年更偏好专业（包括艺术专业）类书籍；④ 近半年更偏好散文、诗集类书籍；⑤ 近半年更偏好家庭、生活类书籍。该书店负责人希望从这次调查中了解各类书籍在近半年内受欢迎程度占比，以确定书籍购进的种类和数量。最终调查结果为：选项①48人，选项②21人，选项③182人，选项④17人，选项⑤32人。基于这些数据绘制条形图和饼状图，帮助书店负责人进行分析。

三、案例分析

盲盒是一种消费者在购买时并不知道其中具体产品样式的盒子，具有随机性。由于这种抽盲盒时的不确定性和神秘性能够给消费者带来刺激与惊喜感，所以盲盒近几年来销售火热。相关数据显示，在2020年，超过20万名消费者为盲盒花费超2万元。随着盲盒经济的快速发展，很多领域都开始运用"盲盒"的营销模式，盲盒概念已经从潮玩领域扩展至文具、食品、美妆、旅游等多个领域，盲盒市场的竞争愈发激烈。为了了解现在盲盒用户的消费情况，某调查公司随机抽取了50名盲盒用户，对他们主要购买的盲盒种类进行了调查，调查结果如表2所示。

表2　　　　　　　　　　　盲盒用户主要购买的盲盒种类调查结果

用户性别	盲盒种类	用户性别	盲盒种类	用户性别	盲盒种类
女	玩具公仔类	男	玩具公仔类	女	食品类
男	食品类	女	文具类	女	旅游类
女	美妆类	女	食品类	男	玩具公仔类
女	食品类	男	玩具公仔类	男	玩具公仔类
男	玩具公仔类	男	其他类	男	旅游类
女	玩具公仔类	女	玩具公仔类	男	玩具公仔类
男	玩具公仔类	男	玩具公仔类	女	文具类

(续表)

用户性别	盲盒种类	用户性别	盲盒种类	用户性别	盲盒种类
男	旅游类	女	美妆类	男	玩具公仔类
女	美妆类	女	玩具公仔类	女	玩具公仔类
女	文具类	男	文具类	女	旅游类
男	旅游类	女	其他类	男	玩具公仔类
女	其他类	男	玩具公仔类	男	旅游类
男	食品类	男	食品类	女	文具类
女	美妆类	女	美妆类	男	玩具公仔类
女	文具类	男	其他类	女	旅游类
男	其他类	男	玩具公仔类	女	美妆类
女	美妆类	女	旅游类		

任务：

(1) 请根据上表的数据绘制饼状图，对抽取的 50 名盲盒用户主要购买的盲盒种类进行分析。

(2) 请根据上表的数据绘制盲盒种类的柱形图。

(3) 请根据上表的数据绘制盲盒种类和用户性别列联表。

拓展学习

以下数据是某班级同学经济学课程的测试成绩：

46	82	81	55	78	63	67	56	45	49
63	65	74	68	77	62	83	78	57	39
85	66	73	94	75	81	69	76	92	55
64	73	45	62	53	51	38	56	65	58

任务：

(1) 请根据上表的数据绘制茎叶图。

(2) 请根据上表的数据绘制组数为 7 的累计频数分布和累计频率分布表。

(3) 请算出分数低于 60 分的比例。

(4) 请算出分数高于 80 分的比例。

第三章

数值度量

 本章教学目标

通过本章的学习,学生应当了解数值数据分布的三大特征,熟悉各种数值度量的计算方法,掌握对应理论知识应用的不同场合。

 本章核心概念

集中趋势:均值;中位数;众数;四分位数

变异程度:全距;四分位间距;样本方差;样本标准差;变异系数;z-分数

分布形态:对称;左偏;右偏

 导入

在日常生活中,如果仅仅是对数据进行描述,并不能将数据所隐含的信息挖掘出来。例如,在获得了某班每名学生的成绩后,需要对成绩进行进一步研究才可能了解该班学生的总体学习状况;在得到了一名射击手在比赛中每一回合的环数后,才可能进一步研究得出选手实力发挥的稳定性。但是进行这些研究与分析,需要用到数值度量的知识。

某电脑公司官网显示的2020年该公司电脑月销售情况如表3.1所示:

表 3.1　　　　　　　　某电脑公司 2020 年电脑月销售表

月　份	销量(万台)	月　份	销量(万台)
1月	51	7月	56
2月	49	8月	57
3月	47	9月	62
4月	48	10月	65
5月	49	11月	67
6月	55	12月	70

问题：

(1) 该公司 2020 年电脑月平均销售量是多少？

(2) 该公司 2020 年电脑月销售量最大的是哪个月？

(3) 该公司 2020 年电脑月销售量是否稳定？

(4) 该公司 2020 年电脑月销售量达到 60 万台的时候在全年属于什么水平？

要解决这些问题，需要用更详细的数据处理方法来对这些数据特征进行分析。数据分布的特征可以从三个方面进行描述：一是数据的集中趋势水平，其反映数据的集中程度；二是数据的变异程度，其反映数据的离散程度；三是数据分布的形状，其反映数据分布的偏态和峰态。本章主要介绍各种描述数据分布特征的统计量的计算方法、特点及应用场合。

第一节 集中趋势

如果对数据进行观察，会发现很多数据都集中在某一个中心区域。例如，"导入"里的电脑公司在不同月份的电脑销售量也会集中在一个区域内，这就是数据的一种集中趋势。描述集中趋势的度量值一般有平均值、中位数、众数和四分位数。

一、均值

均值又称算术平均数，是将一组数值数据中的所有数据相加之后再除以这组数据的个数得到的结果，是最常见的一种估计数值数据集中趋势的度量值。均值可分为总体均值和样本均值。

设一组总体数据为 $x_1, x_2, \cdots, x_N$，x_i 表示总体中的第 i 个数据的值，总体容量（即总体数据的个数）为 N，总体均值用 μ 表示，则这组总体数据的均值为：

$$\mu = \frac{x_1 + x_2 + \cdots + x_N}{N} = \frac{\sum_{i=1}^{N} x_i}{N} \tag{3.1}$$

设一组样本数据为 $x_1, x_2, \cdots, x_n$，x_i 表示样本中的第 i 个数据的值，样本容量（即样本数据的个数）用 n 表示，样本均值用 $\bar{x}$ 表示，则这组样本数据的均值为：

$$\bar{x} = \frac{x_1 + x_2 + \cdots + x_n}{n} = \frac{\sum_{i=1}^{n} x_i}{n} \tag{3.2}$$

【例 3-1】根据某电脑公司市场调研报告，该公司 2020 年在几个主要城市的电脑销售量如表 3.2 所示。请计算该公司在这 5 个城市的月平均销售量。

表 3.2   该公司电脑 2020 年在 5 个主要城市的销售量

城市	北京	上海	广州	深圳	成都
2020 年销售量(百万台)	1.9	2.0	1.8	2.2	1.9

解：根据表 3.2，该公司在这 5 个城市 2020 年的月平均销售量为：

$$\bar{x} = \frac{\sum_{i=1}^{n} x_i}{n} = \frac{1.9 + 2.0 + 1.8 + 2.2 + 1.9}{5} = 1.96(百万台)$$

均值具有重要的统计学地位，是运用统计方法进行统计推断的基础。但是，它极易受极端值影响。比如，在表 3.2 的基础上再加上贵阳市 2020 年的总销售量 0.01(百万台)，得到 6 个城市的销售量数据(如表 3.3 所示)：

表 3.3   该公司电脑 2020 年在 6 个主要城市的销售量

城市	北京	上海	广州	深圳	成都	贵阳
2020 年销售量(百万台)	1.9	2.0	1.8	2.2	1.9	0.01

此时这 6 个城市 2020 年的平均销售量为：

$$\bar{x} = \frac{\sum_{i=1}^{n} x_i}{n} = \frac{1.9 + 2.0 + 1.8 + 2.2 + 1.9 + 0.01}{6} = 1.635(百万台)$$

1.96－1.635＝0.325(百万台)，即 325 000 台。由此可见，极端值对于均值的影响是极大的。因此，在对一组数据求均值的时候，一定要先去掉极端值再求均值，否则得到的均值就会失真，不能真实地体现一组数据真实的内在情况。

二、中位数

中位数是一组数值数据按顺序排列后居于中间位置上的数。相比于算数平均数，中位数是不受极端值影响的。因此，当发现一组数据中存在极端值的时候，除了剔除极端值，还可以用中位数来表示这组数据的集中趋势。

求中位数的规则：

(1) 如果这组数据的样本容量 n 为偶数，通常取中间位置上的两个数的均值作为中位数。

(2) 如果这组数据的样本容量 n 为奇数，通常取中间位置上的那个数作为中位数。

【例 3-2】 求表 3.2 及表 3.3 中数据的中位数。

解：将表 3.2 中该公司电脑 2020 年在 5 个城市的销售量(百万台)从小到大进行排

列,得到:1.8,1.9,1.9,2.0,2.2,处于中间位置的是第三个数,所以中位数为1.9(百万台)。

将表3.3中该公司电脑2020年在6个城市的销售量(百万台)从小到大进行排列,得到:0.01,1.8,1.9,1.9,2.0,2.2,中间位置是第三个和第四个数,所以中位数为这两个数的均值,即 $\frac{1.9+1.9}{2}=1.9$(百万台)。

与【例3-1】中的均值相比,可以发现,表3.2中无极端值时,均值1.96很接近中位数1.9;而表3.3中存在极端值时,该组数据的均值1.635与中位数1.9就相差较大。一般而言,如果想判别一组数据是否存在极端值,可以看这组数据的均值和中位数是否存在较大差异。如果相差比较大,基本上就可以判断出这组数据是存在极端值的。

三、众数

众数是指一组数据中出现次数最多的那个数。和之前的中位数类似,众数也不会受到极端值的影响。但是众数对于中心趋势的反映相比平均数和中位数存在较大的误差,这是因为众数有时可以不唯一。例如,在表3.2的数据中,1.9出现两次,是出现次数最多的数,则该组数据众数为1.9。如果表3.2的数据再加上一个2.2,则众数就有两个了,分别是1.9和2.2;如果将表3.2的数据扩展为1.8,1.8,1.9,1.9,2.0,2.0,2.2,2.2,则此时无众数,因为每个数都出现两次,没有哪个数比其他数出现的次数更多。

四、四分位数

把一组数据由小到大排列后得到的有序数组用三个点均分为四等份,其中每部分都包含25%的数据。处在第25%位置上的数值称为第一四分位数,记为Q_1:$Q_1 =$第$\frac{n+1}{4}$位置上的数;处在第50%位置上的数称为第二四分位数,记为Q_2:$Q_2 =$第$\frac{2\times(n+1)}{4}$位置上的数,也就是中位数;处在第75%位置上的数称为第三四分位数,记为Q_3:$Q_3 =$第$\frac{3\times(n+1)}{4}$位置上的数。如果得到的位置是整数,四分位数就是对应位置上的数;如果处在0.5位置上,则取相近位置的两个数的平均值。比如7.5,则取排在第七和第八个位置上的两个数的平均值;如果处在0.25或者0.75的位置,则按照就近原则。比如得到7.25,则取排在第七个位置上的那个数;如果得到7.75,则取排在第八个位置上的那个数。

【例3-3】求表3.3中6个数据的四分位数。

解:首先对数据从小到大进行排序:0.01,1.8,1.9,1.9,2.0,2.2。

对位置进行计算:

$$\frac{6+1}{4}=1.75 \to Q_1 \text{ 为第二个位置上的数}$$

$$\frac{2\times(6+1)}{4}=3.5 \to Q_2 \text{ 为第三个和第四个位置上的两个数的均值}$$

$$\frac{3\times(6+1)}{4}=5.25 \to Q_3 \text{ 为第五个位置上的数}$$

即 $Q_1=1.8$，$Q_2=1.9$，$Q_3=2.0$。

第二节 变异程度

除了集中趋势，变异程度也是描述数据特征的一种方法。它描绘的是数据的波动程度，即数据远离所属数据组中心值的程度。数据的变异程度越大，说明数据偏离中心值越远，此时这组数据的集中趋势的度量值（如均值、中位数、众数）的代表性就越差；反之则说明这组数据集中趋势的度量值的代表性越好。描述数据变异程度的度量值有全距、方差、标准差和变异系数。

一、全距

全距是一组数据的极值之差，即极大值减去极小值：

$$\text{全距}=X_{\max}-X_{\min} \tag{3.3}$$

【例 3-4】 求表 3.3 中数据的全距。

解：为了计算 6 个城市 2020 年电脑销售量的全距，将数据从小到大进行排列，得到：0.01，1.8，1.9，1.9，2.0，2.2。

最大值为 2.2，最小值为 0.01，代入公式则全距为 2.2－0.01＝2.19（百万台）。这说明在 6 个城市中，该公司 2020 年电脑销售量的最大差值是 2 190 000 台，这说明不同城市的电脑年销售量还是存在很大差异的。

全距作为变异程度的一种度量指标，可以衡量一组数据的总体离散程度。但是，它并没有考虑数据的分布情况，即全距并没有说明这些数据是均匀分布在某个范围内还是聚集在某个值附近。所以，当数据中存在极端值时，全距并不能真实反映出数据的整体变异程度。

二、四分位间距

四分位间距指一组数据的第三分位数与第一分位数之差，记为 Q_d：$Q_d=Q_3-Q_1$。不同于全距，四分位间距只是对数据中间 50% 数据的范围进行分析，Q_d 越小，说明中间的数据越集中；Q_d 越大，说明中间的数据越分散。

【例3-5】 求表3.3中数据的四分位间距。

解： 由【例3-3】可知，该组数据的四分位间距 $Q_d = Q_3 - Q_1 = 2.0 - 1.8 = 0.2$（百万台）。

四分位间距不受极端值的影响。如果四分位间距和全距相差较大，则很大情况是由于存在奇异值。例如，由【例3-4】和【例3-5】可知，全距2.19远远大于四分位间距0.2，可见四分位间距和全距相差较大。而四分位间距又不受极端值的影响，由此可推知此组数据中存在极端值。

三、样本方差

在一个包含了 n 个观测值的样本中，样本方差是把一组数据中所有的观测值减去该组数据的均值，将得到的差值进行平方后相加得到离差平方和，再除以 $(n-1)$ 得到的值，表示为：

$$s^2 = \frac{\sum_{i=1}^{n}(x_i - \bar{x})^2}{n-1} \tag{3.4}$$

在式(3.4)中，$x_i - \bar{x}$ 为离差，$n-1$ 为自由度。对离差进行平方计算，主要是因为离差有正有负，如果直接加和就会正负抵消，为了克服这个缺点，用平方的方式对离差进行固定。对离差的平方和进行均化，是因为离差平方和较大也可能是样本容量 n 大造成的，而不单纯是因为离差大，所以进行均化处理比较客观。

【例3-6】 计算表3.3中6个城市的2020年电脑销售量的样本方差。

解：

$$s^2 = \frac{\sum_{i=1}^{n}(x_i - \bar{x})^2}{n-1}$$

$$= \frac{(1.9-1.635)^2 + (2.0-1.635)^2 + (1.8-1.635)^2 + (2.2-1.635)^2 + (1.9-1.635)^2 + (0.01-1.635)^2}{5}$$

$$= 0.652\,15$$

四、样本标准差

样本标准差是由样本方差开平方得到的，用 s 表示。样本标准差和样本方差一样，都是用来反映样本的离散程度的。但是标准差和数据的单位是相同的，便于实际情况的解释。因此，解决实际问题时一般采用标准差，其公式为：

$$s = \sqrt{\frac{\sum_{i=1}^{n}(x_i - \bar{x})^2}{n-1}} \tag{3.5}$$

【例 3-7】 计算表 3.3 中 6 个城市的 2020 年电脑销售量的样本标准差。

解：

$$s = \sqrt{\frac{\sum_{i=1}^{n}(x_i - \bar{x})^2}{n-1}} = \sqrt{0.652\,15} \approx 0.807\,56(百万台)$$

五、总体方差和总体标准差

总体方差和总体标准差度量总体的变异程度。总体方差是相对总体均值的离差平方和除以总体容量 N，总体标准差是总体方差的平方根。σ 表示总体标准差，σ^2 表示总体方差。

总体方差的计算公式为：

$$\sigma^2 = \frac{\sum_{i=1}^{N}(x_i - \mu)^2}{N} \tag{3.6}$$

总体标准差的计算公式为：

$$\sigma = \sqrt{\frac{\sum_{i=1}^{N}(x_i - \mu)^2}{N}} \tag{3.7}$$

有时候，需要对两个或两个以上样本的离散程度进行比较，但是不可以直接使用样本方差来进行比较。这是因为，两组数据各自的集中趋势不一样，也就是各自的均值不一样。所以，在这种情况下，不可以直接进行比较；另外，当两组数据的量纲不一致时，比如一组数据是关于体重的，还有一组数据是关于统计课程考试分数的，那么这两组数据的方差没有可比性，此时方差失效。上述两种情况若要比较各自变异程度大小，就只能用变异系数。

六、变异系数

变异系数是用对应样本的标准差除以样本对应的均值，再乘以 100% 得到的数值。这样计算的目的是消除数据集中趋势对离散程度的影响，公式表示为：

$$CV = \left(\frac{s}{\bar{x}}\right) \times 100\% \tag{3.8}$$

式(3.8)中，变异系数消除了量纲，表现为百分比的形式。变异系数用来表示风险程度，变异系数的值越小代表这组数据变异程度越小，即风险越小；反之，则代表这组数据变异程度越大，即风险越大。

【例 3-8】 分别计算表 3.2 和表 3.3 中电脑销售量的变异系数。

解：

表 3.2 中电脑销售量的变异系数为：

$$CV_1 = \left(\frac{s_1}{\bar{x}_1}\right) \times 100\% = \frac{0.15166}{1.96} \times 100\% \approx 7.738\%$$

表 3.3 中电脑销售量的变异系数为：

$$CV_2 = \left(\frac{s_2}{\bar{x}_2}\right) \times 100\% = \frac{0.80756}{1.635} \times 100\% \approx 49.392\%$$

因为 $CV_1 < CV_2$，所以可以断定表 3.3 中电脑销售量比表 3.2 中电脑销售量变异程度更大，即波动性更强，实际上表 3.3 中因为贵阳市的电脑销售量与其他城市的电脑销量相比的确差距较大，所以造成表 3.3 中的数据波动性更大。

七、z-分数

除了变异系数以外，z-分数也可以用来比较两组数据的离散程度。变异系数是对两组或者多组数据整体的离散程度进行比较，而 z-分数是对不同组里的数据的离散程度进行比较。当然，z-分数也可以对同组里的数据的离散程度进行比较，即度量每个数据在本组数据里的相对位置，可以用来判断一组数据是否存在极端值或者奇异值（也称离群值）。

z-分数的定义为一组数据中各观测值减去该组数据均值得到的离差除以标准差的值，公式如下：

$$z = \frac{x - \bar{x}}{s} \tag{3.9}$$

z-分数也被称为标准分数，通常将 z-分数大于 3.0 和小于 -3.0 的值当作异常值。

【例 3-9】 计算表 3.3 中每个城市 2020 年电脑销售量的 z-分数。

解： 以表 3.3 中北京市电脑销售量的 z-分数为例，

$$z = \frac{x - \bar{x}}{s} = \frac{1.9 - 1.635}{0.80756} \approx 0.328$$

其他市场的 z-分数计算同上。

表 3.4 给出了表 3.3 中 6 个城市 2020 年电脑销售量的 z-分数。

表 3.4   该公司 6 个城市 2020 年电脑销售量的 z-分数

城市	北京	上海	广州	深圳	成都	贵阳
z-分数	0.328	0.452	0.204	0.700	0.328	-2.012

由表 3.4 可以看出，贵阳市 2020 年电脑销售量离均值有 -2.012 个标准差，是销售量最小的城市；深圳市销售量离均值有 0.700 个标准差，是销售量最大的城市。表 3.4 比表 3.3 更能清晰反映各个城市电脑销售量的情况。

另外，当不同组数据有不同的量纲时，需要对数据进行标准化处理，这样更易于比较。

第三节 分布形态

从数据分布形态的角度看,数据主要呈现**对称分布**和**有偏分布**,其中有偏分布又分为左偏(负偏)分布和右偏(正偏)分布(如图3-1所示):

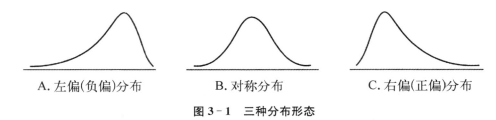

图 3-1 三种分布形态

一般用均值、中位数和众数来进行比较以判断数据的分布形态。对称分布是指均值=中位数=众数;左偏是指均值<中位数<众数;右偏是指均值>中位数>众数。"偏"不是指数据峰值(即众数)有所偏移,而是指本组数据的均值有所偏移。比如图3-1中的左偏分布说明数据中存在极小值,会拉低这组数据的均值,使得均值左移。而中位数和众数是位置的代表,不受极值影响,所以会有均值<中位数<众数;反之,说明数据中存在极大值,会拉高这组数据的均值,使得均值右移,所以会有均值>中位数>众数。一般而言,在描述数据时,当数据呈对称分布或者接近正态分布时,用均值较好;如果数据明显呈偏态分布,这表明存在极值,均值受极值影响,并不能客观地反映此组数据的真实情况,因而应该用中位数或者众数。

一般情况下,可以用偏度来对这些图形进行区分。通常定义对称图形的偏度为0,这个时候,中位数和均值完全重合。如果均值小于中位数,这就表明均值和中位数存在一个差距,而这个差距就是一个负值,则图形的偏度就是负值。如果均值大于中位数,这个时候存在一个正的差距,则图形的偏度就是正值。

针对对称形态的数据,统计学家在经过大量的实验之后,提出了经验法则。**经验法则**指出针对如图3-1的B情况的钟形(也叫丘形)分布,几乎所有数据都落在离均值的3倍标准差之内,具体如下:

(1) 68%的数据分布在离均值左右各1个标准差之内;
(2) 95%的数据分布在离均值左右各2个标准差之内;
(3) 99.7%的数据分布在离均值左右各3个标准差之内。

如果一组数据不是钟形分布,则经验法则不再适用。此时,可以用**切比雪夫法则**,该法则可适用任何分布形状的数据。根据切比雪夫不等式,至少有 $\left(1-\dfrac{1}{k^2}\right)$% 的数据分布在离均值左右各 k 个标准差之内,其中 k 为 $\geqslant 1$ 的任意正数,但结果较为粗糙。

下面给出 k 为 1、2、3 的情况,所述经验规则表明:

(1) 至少有 0% 的数据分布在离均值左右各 1 个标准差之内;

(2) 至少有 75% 的数据分布在离均值左右各 2 个标准差之内;

(3) 至少有 89% 的数据分布在离均值左右各 3 个标准差之内。

第四节　拓展运用(SPSS 操作介绍)

一、均值、中位数、众数、方差、标准差

1. 输入数据(如图 3-2 所示)。

图 3-2　SPSS 输入数据界面

2. 执行"分析—描述统计—频率"(如图 3-3 至图 3-5 所示)。

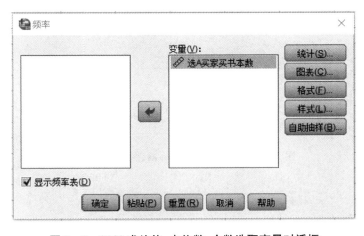

图 3-3　SPSS 求均值、中位数、众数选取变量对话框

选A	选B	选C	选D
80	266	140	20
122	233	192	39
99	179	256	8
58	272	200	52
66	210	173	31
83	218	235	22
72	251	239	29

图 3-4　SPSS 数据界面

统计

选A买家买书本数

个案数	有效	7
	缺失	0
平均值		8.00
中位数		7.00
众数		7

图 3-5　SPSS 求均值、中位数、众数结果图

3. 执行"分析—描述统计—频率"(如图 3-6 所示)。

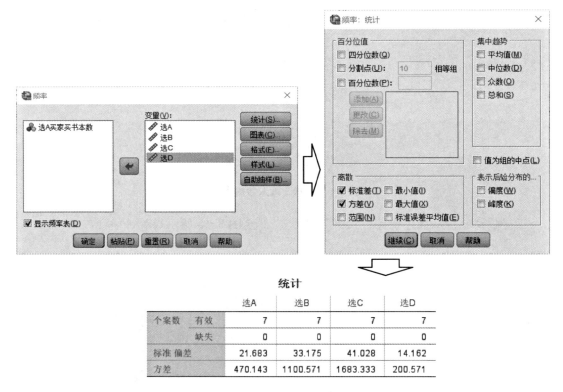

统计

		选A	选B	选C	选D
个案数	有效	7	7	7	7
	缺失	0	0	0	0
标准 偏差		21.683	33.175	41.028	14.162
方差		470.143	1100.571	1683.333	200.571

图 3-6　SPSS 求方差与标准差操作流程图

二、变异系数

1. 输入数据,设置分母(如图 3-7 所示)。

图 3‑7　SPSS 输入数据并设置分母变量界面

2. 执行"分析—比率统计",所以变异系数为 21.5%(如图 3‑8 所示)。

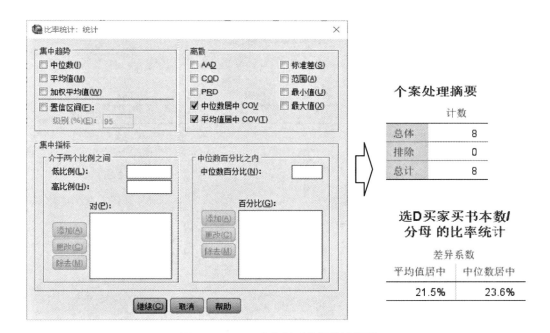

图 3‑8　SPSS 求变异系数操作流程图

三、全距、几何平均值和偏度

执行"分析—报告—摘要报告",选择"个案数、偏度、几何平均值和范围",输出结果(如图 3‑9、图 3‑10 所示)。

统 计 学

图 3-9 SPSS 选择统计量对话框

个案处理摘要[a]

	个案					
	包括		排除		总计	
	个案数	百分比	个案数	百分比	个案数	百分比
选D买家买书本数	8	100.0%	0	0.0%	8	100.0%

a. 限于前100个个案。

个案摘要[a]

		选D买家买书本数
1		39
2		62
3		45
4		40
5		36
6		33
7		37
8		43
总计	个案数	8
	范围	29
	偏度	1.875
	几何平均值	41.15

a. 限于前100个个案。

图 3-10 SPSS 求全距、几何平均值和偏度结果图

四、四分位数以及四分位间距

1. 执行"分析—描述统计—频率",选择"四分位数"(如图 3-11 所示)。得到结果:第一四分位数为 36.25,第二四分位数(即中位数)为 39.50,第三四分位数为 44.50(如图 3-12 所示)。

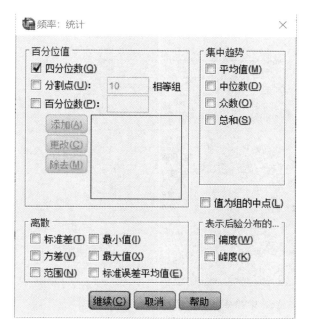

图 3-11　SPSS 求四分位数对话框　　图 3-12　SPSS 求四分位数结果图

2. 执行"分析—描述统计—探索"(如图 3-13 所示)。得到的四分位距为 8(如图 3-14 所示)。

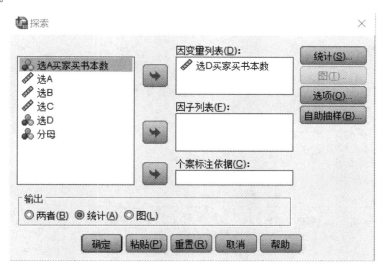

图 3-13　SPSS 求四分位距选取变量对话框

个案处理摘要

	个案					
	有效		缺失		总计	
	个案数	百分比	个案数	百分比	个案数	百分比
选D买家买书本数	8	100.0%	0	0.0%	8	100.0%

描述

			统计	标准 错误
选D买家买书本数	平均值		41.88	3.176
	平均值的95%置信区间	下限	34.36	
		上限	49.39	
	5%剪除后平均值		41.25	
	中位数		39.50	
	方差		80.696	
	标准 偏差		8.983	
	最小值		33	
	最大值		62	
	全距		29	
	四分位距		8	
	偏度		1.875	.752
	峰度		4.165	1.481

图 3-14　SPSS 求四分位距结果图

五、用 z-分数表示购买 37 本图书的买家在这 8 名买家中所处的位置

1. 执行"分析—描述统计—描述",勾选"将标准化得分另存为变量",点击"确定"(如图 3-15 所示)。

图 3-15　SPSS 求标准化 z-分数选取变量对话框

2. 在数据视图最后一列可以看到变量标准化 z - 分数后的数据(如图 3 - 16 所示)。所以,购买 37 本图书的买家的位置用 z - 分数表示为 -0.54268。

> **探究与发现**
>
> 通过上述学习,你是否对"导入"所提出的问题进行了相关思考,并能够回答问题?

选D买家买书本数	Z选D买家买书本数
39	-.32004
62	2.24031
45	.34787
40	-.20872
36	-.65400
33	-.98796
37	-.54268
43	.12523

图 3 - 16 SPSS 求标准化 z - 分数界面

本 章 小 结

本章学习了如何使用不同的指标,如用均值、中位数、众数等来描述数据的集中趋势,用四分位数、全距、四分位间距、方差、标准差、变异系数、z - 分数来描述数据整体或各自的变异程度,以及如何从不同的数据分布形态中得出数据的分布特征。本章思维导图如图 3 - 17 所示。

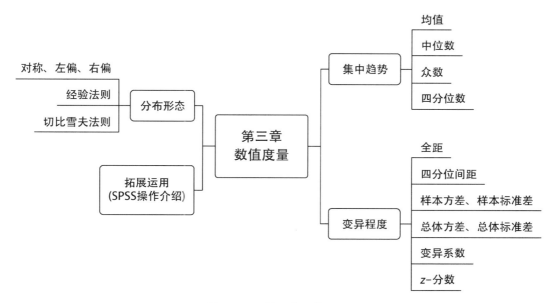

图 3 - 17 第三章思维导图

本章练习题

一、概念梳理

1. 有一组样本数据：7,5,7,5,3,11,12,6,9,8。请计算该组数据的均值和标准差。
2. 有一组总体数目 N 为 10 的数据：7,1,7,6,5,8,3,9,4,7。请计算这组总体数据的均值和中位数，然后对计算结果进行比较，并分析这组数据的分布形态。
3. 有一组样本数据：1,5,7,9,12,4,6,8。请分别求出该组数据的全距、方差以及四分位间距。
4. 有一组样本容量为 6 的数据：12,3,4,7,3,6。请计算该组数据的四分位数以及四分位间距，并描述数据的分布形态。
5. 有一组样本容量 n 为 5 的数据：7,4,9,8,7。请求出该样本的全距、方差、标准差和变异系数，计算每个数据的 z-分数，并观察是否存在异常值。

二、概念运用

1. 某电商平台旗舰店为健身减脂人群最新定制了 6 种口味的全麦面包，该 6 种口味全麦面包组成的样本的营养成分数据包含单个面包的热量(卡路里)见表 1。任务：
   (1) 请计算这 6 种面包热量的均值。
   (2) 请计算这 6 种面包热量的中位数。
   (3) 请计算这 6 种面包热量的方差和标准差。

表 1　　　　　　　　　　某电商平台旗舰店面包卡路里表

全麦面包(100 g)	卡路里(kcal)	全麦面包(100 g)	热量(kcal)
全麦黑芝麻核桃包	336	全麦紫米紫薯包	217
全麦紫薯麻薯包	291	全麦麻薯肉松包	262
全麦红豆干酪包	226	全麦奶黄芋泥包	242

2. 该电商平台旗舰店对这 6 种口味的面包进行了为期一周的试销，并收集了 7 天每种口味面包的销量数据，数据从第 1 至第 7 天排列，如表 2 所示。任务：
   (1) 请求出每天全麦面包销售数据的众数。
   (2) 某顾客在观察该店铺全麦面包的配料表时产生疑问：不同口味的全麦面包之间热量大小和含糖量哪个差异更大？各口味全麦面包含糖量如表 3 所示。请分别计算热量大小和含糖量的变异系数、全距、均值。

表2　　　　　　　某电商平台旗舰店6种口味全麦面包的7天销量数据(单位：个)

	第1天	第2天	第3天	第4天	第5天	第6天	第7天
全麦黑芝麻核桃包	8	12	10	9	6	5	4
全麦紫薯麻薯包	8	15	17	9	10	12	16
全麦红豆干酪包	7	6	8	12	14	5	12
全麦紫米紫薯包	8	9	8	14	10	9	12
全麦麻薯肉松包	10	12	12	14	9	8	12
全麦奶黄芋泥包	13	12	8	8	16	9	13

表3　　　　　　　某电商平台旗舰店全麦面包含糖量表

全麦面包(100 g)	含糖量(g)	全麦面包(100 g)	含糖量(g)
全麦黑芝麻核桃包	34.2	全麦紫米紫薯包	43.0
全麦紫薯麻薯包	44.3	全麦麻薯肉松包	46.0
全麦红豆干酪包	39.4	全麦奶黄芋泥包	44.1

3. 某学院进行期中测试,得到学生的"商务统计""财务会计""经济学"以及"财务管理"这4门课程的成绩。随机抽取其中13名学生的成绩,见表4。任务：
(1) 请计算这13名学生在此次"商务统计"课程考试中的平均分,并指出中位数。
(2) 请指出"经济学"考试结果中出现最多的分数(即众数)。
(3) 请指出"经济学"考试分数的整体水平大概为多少分。
(4) "财务管理"课程中,除去低于50分的个体,第一分位数和第三分位数各为多少？
(5) 请分别指出此次4门考试成绩的全距及四分位间距。
(6) 请指出在这4门课程中分数变异程度最大的课程。

表4　　　　　　　某学院秋季学期部分学生期中考试成绩(单位：分)

学　生	"商务统计"	"财务会计"	"经济学"	"财务管理"
1	90	78	80	85
2	60	90	83	93
3	76	37	56	53
4	34	92	74	65

(续表)

学 生	"商务统计"	"财务会计"	"经济学"	"财务管理"
5	98	90	88	89
6	69	80	82	73
7	74	98	87	84
8	98	78	67	86
9	78	98	56	93
10	67	75	74	56
11	65	67	74	35
12	88	67	47	78
13	65	68	90	67

4. 随机抽取 2020 年 7 月 100 位在某电商平台进行购物的消费者的消费金额，数据如下所示：2 495,2 271,149,1 401,135,2 274,2 160,1 947,2 745,5 748,2 485,336,1 851,1 897,303,1 056,355,78,1 384,1 709,127,479,1 159,1 876,1 530,716,866,574,2 560,171,123,2 247,2 766,1 071,591,1 014,659,464,388,2 768,613,244,409,223,1 371,130,879,1 901,1 817,1 469,447,1 439,1 424,1 035,4 578,2 509,2 247,801,723,1 554,360,2 762,206,1 115,1 262,1 062,654,2 417,1 690,152,421,58,1 660,278,1 637,708,2 513,2 040,1 208,1 329,1 242,835,854,1 221,1 451,839,695,2 048,1 206,1 171,2 915,2 586,1 384,304,2 428,613,2 918,2 450,2 549,466。为了对消费者的月消费金额进行统计分析，请计算这组数据的全距、四分位数、四分位间距、方差、标准差和变异系数。

三、案例分析

现将 3 只股票在 2021 年×月×日从开盘价开始的记录中抽取前 15 条作为考察对象，记录如表 5 所示。

表 5　　　　　　　2021 年×月×日部分股票交易记录(单位：元/股)

	股票 1	股票 2	股票 3
1	1 437.41	8.52	11.80
2	1 443.30	8.60	11.88
3	1 427.09	8.44	11.90

(续表)

	股票1	股票2	股票3
4	1 406.00	8.26	11.71
5	1 390.67	8.11	11.46
6	1 378.13	8.12	11.51
7	1 361.53	8.04	11.44
8	1 349.44	7.94	11.13
9	1 347.64	7.88	10.98
10	1 353.60	8.04	11.60
11	1 362.20	8.14	11.80
12	1 387.53	8.25	11.78
13	1 408.76	8.32	11.80
14	1 434.99	8.52	11.94
15	1 496.88	8.95	12.45

请将这3只股票按照波动性从高到低进行排序。

拓 展 学 习

本章自主练习

某玩具店过去10天玩具小汽车的销量(单位:个)如下所示:

10　　12　　8　　15　　6　　5　　11　　12　　13　　9

任务:

(1) 请求出这家玩具店铺过去10天玩具小汽车的平均销量。

(2) 请求出这家玩具店铺过去10天玩具小汽车销量的中位数。

(3) 请求出这家玩具店铺过去10天玩具小汽车销量的众数。

(4) 请求出这家玩具店铺过去10天玩具小汽车销量的全距。

(5) 请求出这家玩具店铺过去10天玩具小汽车销量的四分位间距。

(6) 请求出这家玩具店铺过去10天玩具小汽车销量的方差和标准差。

(7) 请求出这家玩具店铺过去10天玩具小汽车销量的变异系数。

(8) 请判断这家玩具店铺过去10天玩具小汽车销量的分布形态。

第四章

概　率

 本章教学目标

通过本章的学习,学生应当了解概率的基本概念及其分类,以及对样本和样本空间、实验和事件的区分;熟练掌握事件的几种关系,并可以用维恩图进行描绘。学生还应掌握概率的计算方式,能够计算简单概率和条件概率,并能够利用列联表计算联合概率和边际概率。此外,应掌握乘法法则与贝叶斯定理。

 本章核心概念

边际概率;联合概率;列联表;决策树;加法法则;乘法法则;贝叶斯定理

 导入

某公司在市场上随机抽查了55名顾客,对他们购买该公司笔记本电脑的价位进行了初步统计。以7 000元为分水岭,得到的信息如表4.1所示。

表4.1　　　　　　　　　　　抽样调查信息(单位:名)

所购电脑价位	购买者年龄			总计
	20～60 岁	20 岁以下	60 岁以上	
7 000 元以上	17	3	4	24
7 000 元以下	18	7	6	31
总　　计	35	10	10	55

问题:

(1) 如果一名顾客是个 20 岁以下的年轻人,那么他购买哪种价位的笔记本电脑的可能性比较大?

(2) 市场上购买哪种价位的笔记本电脑占比更多一些?

（3）如果已经知道某名顾客购买了 7 000 元以上价位的电脑，那么这名顾客是中年人的可能性有多大？

想解决这些问题，就需要对概率的知识进行了解。

第一节　概率的基本概念

一、概率

概率是指一件事情发生的可能性，比如买彩票中奖、机器生产出不合格产品等。概率的取值在 0 到 1 之间，概率为 0 的事件为不可能事件，比如在地球上太阳从西方升起的概率为 0；概率为 1 的事件为必然事件，比如在地球上太阳从东方升起的概率为 1。

概率一般可以分为以下三类：

（一）先验概率

先验概率是根据以往经验和分析得到的概率。比如已知一个不透明盒子里装有 6 个红球和 4 个白球。从盒子中摸到一个球是红球的比例是 6/10＝0.6。如果将抽到的红球放回，再抽一个球，并不能用计算得到的比例准确预测这次摸到球的结果，但是如果经过多次重复又放回的摸球的过程，在摸到的所有球中，红球所占的比例会逐渐趋近于 0.6，这个 0.6 就称为先验概率。

上述例子用到了先验概率的计算方法。之所以可以计算出先验概率，是因为已经知道了不透明盒子中红白球的比例，随之也可以知道所有可能发生的结果与其发生的可能性。

（二）经验概率

经验概率是根据一个事件实际发生的情况来计算事件发生可能性的方法。不同于先验概率需要使用相关过程的先验知识，经验概率的计算依据的是观测得到的数据。

比如抛一枚硬币，在 100 次的试验中，正面朝上的次数是 48 次，那么正面朝上的先验概率是 50%，而根据实验的观测值得到的经验概率是 48%。

（三）主观概率

主观概率是建立在过去的经验与判断等基础上的对未来事件概率的预测，它反映的是一种主观的可能性，所以对主观概率的判断因人而异。比如有人看到天空乌云密布，蜻蜓低飞，预测将要下雨，这就是关于下雨可能性的主观概率。有些时候，无法用先验概率和经验概率描述事件发生的可能性，这时主观概率往往在决策中发挥显著作用。

二、事件与样本空间

在简单地了解了概率的基本类型之后，需要进一步了解概率的基本知识，即事件与样本空间。因为概率论的基本内容就是研究事件发生的可能性，所以在具体计算概率的时候,一定要先明白这些具体事件是什么以及这些事件的类型是什么,这样才可以对事件的概率进行计算。

事件指的是一件事情发生的结果。**简单事件**是指只具有一个特征的事件。例如,在进行人口普查的时候,被调查者为男性就是一个简单事件,同理,被调查者为年轻人也是一个简单事件,因为不管是"男性"还是"年轻人"都是只有一个特征的。**联合事件**是指具有两个或者两个以上个特征的事件。例如,在进行人口普查的时候,被调查者为年轻男性就是一个联合事件,因为被调查者同时具备了"年轻人"和"男性"两个特征;再进一步,被调查者为来自上海的年轻男性也是一个联合事件,因为被调查者同时具备了"来自上海""年轻人"和"男性"三个特征。从这里可以看出,一个事件可以有一个特征,也可以有多个特征。

在了解事件分类之后,在计算概率的时候就可以有选择性地对事件进行拆分,从而减少犯错的概率并加快计算的速度。

样本空间指做一件事情(或者做一次实验)所有可能发生的结果的集合。比如掷骰子会有六种结果,即 1,2,3,4,5,6 点,这六种结果合在一起形成样本空间 $\{1,2,3,4,5,6\}$。值得注意的是,组成样本空间的元素一定要是基本结果(也叫样本点),例如,人口普查的性别为男性是一个基本结果,而人口普查的性别就不是一个基本结果。

一般而言,设 S 是一个样本空间,事件 A 是样本空间 S 的一个子集,由样本空间 S 中所有不属于 A 的元素组成的集合,称为子集 A 在 S 中的**补集**。以人口普查为例,如果记录事件 A 为性别是男性,那么事件 A 的补集就是性别是女性。一般来说,事件 A 和它自己的补集的并集就是**全集** S。

三、事件的关系

事件的关系可以简单分为以下三种:

(一) 包含

在一个随机现象中有两个事件 A 与 B,如果事件 A 中任一个样本点必在事件 B 中,则称事件 A 被包含在事件 B 中,或称事件 B 包含事件 A。例如掷骰子,假设事件 A 为掷骰子出现偶数点,则 $A=\{2,4,6\}$;假设事件 B 为掷骰子出现的点数,则 $B=\{1,2,3,4,5,6\}$;由于 A 中任意一个元素(或者样本点)都包含在 B 中,所以事件 A 被包含在事件 B 中,这就是一个包含关系。

(二) 互斥

在一个随机现象中有两个事件 A 与 B,如果事件 A 与 B 没有相同的样本点,则称事件 A 与 B 互不相容,即事件 A 与 B 不可能同时发生。例如掷骰子,假设事件 A 为掷骰子出现偶数点,则 $A=\{2,4,6\}$;假设事件 B 为掷骰子出现奇数点,则 $B=\{1,3,5\}$;由于 A 和 B 中任意一个元素(或者样本点)都不相同,所以事件 A 和事件 B 互斥,即事件 A 与 B 不可能同时发生。

(三)完备

在一个随机现象中有两个事件 A 与 B,如果事件 A 与 B 互斥且 A 和 B 的并集就是样本空间,则称 A 与 B 完备。例如掷骰子,假设事件 A 为掷骰子出现偶数点,则 $A=\{2,4,6\}$;假设事件 B 为掷骰子出现奇数点,则 $B=\{1,3,5\}$,由上可知事件 A 与 B 是互斥的,且 $A \cup B=\{1,2,3,4,5,6\}$,由于 $A \cup B$ 中的样本点包含了掷骰子发生的所有可能结果,所以 $A \cup B$ 就是样本空间,因而 A 与 B 也是完备的。在本章"导入"的案例中,购买该公司电脑的客户群体处于不同年龄段,假设 $Y=\{$年轻人$\}$,$M=\{$中年人$\}$,$O=\{$老年人$\}$,则 Y 与 M 是互斥的,但并不完备。由此可得互斥事件不一定是完备的。

四、有关概率的图表

(一)列联表

根据"导入"的信息可以得到如表 4.2 所示的列联表。

表 4.2　　　　　　　　某电脑公司购买电脑的顾客情况表(单位:名)

价格＼年龄	20 岁以下	20~60 岁	60 岁以上	总　计
7 000 元以上	3	17	4	24
7 000 元以下	7	18	6	31
总　　计	10	35	10	55

根据表 4.2,用 A 表示"7 000 元以上"这一事件。由于 A 为购买某电脑公司 7 000 元以上电脑的客户群体的集合,而购买该公司 7 000 元以上电脑的客户都可能以同等机会被抽中,因此可按古典概率定义计算简单事件 A 发生的概率为:

$$P(A)=\frac{\text{购买某电脑公司 7 000 元以上电脑的顾客人数}}{\text{购买该电脑公司电脑的顾客人数}}=\frac{24}{55}\approx 0.44$$

简单事件发生的概率简称**简单概率**,像 $P(A)$ 这种简单概率也称为**边际概率**,这是专门针对列联表的一种比较形象的叫法。

用 B 表示"20 岁以下"这一事件,同理按古典概率定义计算联合事件 $A \cap B$ 的概率为:

$$P(A \cap B)=\frac{\text{购买某电脑公司 7 000 元以上电脑的 20 岁以下客户人数}}{\text{购买该电脑公司电脑的客户人数}}$$

$$=\frac{3}{55}\approx 0.05$$

联合事件发生的概率也简称**联合概率**。

（二）决策树

表 4.2 所示的列联表也可以用决策树进行表示。

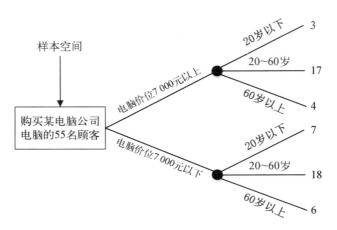

图 4-1　某电脑公司购买电脑的顾客情况决策树

由图 4-1 可知决策树的本质就是根据观测数据的结果进行不同属性分类。先对顾客根据电脑价格进行划分得到的一个二叉树，这个二叉树的两个分叉（也叫节点）之间是互斥且完备的，接着对每一个分叉按照顾客年龄进行划分得到三叉树，这个三叉树的三个分叉（节点）之间也是互斥且完备的。根据图 4-1，用 A 表示"7 000 元以上"这一事件，可计算简单事件 A 发生的概率为：

$$P(A) = \frac{\text{购买某电脑公司 7 000 元以上电脑的顾客人数}}{\text{购买该电脑公司电脑的顾客人数}} = \frac{3+17+4}{55} \approx 0.44$$

用 B 表示"20 岁以下"这一事件，计算联合事件 $A \cap B$ 的概率为：

$$P(A \cap B) = \frac{\text{购买某电脑公司 7 000 元以上电脑的 20 岁以下顾客人数}}{\text{购买该电脑公司电脑的顾客人数}}$$

$$= \frac{3}{55} \approx 0.05$$

同理，如果先对顾客进行年龄的划分，再对每一年龄段的顾客群体进行电脑价格的划分，则可得到如图 4-2 所示的决策树。

与图 4-1 类似，根据图 4-2 同理可计算出 $P(A)$ 与 $P(A \cap B)$。

（三）维恩图

维恩图用于展示不同的事物群组（集合）之间的数学关系，尤其适合用来表示群组（集合）之间的"大致关系"。它常被用来进行集合运算（或类运算）（如图 4-3 所示）。

用 A 表示"电脑价位 7 000 元以上"这一事件，用 B 表示"20 岁以下"这一事件，相应维恩图如 4-4 所示。

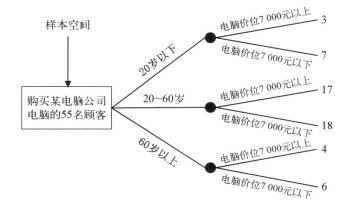

图 4-2　某电脑公司购买电脑的客户情况决策树

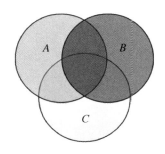

图 4-3　维恩图

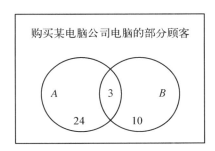

图 4-4　某电脑公司购买电脑的
部分顾客情况维恩图

根据图 4-4，可计算得到事件 A 的概率为：

$$P(A) = \frac{24}{55} \approx 0.44$$

计算得到事件 $A \cap B$ 的概率为：

$$P(A \cap B) = \frac{3}{55} \approx 0.05$$

五、一般加法法则

事件 A 和 B 的并集记为 $A \cup B$，由维恩图可知 $A \cup B$ 是事件 A 加上事件 B，但是它们的交集被多加了一次，所以在求 $A \cup B$ 的时候要减去一次 $A \cap B$，即 $A \cup B = A + B - A \cap B$，所以 $A \cup B$ 的概率等于事件 A 发生的概率加上事件 B 发生的概率减去事件 $A \cap B$ 发生的概率，相应的公式如式(4.1)所示：

$$P(A \cup B) = P(A) + P(B) - P(A \cap B) \tag{4.1}$$

用 A 表示"电脑价位 7 000 元以上"这一事件,用 B 表示"20 岁以下"这一事件,则

$$P(A \cup B) = P(A) + P(B) - P(A \cap B) = \frac{24}{55} + \frac{10}{55} - \frac{3}{55} = \frac{31}{55} \approx 0.56$$

第二节 条件概率

条件概率是指已知事件 B 发生的条件下事件 A 发生的概率。条件概率表示为 $P(A|B)$,读作"B 发生条件下 A 发生的概率",条件概率的公式定义为:

$$P(A \mid B) = \frac{P(AB)}{P(B)} \tag{4.2}$$

其中,$P(AB)$ 是事件 A 且 B 发生的联合概率。$P(A)$ 和 $P(B)$ 分别为事件 A、B 发生的简单概率。

相应地,已知事件 A 发生,则事件 B 又发生的条件概率为:

$$P(B \mid A) = \frac{P(AB)}{P(A)} \tag{4.3}$$

将式(4.3)进行变形可得 $P(AB) = P(A) \times P(B \mid A)$,由于这个式子表现为乘式,所以称为**乘法法则**,同理根据式(4.2)可得 $P(AB) = P(B) \times P(A \mid B)$,所以在求 $P(AB)$ 时有两种途径,即

$$P(AB) = \begin{cases} P(A) \times P(B \mid A) \\ P(B) \times P(A \mid B) \end{cases} \tag{4.4}$$

【例 4-1】 某电脑公司 M 想要竞标某一项目。就以往经验可知,该公司的主要竞争对手 L 公司的参与投标率是 0.7。如果 L 公司不参与此次投标,则该公司的中标率为 0.5;如果 L 公司参与此次投标,则该公司的中标率为 0.25。问题:

(1) L 公司参与此次投标且该电脑公司也中标的概率是多少?

(2) M 公司的中标率是多少?

解:(1) 不妨设事件 E 为 M 公司中标,事件 F 为 L 公司参与投标,则 L 公司参与此次投标且该电脑公司也中标的概率可记为 $P(FE)$。由题可知,$P(F) = 0.7$,$P(E \mid F) = 0.25$。根据乘法法则可得:

$$P(FE) = P(E \mid F) \times P(F) = 0.25 \times 0.7 = 0.175$$

所以 L 公司参与此次投标且该电脑公司也中标的概率是 0.175。

(2) M 公司的中标可以分为两种情况:L 公司参与此次投标且该电脑公司中标,L 公司没有参与此次投标且 M 公司中标。所以 M 公司的中标率 $P(E) = P(EF \cup E\overline{F})$。由

加法法则可知

$$P(E)=P(EF \cup E\overline{F})=P(EF)+P(E\overline{F})-P(EF \cap E\overline{F})$$

由于这两种情况是互斥且完备的，所以 $EF \cap E\overline{F}=\varnothing$，即 $P(EF \cap E\overline{F})=0$，因而

$$\begin{aligned}P(E)&=P(EF \cup E\overline{F})=P(EF)+P(E\overline{F})-P(EF \cap E\overline{F})\\&=P(EF)+P(E\overline{F})\end{aligned}$$

由题可知 $P(\overline{F})=1-0.7=0.3$，$P(E \mid \overline{F})=0.5$，根据乘法法则可得：

$$P(E\overline{F})=P(E \mid \overline{F}) \times P(\overline{F})=0.5 \times 0.3=0.15$$

因为 $P(E)=P(EF)+P(E\overline{F})$，由(1)可知 $P(EF)=0.175$，所以 $P(E)=0.175+0.15=0.325$。

第三节 独立性

根据上一节条件概率 $P(B|A)$ 的定义可知，事件 A 发生对事件 B 的发生是有影响的，但是生活中还有一些事件是互不影响的。例如，抛一枚硬币，第一次的结果是正面还是反面并不影响第二次的结果，也可以说第一次的结果和第二次的结果是相互独立的。如果两个事件 A 和 B 的发生互不影响，则称事件 A 和 B 相互**独立**，公式定义如下：

$$P(A \mid B)=P(A) \tag{4.5}$$

此时，乘法法则可以简化为：

$$P(A \cap B)=P(A) \times P(B) \tag{4.6}$$

【**例 4-2**】沿用【例 4-1】，M 电脑公司要完成中标的项目需要硬件和软件均合格。为了如期完工，该公司把中标项目分包给 A、B、C 三个部门去完成。这三个部门的硬件和软件均需考核合格之后方可投入使用。已知 A、B、C 三个部门的硬件合格率分别为 0.9，0.8，0.7；相应的软件合格率分别为 0.8，0.7，0.9，且三个部门的考核互不影响。问题：

(1) A 部门通过考核的概率是多少？

(2) A、B 两个部门均通过考核的概率是多少？

(3) C 部门没有通过考核的概率是多少？

解：(1) 定义 A 部门的硬件合格为 H_1，软件合格为 S_1，如果 A 部门通过考核，则说明该部门硬件及软件均合格，所以 A 部门通过考核的概率可以定义为 $P(H_1 S_1)$，由于 A 部门的硬件和软件是否合格是相互独立的，所以根据乘法法则得：

$$P(H_1 S_1)=P(H_1) \times P(S_1)=0.9 \times 0.8=0.72$$

所以 A 部门通过考核的概率是 0.72。

(2) 定义 B 部门的硬件合格为 H_2，软件合格为 S_2，如果 A、B 部门均通过考核，则说明 A、B 部门的硬件及软件均合格，所以 A、B 部门均通过考核的概率可以定义为 $P(H_1S_1 \cap H_2S_2)$，由于 A、B 部门相互独立，所以根据乘法法则可得：

$$P(H_1S_1 \cap H_2S_2) = P(H_1S_1) \times P(H_2S_2)$$

由于 A、B 部门的硬件和软件是否合格是相互独立的，所以：

$$P(H_1S_1) = P(H_1) \times P(S_1) = 0.9 \times 0.8 = 0.72$$
$$P(H_2S_2) = P(H_2) \times P(S_2) = 0.8 \times 0.7 = 0.56$$

因而：

$$P(H_1S_1 \cap H_2S_2) = P(H_1S_1) \times P(H_2S_2) = 0.72 \times 0.56 = 0.403\,2$$

即 A、B 两个部门均通过考核的概率是 0.403 2。

(3) 定义 C 部门的硬件合格为 H_3、不合格为 $\bar{H}_3$，软件合格为 S_3、不合格为 $\bar{S}_3$，如果 C 部门没有通过考核，那么可能是由以下三种情况引起的：C 部门的硬件不合格但是软件合格(记为 $\bar{H}_3S_3$)、硬件合格但是软件不合格(记为 $H_3\bar{S}_3$)、硬件和软件均不合格(记为 $\bar{H}_3\bar{S}_3$)，所以 C 部门没有通过考核的概率为 $P(\bar{H}_3S_3 \cup H_3\bar{S}_3 \cup \bar{H}_3\bar{S}_3)$，由于这三种情况是互斥且完备的，所以 $P(\bar{H}_3S_3 \cup H_3\bar{S}_3 \cup \bar{H}_3\bar{S}_3) = P(\bar{H}_3S_3) + P(H_3\bar{S}_3) + P(\bar{H}_3\bar{S}_3)$，由于 C 部门的硬件和软件是否合格是相互独立的，所以：

$$P(\bar{H}_3S_3) = P(\bar{H}_3) \times P(S_3) = 0.3 \times 0.9 = 0.27$$
$$P(H_3\bar{S}_3) = P(H_3) \times P(\bar{S}_3) = 0.7 \times 0.1 = 0.07$$
$$P(\bar{H}_3\bar{S}_3) = P(\bar{H}_3) \times P(\bar{S}_3) = 0.3 \times 0.1 = 0.03$$

因而：

$P(\bar{H}_3S_3 \cup H_3\bar{S}_3 \cup \bar{H}_3\bar{S}_3) = P(\bar{H}_3S_3) + P(H_3\bar{S}_3) + P(\bar{H}_3\bar{S}_3) = 0.27 + 0.07 + 0.03 = 0.37$，即 C 部门没有通过考核的概率是 0.37。

第四节 贝叶斯定理

某电脑公司所用的芯片有 3 个供应商。已知在这一批芯片中发现了残次品，那么这些残次品有可能来自哪个供应商呢？用统计学语言来说，就是在事件 A 已经发生的条件下，如何找到导致 A 发生的各种原因 B_i 的概率，即求 $P(B_i \mid A)$。此时可以用贝叶斯定理来解决这个问题。**贝叶斯公式**如下：

$$P(B_i \mid A) = \frac{P(B_i)P(A \mid B_i)}{\sum_{i=1}^{K} P(B_i)P(A \mid B_i)} \quad (4.7)$$

按条件概率的定义，$P(B_i \mid A) = \frac{P(B_iA)}{P(A)}$，其中 $A = AB_1 \cup AB_2 \cup \cdots \cup AB_K$，$B_1, B_2, \cdots, B_K$ 是 K 个互斥且完备的事件。为了便于理解，可以用下面的列联表加以展示。

表 4.3　　　　　　　　　　　贝叶斯公式示意表

	B_1	B_2	$\cdots$	B_{K-1}	B_K
A					
$\bar{A}$					

由于联合事件 $AB_1, AB_2, \cdots, AB_K$ 是互斥且完备的，所以

$$P(A) = P(AB_1) + P(AB_2) + \cdots + P(AB_K) \quad (4.8)$$

式(4.8)也称为**全概率**。

根据乘法法则，$P(AB_i) = P(A \mid B_i) \times P(B_i)$，$i = 1, 2, \cdots, K$，所以式(4.8)可以转换为：

$$P(A) = P(A \mid B_1)P(B_1) + P(A \mid B_2)P(B_2) + \cdots + P(A \mid B_K)P(B_K) \quad (4.9)$$

【**例 4-3**】2020 年某电脑科技集团全年收入为 906 亿元，其中基础设施解决方案集团(ISG)全年收入占总收入 41%，客户端解决方案集团(CSG)全年收入占总收入 24%，其他部门全年收入占总收入 35%。ISG 的主营业务收入占 80%，其他业务收入占 20%；CSG 的主营业务收入占 60%，其他业务收入占 40%；其他部门的主营业务收入与其他业务收入各占 50%。2020 年该电脑科技集团主营业务收入中，ISG 占比是多少？

解： 设事件 A＝主营业务，事件 $\bar{A}$＝其他业务，事件 B_1＝基础设施解决方案集团，事件 B_2＝客户端解决方案集团，事件 B_3＝其他部门。则原问题就是求 $P(B_1 \mid A)$。

方法一：

由贝叶斯公式可知：

$$P(B_1 \mid A) = \frac{P(B_1)P(A \mid B_1)}{\sum_{i=1}^{3} P(B_i)P(A \mid B_i)}$$

$$= \frac{P(B_1)P(A \mid B_1)}{P(B_1)P(A \mid B_1) + P(B_2)P(A \mid B_2) + P(B_3)P(A \mid B_3)}$$

$$= \frac{80\% \times 41\%}{(80\% \times 41\%) + (60\% \times 24\%) + (50\% \times 35\%)}$$

$$\approx 50.7\%$$

方法二：用列联表求解。相应的列联表如表 4.4 所示。

表 4.4 【例 4-3】的列联表

	B_1	B_2	B_3	总计
A	$=80\% \times 41\% = 32.8\%$	$=60\% \times 24\% = 14.4\%$	$=50\% \times 35\% = 17.5\%$	64.7%
$\bar{A}$	$=20\% \times 41\% = 8.2\%$	$=40\% \times 24\% = 9.6\%$	$=50\% \times 35\% = 17.5\%$	35.3%
总计	41%	24%	35%	100%

由表 4.4 可知，

$$P(B_1 \mid A) = \frac{32.8\%}{64.7\%} \approx 50.7\%$$

【例 4-4】根据某电脑公司历史销售数据可知，顾客在浏览该电脑公司商品 X 后购买的概率为 0.6，又知浏览商品 X 后购买的顾客为 30 岁以下单身男性的概率是 0.7，浏览商品 X 后却不购买的顾客为 30 岁以下单身男性的概率是 0.5。那么，已知一名顾客是 30 岁以下单身男性，请问他在浏览商品 X 后购买的概率是多少？

解：设事件 A = 顾客浏览该电脑公司商品 X 后购买，B = 30 岁以下单身男性。由题可知，$P(A) = 0.6$，$P(B \mid A) = 0.7$，$P(B \mid \bar{A}) = 0.5$，根据贝叶斯定理可知：

$$\begin{aligned} P(A \mid B) &= \frac{P(AB)}{P(B)} = \frac{P(A)P(B \mid A)}{P(B)} \\ &= \frac{P(A)P(B \mid A)}{P(A)P(B \mid A) + P(\bar{A})P(B \mid \bar{A})} \\ &= \frac{0.6 \times 0.7}{0.6 \times 0.7 + 0.4 \times 0.5} \\ &\approx 0.68 \end{aligned}$$

探究与发现

通过上述学习，你是否对"导入"所提出的问题进行了相关思考，并能够回答上述问题？

本 章 小 结

本章介绍了概率的基本概念、事件的关系,以及几种形象地分析复杂事件的方法,如列联表、决策树和维恩图。此外,还介绍了条件概率和乘法原则。贝叶斯定理常用于实际生活通过先验概率计算后验概率。本章思维导图如图 4-5 所示。

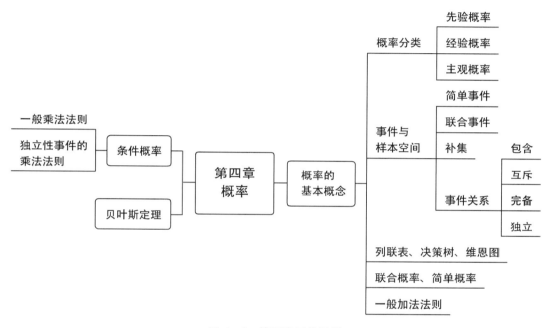

图 4-5 第四章思维导图

本章练习题

一、概念梳理

1. 设 A、B、C 为三个事件,用 A、B、C 的运算关系表示下列各事件:(1) A 发生,B 和 C 都不发生;(2) A、B、C 中至少有两个发生;(3) A、B、C 都发生。

2. 设 A、B、C 是三个事件,并且 $P(A)=P(B)=P(C)=0.25$,事件 A 和 B 相互排斥,事件 B 和 C 相互排斥,并且 $P(AC)$ 为 0.2,求 A、B、C 至少有一个发生的概率。

3. 在 1 000 件产品中有 400 件次品,现在任意取 200 件,其中正品的概率为多少?

4. 已知 $P(A)$ 为 0.25,在 A 发生的条件下,B 发生的概率为 0.5,而在 B 发生的概率下,A 发生的概率为 0.3,求 A 和 B 同时发生的概率是多少?

二、概念运用

1. 请在括号内填入相应概念与计算结果。

   (1) 在某个图书销售的网站 D 上,由某出版集团出版的管理类图书总共有 420 本,其中价格在 100 元以上的图书有 3 本,则价格过 100 元的图书占此类别书目的 1/140,1/140 可称为(　　　)概率;其中价格在 100 元以上并成套出售的共有 2 套,则价格过 100 元的成套书占总书目的 1/210,1/210 可称为(　　　)概率。

   (2) 在网站 D 上,由某出版集团出版的建筑类图书中,总共有 15 本图书。其中 50 元以下的共有 8 本,50~100 元区间内的共有 3 本,100 元以上的共有 4 本。从中不放回地取出两本书,已知第一本取到的是 50 元内的,求第二次取到 100 元以上书的概率。A 表示第一次取到的是 50 元内的,B 表示第二次取到 100 元以上的书,则 $P(B|A)=$(　　　)。

2. 在中秋节即将到来之际,某学校食堂特意推出了专属月饼。除了单只独立包装的月饼外,该食堂还推出了礼盒装月饼。为了解该学校学生对这两种购买方式的喜爱程度,工作人员随机向该校 100 名购买了专属月饼的学生进行调查。结果显示,在这 100 名学生中,有 60% 购买了礼盒装月饼,有 70% 购买了独立包装的月饼。已知购买了礼盒装月饼的学生中有 80% 也购买了独立包装的月饼,那么没有购买独立包装月饼的学生购买了礼盒装月饼的概率是多少?

3. 某用户在某电商平台店铺内挑选商品,该电商平台店铺内的商品型号有 A、B、C 三种,该用户在该店内只购买了其中一种型号的商品。

   (1) 求该用户可能购买的产品型号的样本空间。

   (2) {该用户购买了 A 型产品}和{该用户购买了 B 型产品}是(　　　)事件。{该用户购买了 A 型产品}、{该用户购买了 B 型产品}和{该用户购买了 C 型产品}是(　　　)事件。

   (3) 求事件{该用户购买了 A 型产品}的补集。

4. 用户 A 在某电商平台的某家图书店铺内购买了 1 本《高等数学》、1 本《商务统计》和 2 本笔记本;用户 B 在该店铺内购买了 1 本《商务统计》和 1 本《概率论》。求 A、B 两个用户所购买书籍的交集和并集。

5. 假设在 2020 年某电商平台用户中有 70% 的用户在双 11 进行了消费,有 40% 的用户在双 12 进行了消费,有 30% 的用户在双 11 和双 12 都进行了消费。

   (1) 用维恩图表示某电商平台用户在双 11 和双 12 的消费情况。

   (2) 用加法法则计算:在双 11 或双 12 进行了消费的某电商平台用户占总用户的比例。

6. 某电商平台店铺内有 A、B、C 三种商品,对应销售量分别为 20%,30%,50%,这三种商品相应的好评率分别为 90%,80%,70%。已知某一笔交易成交并获得了好评,求该笔交易卖出的是 B 商品的概率。

三、案例分析

根据某电商平台的数据显示,近三年来,该平台的女性用户从购买金额、购买商品单价到成交人数都有爆发式增长,女性用户的购买力和互动性变得越来越强。已知该电商平台的女性用户占比约为 57%,25 岁及以下用户占比约为 39%。现经过进一步调查发现在 25 岁及以下的用户中,女性用户占比约为 60%。为了得知 25 岁及以下的女性用户在全体女性用户中其购物力的重要程度,请算出女性用户中 25 岁及以下的用户占比为多少。

拓 展 学 习

本章自主练习

一瓶糖果中的糖果总共有三种颜色:粉色、绿色和白色。其中 35% 的糖果是粉色的,40% 的糖果是绿色的,其余的为白色。糖果总共有两种形状:星星状和骨头状。已知一颗糖果是粉色又是星星状的概率为 70%,一颗糖果是绿色又是星星状的概率为 65%,一颗糖果是白色又是星星状的概率为 45%。随机从这瓶糖果里拿一颗糖果,定义下列事件为:

A_1 = 选取的粉色糖果

A_2 = 选取的绿色糖果

A_3 = 选取的白色糖果

B = 星星状糖果

$\overline{B}$ = 骨头状糖果

任务:

(1) 分别求星星状糖果且为粉色、绿色、白色的概率。
(2) 分别求骨头状糖果且为粉色、绿色、白色的概率。
(3) 试求星星状糖果的概率。
(4) 试求骨头状糖果的概率。
(5) 试求在星星状糖果的前提下,糖果为粉色的概率。
(6) 试求在骨头状糖果的前提下,糖果为绿色的概率。

第五章

离散概率分布

 本章教学目标

通过本章的学习,学生应当了解离散概率分布,熟悉离散概率分布的期望值和方差,掌握二项分布和泊松分布的特征及应用。

 本章核心概念

离散概率分布;期望值;方差;二项分布;泊松分布

 导入

某电脑公司进行市场调查以了解顾客对该公司产品的满意程度,便于后续更有针对性地提高该公司电脑产品的质量。调查分析结果如表5.1所示:

表5.1　　　　　　　　　某电脑公司顾客满意度市场调查分析表

满意度分值(分)	占比	满意度分值(分)	占比
非常满意(5)	0.20	比较不满意(2)	0.16
很满意(4)	0.28	非常不满意(1)	0.11
一般(3)	0.25		

问题:

(1) 请计算顾客对其产品满意度的期望值与标准差。

(2) 在市场上随机抽取10名顾客,请问这10名顾客中至少有8名顾客选择很满意的概率是多少?

(3) 这10名顾客中平均有多少名顾客会选择非常满意?

如果想解决这些问题,就需要对离散概率分布的相关知识进行了解,尤其要对在现实生活中运用范围较广的离散概率分布熟练掌握,比如二项分布和泊松分布。

第一节 离散概率分布

本节所学的离散概率分布指的是离散变量(定义为 X)的概率分布。由第一章可知,离散变量 X 的所有取值都可以逐一列举出来。例如,购买某电脑公司电脑的顾客人数、生产某一批笔记本电脑中残次品的个数、在市场调查中对某电脑公司售后服务表示满意的顾客人数等,都是离散型随机变量。离散概率分布中的分布是一种计数形式,和第二章所学的频数分布、频率分布以及百分比分布中的分布是一样的。只不过在第二章中采用频数、频率和百分比的形式对数据进行计数,而本节中采用概率的形式对数据进行计数。这种针对离散变量(数据)采用概率的形式进行计数的方法称为离散概率分布。

一、离散概率分布

设有离散型随机变量 X,可能取值 $x_1, x_2, \cdots, x_n$,其相应的概率为 $p_1, p_2, \cdots, p_n$,即 $P(X=x_i)=p_i(i=1, 2, \cdots, n)$,如表 5.2 所示。

表 5.2   离散概率分布表

X	$P(X)$	X	$P(X)$
x_1	p_1	⋯	⋯
x_2	p_2	x_n	p_n

其中,$\sum_{i=1}^{n} p_i = 1$。

表 5.1 就是一个离散概率分布表,离散变量就是顾客满意度的分值,这些分值的相应取值是 5,4,3,2,1,上述取值的相应概率分别为 0.20,0.28,0.25,0.16,0.11,且 $0.20+0.28+0.25+0.16+0.11=1$。

【例 5-1】 设离散变量 X 为掷骰子出现的结果,请给出变量 X 的离散概率分布。

解: 由题可知掷骰子一共有 6 个结果,分别为 1,2,3,4,5,6 点,这些点数对应的概率均为 1/6,所以变量 X 的离散概率分布如表 5.3 所示:

表 5.3   变量 X 的离散概率分布

X	$P(X)$	X	$P(X)$
1	$\frac{1}{6}$	2	$\frac{1}{6}$

(续表)

X	P(X)	X	F(X)
3	$\frac{1}{6}$	5	$\frac{1}{6}$
4	$\frac{1}{6}$	6	$\frac{1}{6}$

二、离散概率分布的期望值和方差

离散变量的期望值就是离散变量的概率分布的均值,是离散变量所有可能的取值 x_i 与其相应概率 p_i 的乘积的加和,公式定义如下:

$$\mu = E(X) = \sum_{i=1}^{n} x_i p_i \tag{5.1}$$

在式(5.1)中,x_i 代表变量 X 的第 i 个取值,p_i 表示当变量取到 x_i 值的概率。

离散变量的方差就是把离散变量所有可能的取值 x_i 与其期望值的离差平方 $[x_i - E(X)]^2$ 乘以相应的概率 p_i,再把所有乘积加和,公式定义如下:

$$\sigma^2 = Var(X) = \sum_{i=1}^{N} [x_i - E(X)]^2 p_i \tag{5.2}$$

为了将离散变量的单位初始化,将随机变量的方差开根号得到它的标准差,公式定义如下:

$$\sigma = \sqrt{\sigma^2} = \sqrt{Var(X)} = \sqrt{\sum_{i=1}^{N} [x_i - E(X)]^2 p_i} \tag{5.3}$$

【例 5-2】请计算表 5.1 中顾客对公司产品满意度的期望值与标准差。

解:由期望值定义可知:

$$\mu = E(x) = \sum_{i=1}^{n} x_i p_i = 1 \times 0.11 + 2 \times 0.16 + 3 \times 0.25 + 4 \times 0.28 + 5 \times 0.20 = 3.3$$

相应的标准差为:

$$\sigma = \sqrt{\sigma^2} = \sqrt{\sum_{i=1}^{N} [x_i - E(X)]^2 p_i}$$
$$= \sqrt{(1-3.3)^2 \times 0.11 + (2-3.3)^2 \times 0.16 + (3-3.3)^2 \times 0.25 + (4-3.3)^2 \times 0.28 + (5-3.3)^2 \times 0.2}$$
$$\approx 1.26$$

在对离散概率分布有了一定的认识之后,可以发现有些离散概率分布有着一定的规律,在现实生活中应用也比较广泛。接下来,将学习两种经典的离散概率分布,即二项分布和泊松分布。

第二节 二 项 分 布

在学习二项分布前,需要先了解伯努利分布。**伯努利分布**是指在相同的条件下,重复、独立进行的一次实验。而这次实验中,只有两种结果,并且对两种结果的概率已知。比如掷硬币,设变量 X 为掷硬币出现的结果,如果出现正面,则 X 取 0;如果出现反面,则 X 取 1,且正面或反面出现的概率均为 1/2,则可以得到相应的离散概率分布如表 5.4 所示:

表 5.4　　　　　　　　　　掷硬币的离散概率分布

X	$P(X)$	X	$P(X)$
0	$\frac{1}{2}$	1	$\frac{1}{2}$

表 5.4 就是伯努利分布,也简称 0-1 分布。

二项分布就是 n 次重复的伯努利分布,二项分布满足以下四个特征:

(1) 固定的实验次数 n;
(2) 每次实验只有两个互斥且完备的结果,不妨假设为"成功"和"失败";
(3) 每次"成功"和"失败"的概率都是固定的,设成功的概率为 p,则失败的概率为 $1-p$;
(4) 每次实验的结果均是独立的,即每次的结果都互不影响。

二项分布在现实生活中应用比较广泛,比如:

a. 某电脑公司生产的电脑合格或不合格;
b. 公司竞标某一个项目,竞标成功或失败;
c. 当做市场调查时,调查对象被问及是否会购买某产品时肯定或否定的回答;
d. 本科毕业生去应聘某项工作时,应聘成功与否。

设在二项分布中,每次试验中事件 A 发生的概率为 π,用 X 表示 n 重伯努利试验中事件 A 发生的次数,假设事件 A 一共发生了 x 次,则相应的概率如式(5.4)所示:

$$P(X=x \mid n, \pi)=\frac{n!}{x!(n-x)!}\pi^x(1-\pi)^{n-x} \tag{5.4}$$

由于二项分布在现实生活中运用比较广泛,所以各种 n 取不同值下的二项分布表也均有提供(见附表1),比如当 $n=10$ 时的二项分布表如表5.5所示。

表5.5　　　　　　　　　　当 $n=10$ 时的二项分布表(节选)

					$n=10$				
x	...	$p=.20$	$p=.25$	$p=.30$	$p=.35$	$p=.40$	$p=.45$	$p=.50$	
0	...	0.107 4	0.056 3	0.028 2	0.013 5	0.006 0	0.002 5	0.001 0	10
1	...	0.268 4	0.187 7	0.121 1	0.072 5	0.040 3	0.020 7	0.009 8	9
2	...	0.302 0	0.281 6	0.233 5	0.175 7	0.120 9	0.076 3	0.043 9	8
3	...	0.201 3	0.250 3	0.266 8	0.252 2	0.215 0	0.166 5	0.117 2	7
4	...	0.088 1	0.146 0	0.200 1	0.237 7	0.250 8	0.238 4	0.205 1	6
5	...	0.026 4	0.058 4	0.102 9	0.153 6	0.200 7	0.234 0	0.246 1	5
6	...	0.005 5	0.016 2	0.036 8	0.068 9	0.111 5	0.159 6	0.205 1	4
7	...	0.000 8	0.003 1	0.009 0	0.021 2	0.042 5	0.074 6	0.117 2	3
8	...	0.000 1	0.000 4	0.001 4	0.004 3	0.010 6	0.022 9	0.043 9	2
9	...	0.000 0	0.000 0	0.000 1	0.000 5	0.001 6	0.004 2	0.009 8	1
10	...	0.000 0	0.000 0	0.000 0	0.000 0	0.000 1	0.000 3	0.001 0	0
	...	$p=.80$	$p=.75$	$p=.70$	$p=.65$	$p=.60$	$p=.55$	$p=.50$	x

【例 5-3】对某电脑公司华东分店内的顾客进行随机调查,共选取了 10 名顾客。由以往销售经验可知,顾客购买该店内 A 型号电脑的概率为 0.35。

(1) 这 10 名顾客中有 3 名顾客会购买 A 型号电脑的概率是多少?

(2) 这 10 名顾客中至少有 3 名顾客会购买 A 型号电脑的概率是多少?

解:

(1) 已知 $n=10$, $\pi=0.35$, $x=3$, 则在表 5.5 的最左边一列找到 x 的取值 3, 在表的第二行找到事件发生的概率 0.35, 3 和 0.35 所在的行列交叉就得到相应的概率 0.252 2。

$$P(X=3)=\frac{n!}{x!(n-x)!}\pi^x(1-\pi)^{n-x}$$
$$=\frac{10!}{3!\times(10-3)!}\times 0.35^3\times(1-0.35)^{10-3}\approx 0.252\ 2$$

(2)方法一:已知 $n=10, \pi=0.35, x \geqslant 3$,则在表5.5的最左边一列找到 x 的取值 $3, 4, \cdots, 10$,在表的第二行找到事件发生的概率 $0.35, 3, 4, \cdots, 10$ 和 0.35 所在的行列交叉就得到相应的概率相加求和,所以:

$$P(X \geqslant 3) = P(X=3) + P(X=4) + \cdots + P(X=10)$$
$$= 0.2522 + 0.2377 + \cdots + 0.0000 = 0.7384$$

方法二:已知 $n=10, \pi=0.35, x \geqslant 3$,
根据事件的互斥完备关系可得:

$$P(X \geqslant 3) = 1 - P(X<3) = 1 - P(X=0) - P(X=1) - P(X=2)$$

则在表5.5的最左边一列找到 x 的取值 $0, 1, 2$,在表的第二行找到事件发生的概率 0.35, $0, 1, 2$ 和 0.35 所在的行列交叉就得到相应的概率,所以:

$$P(X \geqslant 3) = 1 - P(X<3) = 1 - P(X=0) - P(X=1) - P(X=2)$$
$$= 1 - 0.0135 - 0.0725 - 0.1757 = 0.7383$$

【例 5-4】对某电脑公司华东分店内的顾客进行随机调查,共选取了 10 名顾客。由以往销售经验可知,顾客购买该店内 B 型号电脑的概率为 0.75,这 10 名顾客里会购买 B 型号电脑的顾客人数是 4 人的概率是多少?

解:因为表5.5里给的概率最大是 0.5,而这里的概率是 0.75,在表5.5里无法直接找到,由二项分布的特征(3)可知,如果假定购买 B 型号电脑的概率是 0.75,那么没有购买 B 型号电脑的概率就是 0.25,那么原问题可以转化为求没有购买 B 型号电脑的顾客人数是 6 人的概率,此时就可以查表求解。设变量 X 代表没有购买 B 型号电脑的顾客人数,则:

$$P(X=6) = \frac{n!}{x!(n-x)!}\pi^x(1-\pi)^{n-x}$$
$$= \frac{10!}{6! \times (10-6)!} \times 0.25^6 \times (1-0.25)^{10-6} \approx 0.0162$$

在了解如何用二项分布公式求概率之后,为了进一步对二项分布的数据特征进行分析,还需要学习二项分布的均值与方差。

二项分布的均值就是该分布对应事件成功的概率乘以实验的次数,

$$u = E(X) = n\pi \tag{5.5}$$

二项分布的方差简单来说就是其对应均值乘上对应事件不发生的概率。

$$\sigma^2 = Var(X) = n\pi(1-\pi) \tag{5.6}$$

【例 5-5】 对某电脑公司华东分店内的顾客进行随机调查,共选取了 10 名顾客。由以往销售经验可知,顾客购买该店内 A 型号电脑的概率为 0.35,这 10 名顾客购买 A 型号电脑的顾客数的均值和方差各是多少?

解: 设离散变量 X 为购买 A 型号电脑的顾客人数,则对应 π 为顾客购买 A 型号电脑的概率,由题可知:

$$u = E(X) = n\pi = 10 \times 0.35 = 3.5$$

$$\sigma^2 = Var(X) = n\pi(1-\pi) = 10 \times 0.35 \times (1-0.35) = 2.275$$

第三节 泊松分布

泊松分布是统计与概率学里一种常见的离散概率分布,用来描述在一定区间范围内(时间或空间)某一事件发生次数的分布,比如早上 8 点到 8 点半之间学校门口 2 路车站候车的乘客数、机场前台每天接到的投诉电话数、选手 A 在射击比赛预赛时打靶所中的环数、某地区历年入梅第一天的降雨量等。泊松分布的公式如下:

$$P(X=x, \lambda) = \frac{e^{-\lambda}\lambda^x}{X!} \tag{5.7}$$

在式(5.7)中,变量 X 代表某一区间(时间或者空间)内事件发生的次数。参数 λ 是这一区间内这一事件发生的均值,当区间成比例改变时,均值 λ 也是成比例改变的。$x = 0, 1, 2, \cdots, X$ 取值可以为有限值,也可以为无限值。比如早上 8 点到 8 点半之间学校门口 2 路车站候车的乘客数理论上就可以取到无穷大,但是选手 A 在射击比赛预赛时打靶所中的环数最高只能取到 10。

值得注意的是,泊松分布的期望和方差均为 λ,即 $E(X) = \lambda$,$Var(X) = \lambda$。

同二项分布一样,泊松分布求概率也可以通过查泊松分布表获得(见附表 2)。

表 5.6 泊松分布表(节选)

X	λ				
	4	5	6	7	8
0	0.018 3	0.006 7	0.002 5	0.000 9	0.000 3
1	0.073 3	0.033 7	0.014 9	0.006 4	0.002 7
2	0.146 5	0.084 2	0.044 6	0.022 3	0.010 7

(续表)

X	λ				
	4	5	6	7	8
3	0.195 4	0.140 4	0.089 2	0.052 1	0.028 6
4	0.195 4	0.175 5	0.133 9	0.091 2	0.057 3
5	0.156 3	0.175 5	0.160 6	0.127 7	0.091 6
6	0.104 2	0.146 2	0.160 6	0.149 0	0.122 1
7	0.059 5	0.104 4	0.137 7	0.149 0	0.139 6

【例 5-6】 自某电脑公司采用了双渠道销售模式之后，旗下各类笔记本销量显著上升。据调查，A 型号的笔记本电脑在某电商平台官方旗舰店每分钟的销量为 6 台。

(1) 求每分钟销量为 7 台的概率是多少。

(2) 求每分钟销量不少于 7 台的概率是多少。

解：(1) 由题可知 $X=7$，$\lambda=6$，则

$$P(X=7)=\frac{e^{-\lambda}\lambda^X}{X!}=\frac{e^{-6}\times 6^7}{7!}\approx 0.137\ 7$$

(2) 由题可知 $X\geqslant 7$，$\lambda=6$，由于 $X\geqslant 7$ 意味着 X 可以取到无穷大值，所以为了便于计算可以取上述事件的互斥完备事件的概率，即

$$\begin{aligned}P(X\geqslant 7)&=1-P(X<7)=1-P(X=0)-P(X=1)-\cdots-P(X=6)\\&=1-0.002\ 5-0.014\ 9-\cdots-0.160\ 6\\&=0.393\ 7\end{aligned}$$

在二项分布里当 n 很大，π 很小，均值 $E(X)=n\pi$ 大小适中时可以用泊松分布来近似，而且当 n 越大，π 越小时，近似程度越好。

【例 5-7】 已知某电脑公司通过流水线批量生产 A 型号笔记本电脑。假设每天出现残次品的概率为 0.000 1，又假设每天生产 1 000 台 A 型号笔记本电脑，则每天有不小于 2 台笔记本电脑是残次品的概率是多少？

解： 假设每生产 1 台 A 型号笔记本电脑为做 1 次实验，则这道题是一个典型的二项分布，因为它满足四个特征：

(1) 每天生产 1 000 台 A 型号笔记本电脑，则固定的实验次数 $n=1\ 000$；

(2) 每次实验只有两个互斥且完备的结果，分别为"合格"和"残次品"；

(3) 每次"残次品"概率为 0.000 1，"合格"的概率为 1-0.000 1；

(4) 每台电脑合格与否均是独立的。

设 X 是所生产的 A 型号笔记本电脑为残次品的台数,由题可知,所求概率为:

$$P(X \geqslant 2) = 1 - P(X=0) - P(X=1)$$
$$= 1 - \frac{1\,000!}{0! \times (1\,000-0)!} \times 0.000\,1^{1\,000} \times (1-0.000\,1)^{1\,000-0}$$
$$- \frac{1\,000!}{1! \times (1\,000-1)!} \times 0.000\,1^{1\,000} \times (1-0.000\,1)^{1\,000-1}$$

这个计算比较复杂,就算借助二项分布表也很难找到 $n=1\,000$ 的情况。又因为本题中的 n 很大、π 很小,均值 $E(X)=n\pi=0.1$ 大小适中,所以可以转化为泊松分布进行求解。

$$P(X \geqslant 2) = 1 - P(X=0) - P(X=1)$$
$$= 1 - \frac{e^{-0.1} \times 0.1^0}{0!} - \frac{e^{-0.1} \times 0.1^1}{1!}$$

最后一步也可通过查 $\lambda = 0.1$ 的泊松分布表获得。

第四节　拓展运用(SPSS 操作介绍)

一、二项分布

某电商平台店家为了吸引消费者,举行消费抽奖活动。消费金额每满 100 元就能参与一次抽奖活动,每次的中奖概率为 30%。现有一位用户在该店消费了 1 000 元,获得了 10 次抽奖机会。用二项分布求该用户所有可能的中奖次数的概率(中奖次数可能为 0~10 次)。

1. 将二项分布的 x 变量输入,比如抽奖 10 次,中奖概率为 0.3,x 取中奖次数 1~10 次。选中这列的数据(如图 5-1 所示)。

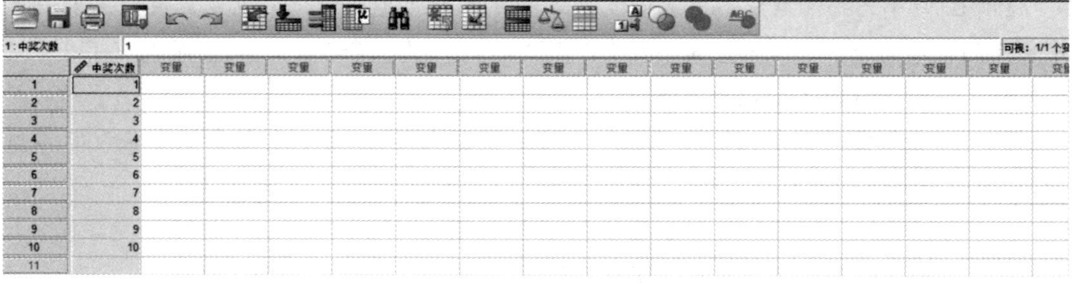

图 5-1　SPSS 运用 1——输入数据

2. 执行"转换—计算变量"(如图 5-2 所示)。

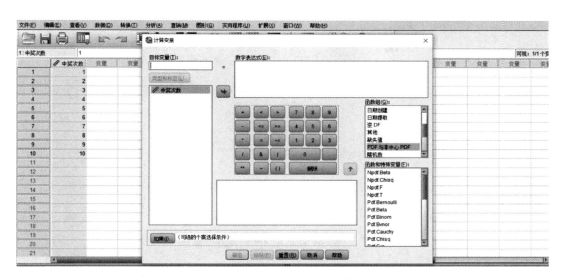

图 5-2　SPSS 运用 2——计算变量

3. 在目标变量里定义输出数据,如"中奖概率"。然后在右边下面的函数组里找到"PDF 与非中心 PDF"函数,接着在下面的函数和特殊变量里选择二项分布(Pdf.Binom)(如图 5-3 所示)。

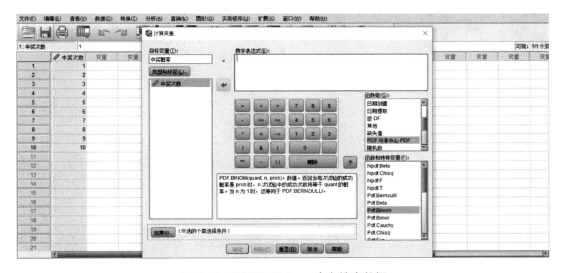

图 5-3　SPSS 运用 3——命名输出数据

4. 输入数学表达式,即双击这个函数,并按照图 5-4 所示的数学表达式框输入变量。

统 计 学

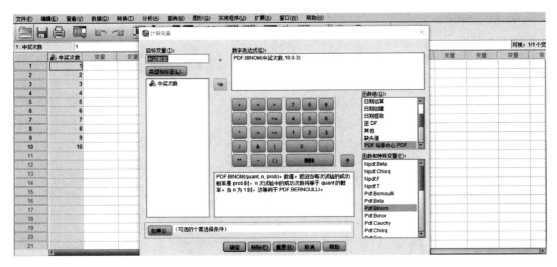

图 5‑4　SPSS 运用 4——输入变量

5. 点击确定,输出结果,并在变量视图中调整"中奖概率"的小数位数(如图 5‑5 所示)。

	中奖次数	中奖概率
1	1	.12106082
2	2	.23347444
3	3	.26682793
4	4	.20012095
5	5	.10291935
6	6	.03675691
7	7	.00900169
8	8	.00144670
9	9	.00013778
10	10	.00000590

图 5‑5　SPSS 运用 5——结果图

二、泊松分布

据统计,某电商平台店家所销售的定制饰品通常在周三的销量最多,一天平均能够成交 20 笔。试用泊松分布分析本周三的交易次数情况:(1)成交 30 笔的概率;(2)成交 10 笔的概率。

1. 输入泊松分布的变量 X(交易次数),选中数据(如图 5‑6 所示)。

图 5‑6　SPSS 运用 6——输入变量

2.执行"转换-计算变量",在目标变量里定义输出数据,如"概率"。在右栏选择"PDF 与非中心 PDF"函数,再在下方选择泊松分布(Pdf.Poisson)(如图 5-7 所示)。

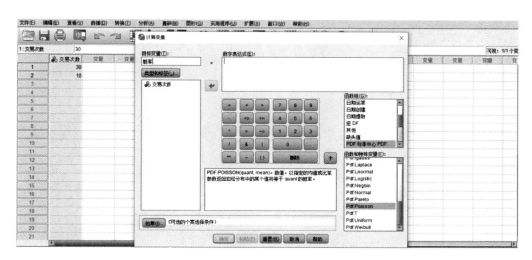

图 5-7　SPSS 运用 7——计算变量

3.输入数学表达式,即双击这个函数,并按照说明输入变量和均值(如图 5-8 所示)。

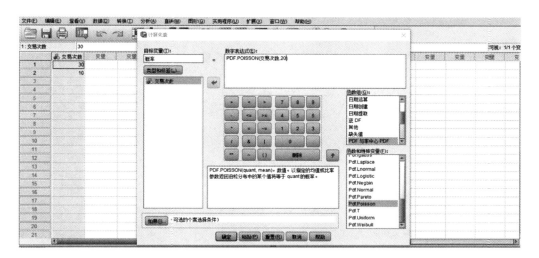

图 5-8　SPSS 运用 8——输入变量

4.点击确定,输出结果,并在变量视图中调整"概率"的小数位数(如图 5-9 所示)。

图 5-9　SPSS 运用 9——结果图

探究与发现

通过上述学习,你是否对"导入"所提出的问题进行了相关思考,并能够回答上述问题?

本 章 小 结

本章介绍了离散概率分布及其期望值与方差,也初步介绍了两个重要的离散概率分布——二项分布和泊松分布。本章思维导图如图5-10所示。

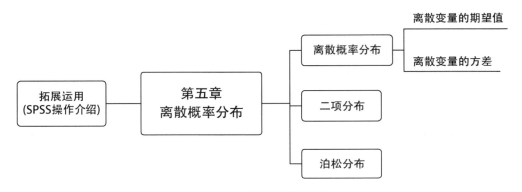

图 5-10 第五章思维导图

本章练习题

一、概念梳理

1. 请在括号内填入相应概念。

   某二手平台在一天内单人浏览次数服从泊松分布,该泊松分布的均值为 2。该二手平台在一天内单人浏览的次数小于 2 的概率为( ),该分布的期望值为( ),方差为( )。

2. 为了更好地销售食堂制作的中秋月饼,某大学食堂打算举办促销活动。以往的促销活动资料表明,如果下雨就选择室内促销活动,可获利 2 万元;如果不下雨则选择室外促销活动,可获利 10 万元。据气象台预报中秋节下雨的概率为 40%,那么该大学食堂今年中秋节可获利多少?

3. 小 A 将手中的余钱进行投资理财,理财方式主要采取股票、基金、国债逆回购、银行存款,相应的收益及资金占比如表 1 所示,请通过表 1 计算小 A 投资收益的期望值和方差。

表1	分 布 表	
理财方式	收益金额(元)	资金占比
股　　票	1 800	0.1
基　　金	1 600	0.2
国债逆回购	1 400	0.3
银行存款	1 200	0.4

4. 据某电脑公司人事部门统计，以往到该公司工程部应聘的应届毕业生应聘成功的概率为0.7。这次有10名应届毕业生来该公司工程部应聘，其中有8名应聘成功的概率是多少？（保留两位小数）

二、概念运用

1. 某大学食堂的新菜品推出后，同学们好评不断。已知食堂平均每30分钟会卖出10份新菜品，食堂每小时会卖出18份新菜品的概率是多少？
2. 某电商平台店家邀请用户对该店的满意度进行评分。满意度评分有6个档次，从0分至5分，得到的数据见表2。求用户的平均满意度是多少。

表2　　　　　　　　　　　　　　**客户满意度评分**

满意度分值(分)	占　　比	满意度分值(分)	占　　比
0	5%	3	15%
1	8%	4	25%
2	7%	5	40%

3. 某市政项目面向社会招标，一共有10家公司参与竞标。据以往经验可知竞标成功的概率为30%，请列出中标公司个数的离散概率分布。
4. 某电商平台店家每个月发错订单的数量为20笔。
   (1) 每个月发错订单的数量为30笔的概率是多少？
   (2) 每个月发错订单的数量为10笔的概率是多少？

三、案例分析

　　大多数买家对于电商平台店铺内商品的第一印象是从商品评价区开始的。评价的好坏、买家秀的优劣都会直接影响消费者是否购买该店的商品,所以店铺对于商品评价的维护势在必行。在这种情况下,假设用户给差评的概率是 p,如果从一个店铺口随机挑选 n 条评论,假设这 n 条评论中差评的均值为 30、方差为 21,求 n 及 p 的数值。

拓展学习

某大学想要了解在校学生的锻炼情况,因此对学生一周运动的天数进行了调查。设 X 为该学校一名大学生一周运动的天数,X 的概率分布如表 3 所示。

表 3　　　　　　　　　　某大学生一周运动天数概率分布表

X	$P(X)$	X	$P(X)$
1	0.1	5	0.16
2	0.15	6	0.11
3	0.21	7	0.08
4	0.19		

请计算:
(1) 该大学生一周运动的天数的期望值。
(2) 该大学生一周运动的天数的标准差。

第六章

连续概率分布

 本章教学目标

通过本章的学习,学生应当了解连续概率分布以及概率密度函数的定义,熟悉几个具有代表性的连续概率分布,并掌握正态分布的性质及应用。

 本章核心概念

连续概率分布;均匀分布;指数分布;正态分布;概率密度函数;标准正态分布

 导入

某电脑公司于 2020 年推出一款新型轻薄笔记本电脑,这款笔记本电脑的平均重量为 2 100 g,标准差为 10 g,已知该公司生产的这款笔记本电脑的重量服从正态分布。

问题:

(1) 随机抽查一台新型轻薄笔记本,其重量小于 2 089 g 的概率是多少?

(2) 随机抽查一台新型轻薄笔记本,其重量大于 2 105 g 的概率是多少?

(3) 随机抽查一台新型轻薄笔记本,其重量不高于多少 g 的概率为 20%?

如果想解决这些问题,就需要对连续概率分布的相关知识进行了解,对在现实生活中运用范围较广的正态分布要熟练掌握。

第一节 连续概率分布

上一章介绍了离散随机变量及其概率分布,本章将学习连续随机变量,以及三种连续概率分布:均匀分布、指数分布和正态分布。对于连续随机变量,**概率密度函数**是表示连续变量分布情况的数学表达式。与离散随机变量的概率分布函数不同,连续随机变量的概率密度函数不是直接的概率值,而是连续随机变量在某个区间内取值的概率。图 6-1 依次展示了均匀分布、指数分布、正态分布的概率密度函数。

图 A 为均匀分布,也叫矩形分布。它是对称分布,所以它的均值、中位数和众数是三

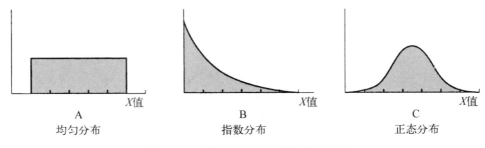

图 6-1 三种连续随机变量概率分布图

点合一的。在其定义域范围内的任意一个固定区间内其概率是相同的。例如,设随机变量 X 表示一台电脑的待机时间,待机时间可以为区间[130,160]内的任意值,所以 X 属于连续随机变量。对于区间[130,160]内的任意两个 1 分钟长度的子区间,待机时间在这两个子区间内发生的概率是相同的,因此随机变量 X 服从均匀分布。

均匀分布的概率密度函数如下所示:

$$f(x)=\begin{cases}\dfrac{1}{b-a}, & a<x<b,\\ 0, & 其他,\end{cases}$$

图 B 为指数分布,其分布形状呈右偏,所以均值大于中位数。连续变量的取值范围从 0 到正无穷。指数分布的概率密度函数如下:

$$f(x)=\begin{cases}\dfrac{1}{\theta}e^{-x/\theta}, & x>0,\\ 0, & x\ 的其他取值,\end{cases}$$

其中,$\theta>0$ 为常数,则称 x 服从参数为 θ 的指数分布。

图 C 为正态分布,是描述连续型随机变量的最重要的一种概率分布。正态分布概率密度函数是呈钟形的对称曲线,最高点为均值,同时也是中位数和众数,即均值、中位数和众数三点合一。另外,标准差决定了曲线的宽度和平坦程度,标准差越大则曲线越平坦;标准差越小则曲线越陡峭。

第二节 正 态 分 布

正态分布是最为常见的一种连续分布,具有较高的应用价值,现实生活中的许多现象都可以用正态分布来进行描述。正态分布呈钟形,具有以下几个重要的特征:

(1) 正态分布是对称分布,其均值、中位数和众数相等;

(2) 正态分布的均值决定其位置,方差决定其形态,方差越大其分布形状越平坦,方

差越小其分布形状越陡峭;

(3) 正态分布的两个尾巴与水平轴无限接近但永不相交。

如果已知某连续变量 X 服从正态分布,则可通过计算其概率密度曲线下的面积得到该变量在某特定范围内发生的概率。概率密度分布函数与 X 轴的面积之和为 1。

正态分布的密度函数公式如下:

$$f(x) = \frac{1}{\sqrt{2\pi}\sigma} e^{-\frac{(x-\mu)^2}{2\sigma^2}}, -\infty < x < \infty, \tag{6.1}$$

在式(6.1)中,e 为常数(约为 2.718 28),π 为常数(约为 3.141 59),μ 为总体的均值,σ 为总体的标准差,x 为连续变量 X 的任意取值,称 X 服从参数为 μ 和 σ 的**正态分布**或**高斯分布**,记为 $X \sim N(\mu, \sigma^2)$。

特别地,当 $\mu=0$,$\sigma=1$ 时,则称对应正态分布为标准正态分布,记为 $Z \sim N(0, 1)$。由于正态分布是一个分布族,所以任意一个正态分布都可以通过标准化公式转化成标准正态分布,标准化公式如下:

$$Z = \frac{X - \mu}{\sigma} \tag{6.2}$$

人们已编制了累积标准正态分布表,可供查用(见附表 3)。当得到标准正态变量后,便可以从累积标准正态分布表中查找对应的概率数值,且这个表只能查某个 z 值以左区域的面积(或概率)。需要说明的是,对于连续变量,单点取值的概率为 0。

【例 6-1】给定标准正态分布,求以下概率:

(1) $Z < 1.78$;

(2) $Z \geqslant 1.78$;

(3) $Z > 1.78$;

(4) $1.56 \leqslant Z \leqslant 1.89$;

(5) $1.2 \leqslant Z \leqslant 1.56$。

解:(1)

图 6-2 第一列的 1.7 与第二行的 0.08 交叉所得数值 0.962 5 即为所求概率,所以 $P(Z < 1.78) = 0.962\ 5$。

(2) 由(1)可知,$P(Z < 1.78) = 0.962\ 5$,即 1.78 以左的面积为 0.962 5,而整个正态分布曲线下的总面积为 1,所以 1.78 以右的面积为 $1 - 0.962\ 5 = 0.037\ 5$,即 $P(Z \geqslant 1.78) = 0.037\ 5$。

(3) 由(2)可知 $P(Z \geqslant 1.78) = 0.037\ 5$,又因为在单点的概率为 0,所以 $P(Z > 1.78) = P(Z \geqslant 1.78) = 0.037\ 5$。

(4) $P(1.56 \leqslant Z \leqslant 1.89) = P(Z \leqslant 1.89) - P(Z < 1.56) = 0.970\ 6 - 0.940\ 6 = 0.03$。

(5) $P(1.2 \leqslant Z \leqslant 1.56) = P(Z \leqslant 1.56) - P(Z < 1.2) = 0.940\ 6 - 0.884\ 9 = 0.055\ 7$。

	累积概率									
Z	0.00	0.01	0.02	0.03	0.04	0.05	0.06	0.07	0.08	0.09
0.0	0.5000	0.5040	0.5080	0.5120	0.5160	0.5199	0.5239	0.5279	0.5319	0.5359
0.1	0.5398	0.5438	0.5478	0.5517	0.5557	0.5596	0.5636	0.5675	0.5714	0.5753
0.2	0.5793	0.5832	0.5871	0.5910	0.5948	0.5987	0.6026	0.6064	0.6103	0.6141
0.3	0.6179	0.6217	0.6255	0.6293	0.6331	0.6368	0.6406	0.6443	0.6480	0.6517
0.4	0.6554	0.6591	0.6628	0.6664	0.6700	0.6736	0.6772	0.6808	0.6844	0.6879
0.5	0.6915	0.6950	0.6985	0.7019	0.7054	0.7088	0.7123	0.7157	0.7190	0.7224
0.6	0.7257	0.7291	0.7324	0.7357	0.7389	0.7422	0.7454	0.7486	0.7518	0.7549
0.7	0.7580	0.7612	0.7642	0.7673	0.7704	0.7734	0.7764	0.7794	0.7823	0.7852
0.8	0.7881	0.7910	0.7939	0.7967	0.7995	0.8023	0.8051	0.8078	0.8106	0.8133
0.9	0.8159	0.8186	0.8212	0.8238	0.8264	0.8289	0.8315	0.8340	0.8365	0.8389
1.0	0.8413	0.8438	0.8461	0.8485	0.8508	0.8531	0.8554	0.8577	0.8599	0.8621
1.1	0.8643	0.8665	0.8686	0.8708	0.8729	0.8749	0.8770	0.8790	0.8810	0.8830
1.2	0.8849	0.8869	0.8888	0.8907	0.8925	0.8944	0.8962	0.8980	0.8997	0.9015
1.3	0.9032	0.9049	0.9066	0.9082	0.9099	0.9115	0.9131	0.9147	0.9162	0.9177
1.4	0.9192	0.9207	0.9222	0.9236	0.9251	0.9265	0.9279	0.9292	0.9306	0.9319
1.5	0.9332	0.9345	0.9357	0.9370	0.9382	0.9394	0.9406	0.9418	0.9429	0.9441
1.6	0.9452	0.9463	0.9474	0.9484	0.9495	0.9505	0.9515	0.9525	0.9535	0.9545
1.7	0.9554	0.9564	0.9573	0.9582	0.9591	0.9599	0.9608	0.9616	0.9625	0.9633
1.8	0.9641	0.9649	0.9656	0.9664	0.9671	0.9678	0.9686	0.9693	0.9699	0.9706
1.9	0.9713	0.9719	0.9726	0.9732	0.9738	0.9744	0.9750	0.9756	0.9761	0.9767
2.0	0.9772	0.9778	0.9783	0.9788	0.9793	0.9798	0.9803	0.9808	0.9812	0.9817

图 6-2 根据 Z 值求概率示意图

【例 6-2】为了满足消费者的需求,某电脑公司于 2020 年推出了一款新型轻薄笔记本电脑,其重量服从均值为 2 100 g、标准差为 10 g 的正态分布。现随机抽取一台轻薄笔记本,被抽中的这台笔记本电脑的重量小于 2 089 g 的概率是多少?

解:设变量 X 代表该公司推出的这款新型轻薄笔记本电脑的重量,则 $X \sim N(2\,100, 10^2)$,由于 X 不是标准正态分布,所以要先将该正态分布标准化,具体过程如下:

$$P(X < 2\,089) = P\left(\frac{X - \mu}{\sigma} < \frac{2\,089 - 2\,100}{10}\right) = P(Z < -1.10) = 0.135\,7$$

即随机抽取一台轻薄笔记本电脑,其重量小于 2 089 g 的概率为 0.135 7。

【例 6-3】沿用【例 6-2】,现随机抽取一台轻薄笔记本电脑,其重量大于 2 105 g 的概率是多少?

解:由题意可得,

$$P(X > 2\,105) = P\left(\frac{X - \mu}{\sigma} > \frac{2\,105 - 2\,100}{10}\right)$$
$$= P(Z > 0.50)$$
$$= 1 - P(Z \leqslant 0.50)$$

$$= 1 - 0.6915$$
$$= 0.3085$$

即随机抽取一台轻薄笔记本电脑,其重量大于 2 105 g 的概率为 0.308 5。

【例 6 - 4】沿用【例 6 - 2】,现随机抽取一台轻薄笔记本,其重量与标准重量之差的绝对值在 16 g 之内的概率是多少?

解:由题意可得,

$$P(2\,084 < X < 2\,116) = P\left(\frac{2\,084 - 2\,100}{10} < \frac{X - \mu}{\sigma} < \frac{2\,116 - 2\,100}{10}\right)$$
$$= P(-1.6 < Z < 1.6)$$
$$= P(Z < 1.6) - P(Z \leqslant -1.6)$$
$$= 0.945\,2 - 0.054\,8$$
$$= 0.890\,4$$

即随机抽取一台轻薄笔记本电脑,其重量与标准重量之差的绝对值在 16 g 之内的概率为 0.890 4。

上文介绍了给定正态分布变量的范围求相应的概率,下面介绍给定概率如何求正态分布变量的范围,如图 6 - 3 所示:

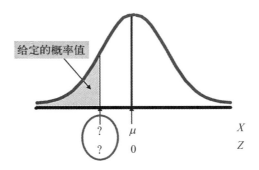

图 6 - 3 给定概率找正态分布变量取值示意图

给定概率以后,可以根据就近原则(即在标准正态分布表中找到最接近给定概率的概率值)查标准正态分布表得到相应的 Z 值,将其代入标准化公式中就可以得到相应的 X 值,即

$$X = \mu + Z\sigma \tag{6.3}$$

式(6.3)也称为**标准化的逆公式**。

【例 6 - 5】沿用【例 6 - 2】,现随机抽取一台轻薄笔记本电脑,其重量少于多少 g 时的概率为 0.8?

解:可以用下图来表示本题,

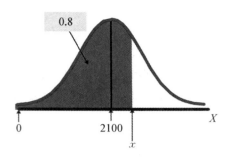

图 6-4　给定概率情况下正态分布变量取值示意图

由于笔记本电脑的重量不可能为负数,所以概率为 0.8 的面积必定是在 0 和待求的笔记本电脑重量 x 之间,即 $P(0<X<x)=0.8$,由于

$$P(0<X<x)=P(X<x)-P(X\leqslant 0)$$

而

$$P(X\leqslant 0)=P\left(\frac{X-\mu}{\sigma}\leqslant\frac{0-2\,100}{10}\right)=P(Z\leqslant-210)\approx 0$$

所以

$$P(0<X<x)=P(X<x)-P(X\leqslant 0)=P(X<x)=0.8$$

由标准正态分布表可知,$P(Z\leqslant 0.84)=0.8$,由标准化的逆公式可知

$$X=\mu+Z\sigma=2\,100+0.84\times 10=2\,108.4$$

即随机抽取一台轻薄笔记本电脑,其重量少于 2 108.4 g 时的概率为 0.8。

【例 6-6】 沿用【例 6-2】,现随机抽取一台轻薄笔记本电脑,其重量大于多少 g 时的概率为 0.05?

解: 可以用下图来表示本题,

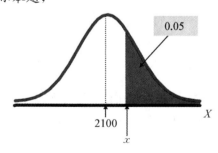

图 6-5　给定概率情况下正态分布变量取值示意图

由图 6-5 可知,待求的笔记本重量以左的区域是 0.95,由标准正态分布表可知,0.949 5 和 0.950 5 与 0.95 是等距离地接近,所以取这两个概率值对应的 Z 值的均值,即 1.64 和 1.65 的均值 1.645,由标准化的逆公式可知

$$X=\mu+Z\sigma=2\,100+1.645\times 10=2\,116.45$$

即随机抽取一台轻薄笔记本,其重量大于 2 116.45 g 时的概率为 0.05。

第三节　拓展运用(SPSS 操作介绍)

正态性检验

市场调研人员从购买某款零食的买家中选取了 22 名顾客,经调查得到他们购买该款零食的数量(单位:袋):6,5,7,7,9,1,8,3,8,5,3,6,6,6,7,7,9,7,6,5,6,5。请判断这组数据是否呈正态分布。

1. 输入买家购买零食的袋数(如图 6-6 所示)。

图 6-6　SPSS 运用 1——输入数据

2. 执行"分析—描述统计—频率",变量选择左边的"买零食的袋数"(如图6-7所示)。

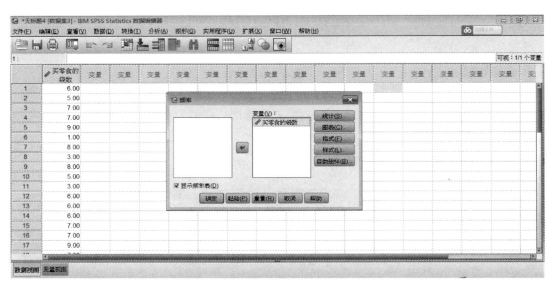

图6-7　SPSS运用2——选择变量

3. 点击右侧"图表"按钮,在弹出的对话框中选择"直方图",并选中"包括正态曲线"(如图6-8所示)。

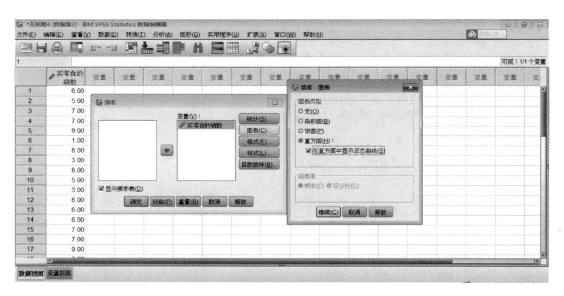

图6-8　SPSS运用3——图表制作

4. 设置完成后点击"确定",输出结果(如图6-9所示)。其中,横坐标为期初平均分,纵坐标为分数出现的频数。

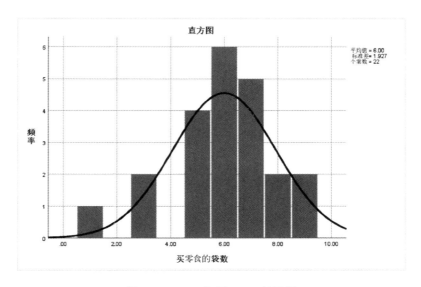

图6-9　SPSS运用4——结果图

5. 为验证这组数据是否符合正态分布,执行"分析—非参数检验—旧对话框—单样本K-S检验",检验变量选择"买零食的袋数",检验分布选择"正态分布",点击"确定"(如图6-10所示)。

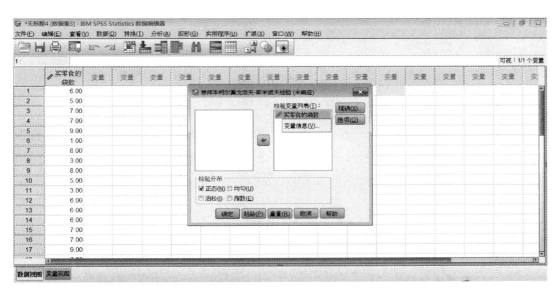

图6-10　SPSS运用5——正态性检验

6. 输出结果(如图6-11所示)。其中P值(sig 2-tailed)＝0.057＞0.05,因此数据呈近似正态分布。

➡ NPar 检验

单样本柯尔莫戈洛夫-斯米诺夫检验

		买鸭脖的袋数
个案数		22
正态参数[a,b]	平均值	6.0000
	标准偏差	1.92725
最极端差值	绝对	.182
	正	.120
	负	-.182
检验统计		.182
渐近显著性（双尾）		.057[c]

a. 检验分布为正态分布。
b. 根据数据计算。
c. 里利氏显著性修正。

图 6-11 SPSS 运用 6——正态性检验结果

探究与发现

通过上述学习，你是否对"导入"所提出的问题进行了相关思考，且能够解决实际生活中的类似问题？

本 章 小 结

本章初步介绍了连续概率分布。其代表性的分布主要有正态分布，均匀分布和指数分布，其中正态分布是最为常见且最为重要的连续概率分布。本章思维导图如图 6-12 所示。

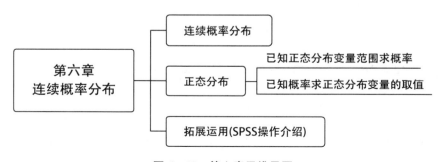

图 6-12 第六章思维导图

本章练习题

一、概念梳理

1. 给定标准正态分布,求以下概率:
   (1) $Z < -1.4$;
   (2) $Z > -0.2$;
   (3) $-1.34 \leqslant Z \leqslant -0.5$;
   (4) $-2 < Z < -1$。

2. 给定标准正态分布,求以下概率:
   (1) $Z > 1.3$;
   (2) $Z > -1.2$;
   (3) $-1.3 \leqslant Z \leqslant 1.4$;
   (4) $-1.2 \leqslant Z \leqslant 1.2$;
   (5) $Z < -1.4$ 或 $Z > 1.2$。

3. 设 $X \sim N(3, 2^2)$,求以下概率:
   (1) $X < 6$;
   (2) $X > 1$;
   (3) $-2 \leqslant X \leqslant 3$;
   (4) $X < -8$ 或 $X > 7$;
   (5) X 小于均值。

4. 设 $X \sim N(25, 16)$,求以下概率:
   (1) $X < 10$;
   (2) $X > 28$;
   (3) $15 \leqslant X \leqslant 20$;
   (4) $X < 22$ 或 $X > 30$;
   (5) X 大于均值。

5. 给定标准正态分布,对给定的概率,求相应的 Z 值:
   (1) 当 Z 小于多少时所对应的概率为 0.6?
   (2) 当 Z 大于多少时所对应的概率为 0.02?
   (3) 在哪两个 Z 值之间(对称分布于均值两端)包括了 58% 的所有可能的 Z 值?

6. 给定标准正态分布,对给定的概率,求相应的 Z 值:
   (1) 当 Z 小于多少时所对应的概率为 0.9?
   (2) 当 Z 大于多少时所对应的概率为 0.005?
   (3) 在哪两个 Z 值之间(对称分布于均值两端)包括了 72% 的所有可能的 Z 值?

7. 设 $X \sim N(25, 16)$，对给定的概率，求相应的 X 值：

(1) 当 X 小于多少时所对应的概率为 0.9？

(2) 当 X 大于多少时所对应的概率为 0.005？

(3) 在哪两个 X 值之间（对称分布于均值两端）包括了 72% 的所有可能的 X 值？

8. 设 $X \sim N(12, 4)$，对给定的概率，求相应的 X 值：

(1) 当 X 小于多少时所对应的概率为 0.7？

(2) 当 X 大于多少时所对应的概率为 0.2？

(3) 在哪两个 X 值之间（对称分布于均值两端）包括了 64% 的所有可能的 X 值？

二、概念运用

1. 某店家想要了解其店铺在某电商平台上 9 月的销售情况，于是统计了 9 月在此电商平台上成交的每一笔交易账单。通过分析发现 9 月成交的每笔交易金额基本服从正态分布 $X \sim N(50, 100)$。

(1) 请给出此正态分布的概率密度函数。

(2) 现该店家想对比较受欢迎的商品提高生产量，因而需要了解哪个价格区间的商品对买家更具有吸引力。请利用正态分布帮助该店家进行分析：

① 买家购买价格低于 35 元的商品的概率。

② 买家购买价格在 40～60 元区间的商品的概率。

③ 在哪两个价格之间（对称分布于均值两端），买家购买商品的概率达到 90%。

2. 某公司实行了一项人才激励计划，该计划极大地鼓舞了员工的士气，因而该公司的月营业收入大幅度提高，其基本服从正态分布，均值为 4 000 万元，标准差为 100 万元。

(1) 请给出该公司月营业收入满足的正态分布的概率密度函数。

(2) 求该公司月营业收入低于 3 000 万元的概率。

(3) 该公司月营业收入高于多少万元时的概率为 0.8？

3. 某宽带公司在客户办理宽带业务后的 1 天至 3 天内会上门为客户提供宽带安装服务。据统计显示，工作人员安装宽带平均需用 30 分钟，方差为 10 分钟，且其基本服从正态分布。

(1) 求工作人员安装宽带所用时间低于 20 分钟的概率；

(2) 求工作人员安装宽带所用时间在 30～35 分钟之间的概率；

(3) 在哪两个时间内，工作人员安装宽带所用时间区间（对称分布于均值两端）的概率达到 85%？

4. 某餐厅新推出了一项周末优惠活动，吸引了很多顾客。据统计显示，顾客周末在该餐厅就餐的平均等位时间为 45 分钟，方差为 15 分钟，且其基本服从正态分布。

(1) 请给出顾客周末在该餐厅就餐的等位时间满足的正态分布的概率密度函数。

(2) 求顾客周末在该餐厅就餐等位时间超过 1 小时的概率。

(3) 顾客周末在该餐厅就餐等位时间少于多少分钟的概率为 80%？

三、案例分析

某汽车销售服务4S店为了了解市场情况,对过去的销售数据进行了收集和分析,发现其每天销售车辆台数基本服从均值和方差均为4的正态分布。为了决定是否进一步加大对市场的投入,该店经理决定如果每月盈利额不少于100万元,则加大对市场的投入。现在假设每卖出一辆汽车该4S店可以盈利8 000元,请评估该4S店是否需要加大对市场的投入(每月按30天计算)。

拓 展 学 习

本章自主练习

根据某大学发布的毕业生就业情况报告,其商学院毕业生的平均起薪为9 000元,标准差为2 000元,且其基本服从正态分布。

(1)求该大学商学院毕业生起薪在8 500~9 500元区间的概率。

(2)求该大学商学院毕业生起薪超过13 000元的概率。

(3)该大学商学院毕业生起薪高于多少元时的概率为0.7?

第七章

抽样和抽样分布

 本章教学目标

通过本章的学习,学生应当了解两种抽样方式,即不放回抽样和有放回抽样;熟悉中心极限定理;掌握均值和比例的抽样分布。

 本章核心概念

抽样分布;均值的抽样分布;均值的标准误差;中心极限定理;比例的抽样分布;比例的标准误差;无偏估计

 导入

现实生活中,由于很多数据体量庞大且实时变化,比如全国人口的平均年龄无时无刻不在变化,每一刻都有人出生,也有人死亡,想要对总体进行精确统计几乎难以实现。然而,对于总体的估计又具有很强的现实意义,比如根据居民的平均薪资水平以及物价水平可以制定每小时最低工资标准;了解人口年龄分布情况有助于对退休政策进行更贴近实际情况的修订与完善。想要解决这些问题,需要用到抽样和抽样分布的知识。

第一节 抽样方式

常用的抽样方式主要有两种:不放回抽样和有放回抽样。

一、不放回抽样

不放回抽样是指从总体中抽取样本的时候,被抽取的样本个体不会被重新加入总体。因此,每抽取 1 个个体,总体数量就会减少 1 个,每次抽取个体的概率都不同。假设总体容量为 N,即该总体包含 N 个个体,同时假设抽取的样本容量为 n,即 n 个个体组成一个样本,则总共可以抽取到 C_N^n 个样本。

二、有放回抽样

有放回抽样指的是从总体中抽取样本的时候,被抽中的样本个体会被重新放回总体中去。因此进行抽样的时候,假设抽取的样本容量为 n,则总共可以抽取到 N^n 个样本。与不放回的抽样方式相比,采用有放回的抽样方式会得到更多的样本数。尤其当 n 逐步增大的时候,即使 N 是个比较小的有限值,那么 N^n 仍旧趋近于无穷大。例如,当 $N=4$,$n=2$ 时,$4^2=16$;当 $N=4$,$n=20$ 时,$4^{20}=2^{40}=(2^{10})^4=1\,024^4>1\,000^4=(10^3)^4=10^{12}=10^4\times10^8$。这样当 n 从 2 增长到 20 的时候,样本的数量从 16 增长到 1 万亿,这样样本数量就实现了从有限到无限的跨越,从而样本统计量(比如样本均值 $\bar{x}$ 或样本比例 $\bar{p}$)的取值也会从有限个上升到无限个取值,因而样本的概率分布也从离散概率分布转变为连续概率分布。

在本章,如果未特别说明,均采用有放回的抽样方式。

第二节 抽 样 分 布

从总体中选取样本是为了推断总体的参数。但是由于样本具有可变性,所以得到的样本统计量是一个变量,因而样本统计量会形成特定的概率分布。样本统计量所服从的概率分布也称为**抽样分布**。样本统计量的抽样分布是由样本统计量来推断总体参数的主要理论基础。

一、样本均值的抽样分布

设总体容量为 N,抽取的样本容量为 n,则总共可以抽取到 N^n 个样本。对每个样本,都计算样本均值 $\bar{x}$,则样本均值 $\bar{x}$ 的 N^n 个取值形成的分布称为**样本均值 $\bar{x}$ 的抽样分布**。样本均值抽样分布的均值记为 $\mu_{\bar{x}}$,样本均值抽样分布的标准差记为 $\sigma_{\bar{x}}$。

【例 7-1】4 名同学 A(女)、B(男)、C(女)、D(男)组成一个总体,他们的年龄如表 7.1 所示。

表 7.1　　　　　　　　　　　　　4 名同学的年龄

同学	年龄(岁)	同学	年龄(岁)
A(女)	18	C(女)	22
B(男)	20	D(男)	24

(1) 求这4名同学年龄的总体均值与总体标准差。

(2) 当样本容量 $n=2$ 时,请给出样本均值的抽样分布。

(3) 求(2)中样本均值的抽样分布的均值和标准差。

解:(1) 由总体均值和总体标准差的定义可知,

$$\mu = \frac{\sum_{i=1}^{N} x_i}{N} = \frac{18+20+22+24}{4} = 21$$

$$\sigma = \sqrt{\frac{\sum_{i=1}^{N}(x_i-\mu)^2}{N}} = \sqrt{\frac{(18-21)^2+(20-21)^2+(22-21)^2+(24-21)^2}{4}} \approx 2.236$$

由上面计算可得,这4名同学的总体平均年龄为21岁,总体年龄的标准差为2.236岁。

(2) 当 $n=2$ 时,所能抽取到的所有样本如表7.2所示。

表7.2　　　　　　　　　　　　样本(岁)

	18	20	22	24
18	18,18	18,20	18,22	18,24
20	20,18	20,20	20,22	20,24
22	22,18	22,20	22,22	22,24
24	24,18	24,20	24,22	24,24

对每个样本求均值,如表7.3所示。

表7.3　　　　　　　　　　　　样本均值

	18	20	22	24
18	18	19	20	21
20	19	20	21	22
22	20	21	22	23
24	21	22	23	24

由表 7.3 可知，$\bar{x}$ 总共有 16 个取值，即 $\bar{x}$ 有有限个取值。所以，$\bar{x}$ 形成了一个离散概率分布，如表 7.4 所示。

表 7.4 样本均值的抽样分布

$\bar{x}$	$P(\bar{x})$	$\bar{x}$	$P(\bar{x})$
18	$\frac{1}{16}$	22	$\frac{3}{16}$
19	$\frac{2}{16}$	23	$\frac{2}{16}$
20	$\frac{3}{16}$	24	$\frac{1}{16}$
21	$\frac{4}{16}$		

样本均值的抽样分布也可以用图 7-1 表示。

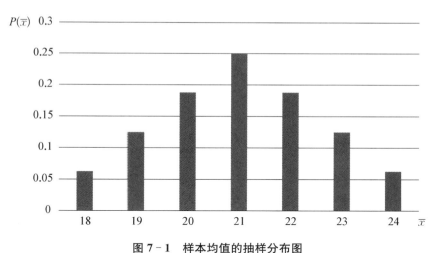

图 7-1 样本均值的抽样分布图

在样本均值形成自己的抽样分布以后，就可以求其均值和标准差了。如果 $\bar{x}$ 是一个离散变量，则根据离散变量概率分布的均值和方差的定义，可以得出**样本均值 $\bar{x}$ 的抽样分布的均值、方差和标准差**的定义如下：

$$E(\bar{x}) = \mu_{\bar{x}} = \sum_{i=1}^{m} \bar{x}_i P(\bar{x}_i) \tag{7.1}$$

$$Var(\bar{x}) = \sigma_{\bar{x}}^2 = \sum_{i=1}^{m} [\bar{x}_i - E(\bar{x})]^2 P(\bar{x}_i) \tag{7.2}$$

$$\sigma_{\bar{x}} = \sqrt{\sum_{i=1}^{m}[\bar{x}_i - E(\bar{x})]^2 P(\bar{x}_i)} \tag{7.3}$$

$\bar{x}_1, \bar{x}_2, \cdots, \bar{x}_m$ 为 $\bar{x}$ 所有可能的取值。其中需要说明的是 $\sigma_{\bar{x}}$ 也称为样本均值 $\bar{x}$ 的标准误差。**均值的标准误差**是表现样本均值波动性的指标。

【例 7-2】 求【例 7-1】的(2)中样本均值的抽样分布的均值和标准差。

解：由样本均值抽样分布的期望值和方差的定义可知,(2)中样本均值所形成的离散概率分布的均值和标准差可以由下式得到：

$$\mu_{\bar{x}} = \sum_{i=1}^{m} \bar{x}_i P(\bar{x}_i) = 18 \times \frac{1}{16} + 19 \times \frac{2}{16} + \cdots + 24 \times \frac{1}{16} = 21$$

$$\sigma_{\bar{x}} = \sqrt{\sum_{i=1}^{m}[\bar{x}_i - E(\bar{x})]^2 P(\bar{x}_i)}$$

$$= \sqrt{(18-21)^2 \times \frac{1}{16} + (19-21)^2 \times \frac{2}{16} + \cdots + (24-21)^2 \times \frac{1}{16}}$$

$$\approx 1.58$$

由【例 7-1】的(1)和【例 7-2】可知，$\mu_{\bar{x}} = \mu$，即样本统计量($\bar{x}$)的期望均值等于相应的总体参数(μ)，则称样本统计量($\bar{x}$)为相应总体参数(μ)的**无偏估计**。

由【例 7-1】的(1)和【例 7-2】可知，$\sigma_{\bar{x}} \neq \sigma$，且 $\sigma_{\bar{x}} = 1.58 \approx \frac{2.236}{\sqrt{2}} = \frac{\sigma}{\sqrt{n}}$，由此可知均值的误差不是总体方差的一个无偏估计量，实际上在可重复抽样或者样本容量无穷大的总体中不重复抽样时，均值的标准误差等于总体标准差除以样本容量 n 的平方根，如式(7.4)所示：

$$\sigma_{\bar{x}} = \frac{\sigma}{\sqrt{n}} \tag{7.4}$$

在抽样样本少于总体的 5% 时进行不重复抽样,也可以用均值的标准误差公式。

统计证明,当样本容量 n 逐渐增大的时候,不管原来的总体分布形状如何,样本均值的抽样分布都近似服从正态分布,这就是统计史上著名的**中心极限定理**。具体可分为以下三种情况：

(1) 对于大部分总体分布,无论分布形状如何,当样本容量 $n \geqslant 30$ 时,样本均值的抽样分布会近似于服从正态分布。

(2) 如果总体分布呈对称形态,那么当样本容量 $n \geqslant 15$ 时,样本均值的抽样分布近似于服从正态分布。

(3) 如果总体服从正态分布,则当样本容量 $n \geqslant 1$ 时,样本均值的抽样分布都服从正态分布。

如图 7-2 所示，当总体为正态分布时，可以发现抽样的样本容量 n 为任何值，其均值都服从正态分布。而其他两种情况则需要抽样的样本容量 n 达到一定的数目才可以使抽样样本的均值服从正态分布。

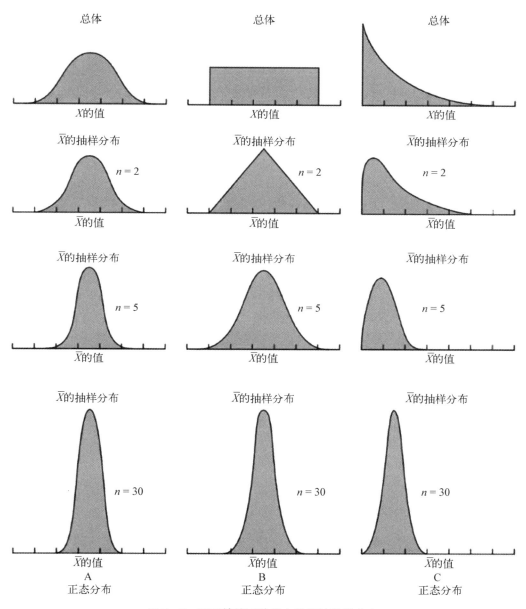

图 7-2　不同情境下的样本均值的抽样分布

由中心极限定理和式(7.1)～式(7.3)可知，当样本容量 $n \geqslant 30$，$\bar{x} \sim N\left(\mu, \left(\dfrac{\sigma}{\sqrt{n}}\right)^2\right)$。在分析正态分布时，利用标准化的技巧可以有效帮助简化计算。相应的标准化的公式如下：

$$Z = \frac{\bar{x} - \mu_{\bar{x}}}{\sigma_{\bar{x}}} = \frac{\bar{x} - \mu}{\frac{\sigma}{\sqrt{n}}} \tag{7.5}$$

相应地,标准化的逆公式如下所示:

$$\bar{x} = \mu + Z \frac{\sigma}{\sqrt{n}}$$

已知 $\bar{x}$ 范围的时候,可以使用标准化公式求得相应的概率;同样,如果已知 $\bar{x}$ 处在某个范围的概率值,就可以使用标准化的逆公式求得相应 $\bar{x}$ 的取值。

【例7-3】据历史经验数据可知,某电脑公司售卖的 L 系列笔记本电脑的使用寿命均值为60个月,标准差为6个月。现有关质检部门从该公司售卖的 L 系列笔记本电脑中随机抽取了50台:

(1) 请描述这50台 L 系列笔记本电脑的平均使用寿命的抽样分布。

(2) 请问这50台 L 系列笔记本电脑的平均使用寿命不超过58个月的概率是多少?

(3) 这50台 L 系列笔记本电脑的平均使用寿命低于多少个月时的概率是85%?

解: (1) $n=50>30$,由中心极限定理可知,这50台 L 系列笔记本电脑的平均使用寿命 $\bar{x}$ 服从正态分布,其均值、方差和标准差为:

$$\mu_{\bar{x}} = \mu = 60$$

$$\sigma_{\bar{x}}^2 = \frac{\sigma^2}{n} = \frac{36}{50} = 0.72$$

$$\sigma_{\bar{x}} = \sqrt{\sigma_{\bar{x}}^2} \approx 0.85$$

由上面可知:这50台 L 系列笔记本电脑的平均使用寿命的抽样分布为 $\bar{x} \sim N(60, 0.85^2)$。

(2) 由(1)可知,这50台 L 系列笔记本电脑的平均使用寿命服从均值为60,标准差为0.85的正态分布,所以:

$$\begin{aligned}
P(\bar{x} \leqslant 58) &= P\left(\frac{\bar{x} - \mu}{\frac{\sigma}{\sqrt{n}}} \leqslant \frac{58 - 60}{0.85}\right) \\
&= P(Z \leqslant -2.35) \\
&= 1 - P(Z \leqslant 2.35) \\
&= 1 - 0.990\ 6 \\
&= 0.009\ 4
\end{aligned}$$

所以这 50 台 L 系列笔记本电脑作为样本的平均寿命不超过 58 个月的概率仅为 0.009 4,为小概率事件。

(3) 由题可知,查表得 $P(Z \leqslant 1.04) \approx 0.85$,相应地,

$$\bar{x} = \mu + Z\frac{\sigma}{\sqrt{n}} = 60 + 1.04 \times 0.85 = 60.884$$

所以这 50 台 L 系列笔记本电脑的平均使用寿命低于 60.884 个月的概率是 85%。

二、样本比例的抽样分布

样本比例可表示为:

$$\bar{p} = \frac{X}{n} \tag{7.6}$$

在式(7.6)中,n 为样本容量,X 为样本中具有某种特征的个数。

比如在【例 7-1】提到的 4 名同学中随机抽取 2 人为样本,如果这 2 人中有 1 人为女性,则这个样本的女性比例为 1/2。当从总体抽取所有样本容量为 n 的样本后,对每个样本计算其样本比例,则变量样本比例 $\bar{p}$ 的概率分布称为**样本比例的抽样分布**。学习比例的抽样分布可以解决更多样本分析的问题。比如,当想知道在 100 名购买某品牌电脑的顾客中女性比例超过 1/2 的概率时,就需要用到比例的抽样分布。

【例 7-4】同样是【例 7-1】中那 4 名同学组成的总体,设样本容量 $n=2$,求女性比例的抽样分布。

当 $n=2$ 时,所能抽取到的所有样本如表 7.5 所示。

表 7.5 $n=2$ 时所能抽取到的所有样本示例

	A(女)	B(男)	C(女)	D(男)
A(女)	(女,女)	(女,男)	(女,女)	(女,男)
B(男)	(男,女)	(男,男)	(男,女)	(男,男)
C(女)	(女,女)	(女,男)	(女,女)	(女,男)
D(男)	(男,女)	(男,男)	(男,女)	(男,男)

对每个样本求样本的女性比例,如表 7.6 所示。

表 7.6 样本女性比例

	A(女)	B(男)	C(女)	D(男)
A(女)	1	$\frac{1}{2}$	1	$\frac{1}{2}$
B(男)	$\frac{1}{2}$	0	$\frac{1}{2}$	0
C(女)	1	$\frac{1}{2}$	1	$\frac{1}{2}$
D(男)	$\frac{1}{2}$	0	$\frac{1}{2}$	0

由表 7.6 可知,样本女性比例 $\bar{p}$ 总共有 3 个取值,所以 $\bar{p}$ 服从离散概率分布(如表 7.7 所示)。

表 7.7 样本比例的抽样分布

$\bar{p}$	$P(\bar{p})$
0	$\frac{4}{16}$
$\frac{1}{2}$	$\frac{8}{16}$
1	$\frac{4}{16}$

样本均值的抽样分布也可以用图 7-3 表示。

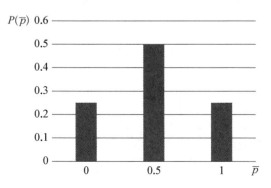

图 7-3 样本比例的抽样分布图

在样本比例形成自己的抽样分布以后,就可以求其均值和标准差了。如果 $\bar{p}$ 是一个离散变量,则根据离散变量概率分布的均值和方差的定义,可以得出**样本均值 $\bar{p}$ 的抽样分布的均值、方差和标准差**的定义分别为:

$$E(\bar{p}) = \mu_{\bar{p}} = \sum_{i=1}^{m} \bar{p}_i P(\bar{p}_i) \tag{7.7}$$

$$Var(\bar{p}) = \sigma_{\bar{p}}^2 = \sum_{i=1}^{m} [\bar{p}_i - E(\bar{p})]^2 P(\bar{p}_i) \tag{7.8}$$

$$\sigma_{\bar{p}} = \sqrt{\sum_{i=1}^{m} [\bar{p}_i - E(\bar{p})]^2 P(\bar{p}_i)} \tag{7.9}$$

$\bar{p}_1, \bar{p}_2, \cdots, \bar{p}_m$ 为 $\bar{p}$ 所有可能的取值。其中需要说明的是,$\sigma_{\bar{p}}$ 也称为样本比例 $\bar{p}$ 的标准误差。**比例的标准误差**是表现样本比例波动性的指标。

【例 7-5】 求【例 7-4】的问题中,样本比例的抽样分布的均值和标准差。

解: 由样本比例抽样分布的期望值和方差的定义可知,【例 7-4】中样本比例所形成的离散概率分布的均值和标准差可以由下式得到:

$$\mu_{\bar{p}} = \sum_{i=1}^{m} \bar{p}_i P(\bar{p}_i) = 0 \times \frac{4}{16} + \frac{1}{2} \times \frac{8}{16} + 1 \times \frac{4}{16} = \frac{1}{2}$$

$$\sigma_{\bar{p}} = \sqrt{\sum_{i=1}^{m} [\bar{p}_i - E(\bar{p})]^2 P(\bar{p}_i)}$$

$$= \sqrt{\left(0 - \frac{1}{2}\right)^2 \times \frac{4}{16} + \left(\frac{1}{2} - \frac{1}{2}\right)^2 \times \frac{8}{16} + \left(1 - \frac{1}{2}\right)^2 \times \frac{4}{16}}$$

$$= \sqrt{\frac{1}{8}}$$

在【例 7-4】中,A(女)、B(男)、C(女)、D(男)总体的女性比例(记为 π)为 1/2。则 $\mu_{\bar{p}} = \pi$,即样本统计量($\bar{p}$)的期望均值等于相应的总体参数(π),则称样本统计量($\bar{p}$)为相应总体参数(π)的**无偏估计**。

由统计证明可知,在可重复抽样或者样本容量无穷大的总体中不重复抽样时,比例的标准误差如下所示:

$$\sigma_{\bar{p}} = \sqrt{\frac{\pi(1-\pi)}{n}} \tag{7.10}$$

由统计证明可知,当 $n\pi \geq 5$ 且 $n(1-\pi) \geq 5$ 时,样本比例的抽样分布近似于正态分布,具体来说,$\bar{p} \sim N\left(\pi, \left(\sqrt{\frac{\pi(1-\pi)}{n}}\right)^2\right)$。在分析正态分布的时候,利用标准化的技

巧可以有效帮助简化计算。相应的标准化的公式如下：

$$Z=\frac{\bar{p}-\mu_{\bar{p}}}{\sigma_{\bar{p}}}=\frac{\bar{p}-\pi}{\sqrt{\frac{\pi(1-\pi)}{n}}} \tag{7.11}$$

相应地，标准化的逆公式如下所示：

$$\bar{p}=\pi+Z\sqrt{\frac{\pi(1-\pi)}{n}}$$

已知 $\bar{p}$ 范围的时候，可以使用标准化公式求得相应的概率；同样地，如果已知 $\bar{p}$ 处在某个范围的概率值，就可以使用标准化的逆公式求得相应 $\bar{p}$ 的取值。

【例 7-6】 假设某电脑公司的财务部门人员在制作财务报表的过程中有 2% 的概率会出现错误。现随机抽查了一个由 700 份财务报表组成的样本，问题：

(1) 该样本中出现错误的报表所占的比例在 0.02～0.035 之间的概率有多大？

(2) 该样本中财务报表出现错误的比例小于多少的概率是 90%？

解： (1) 因为 $n\pi=700\times 0.02=14>5$，且 $n(1-\pi)=700\times 0.98=686>5$，所以 $\bar{p}$ 服从正态分布，其均值和标准差为：

$$\mu_{\bar{p}}=\pi=0.02$$

$$\sigma_{\bar{p}}=\sqrt{\frac{\pi(1-\pi)}{n}}=\sqrt{\frac{0.02\times 0.98}{700}}\approx 0.0053$$

由题可知：

$$P(0.02\leqslant \bar{p}\leqslant 0.035)=P\left(\frac{0.02-0.02}{0.0053}\leqslant \frac{\bar{p}-\pi}{\sqrt{\frac{\pi(1-\pi)}{n}}}\leqslant \frac{0.035-0.02}{0.0053}\right)$$

$$=P(0\leqslant Z\leqslant 2.83)$$
$$=P(Z\leqslant 2.83)-P(Z<0)$$
$$=0.9977-0.5000$$
$$=0.4977$$

由上面可知：该样本中出现错误的报表所占的比例在 0.02～0.035 之间的概率为 0.4977。

(2) 由题查表可得 $P(Z<1.28)\approx 0.9$，所以

$$\bar{p}=\pi+Z\sqrt{\frac{\pi(1-\pi)}{n}}=0.02+1.28\times \sqrt{\frac{0.2\times 0.98}{700}}\approx 0.041=4.1\%$$

因而，该样本中财务报表出现错误的比例小于 4.1% 的概率是 90%。

> **探究与发现**
>
> 通过上述学习,你是否对"导入"所提出的问题进行了相关思考,并能够回答上述问题?

本 章 小 结

本章重点介绍了样本均值与样本比例的抽样分布、中心极限定理和无偏估计。本章思维导图如图 7-4 所示。

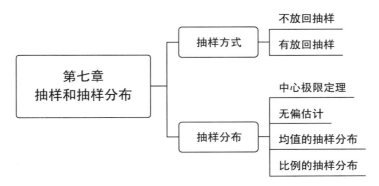

图 7-4 第七章思维导图

本 章 练 习 题

一、概念梳理

1. 现有一组总体数据的均值为 4,方差为 4,从中抽取样本容量为 35 的一组样本数据,样本均值大于 6 的概率为多少?

2. 现有一组总体数据的均值为 5,方差为 9,从中抽取样本容量为 40 的一组样本数据,样本均值大于 5 小于 8 的概率为多少?

3. 现有一组总体数据,其满足某种特性的总体比例为 60%。从中抽取样本容量为 36 的一组样本数据:
   (1) 这组样本中满足某种特性的样本比例是否服从正态分布?如果满足,请给出相应的样本比例的抽样分布。
   (2) 样本比例超过 65% 的概率是多少?

4. 设某总体数据的均值为 200,标准差为 50。从此总体中抽取 $n=100$ 的样本:
   (1) 请给出 $\bar{x}$ 的抽样分布。
   (2) $\bar{x}$ 超过 220 的概率是多少?

(3) 当 $\bar{x}$ 小于多少时的概率是 40%？

5. 假定某总体数据的标准差为 25，请分别计算 $n=50,100,150$ 和 200 时样本均值的标准误差。当样本容量增加时，样本均值的标准误差如何变化？

二、概念运用

1. 据历史经验数据可知，某银行客户经理接待每名顾客所花费的平均时间为 3.10 分钟，标准差为 0.40 分钟。如果随机选取 36 名顾客为样本，问题：
   (1) 该银行客户经理接待每名顾客所花费的平均时间至少为 3 分钟的概率是多少？
   (2) 该银行客户经理接待每名顾客所花费的平均时间不超过多少分钟的概率是 85%？

2. 假设由全体失业者组成的总体中，平均失业时间为 175 周，标准差为 4 周。从中随机抽取 50 名失业人员组成一个样本：
   (1) 请给出这 50 名失业人员的平均失业时间的抽样分布。
   (2) 这 50 名失业人员的平均失业时间落在总体均值前后各一周时间的概率是多少？

3. 某电商平台店家为了了解其热卖的某商品的偏好人群所处的年龄段，调查了在该店铺内消费过此热卖商品的用户年龄并进行了统计分析。分析结果显示用户平均年龄为 18，标准差为 2。现从中随机抽取 50 位用户，求他们的平均年龄处于 17.5~19.5 岁之间的概率。

4. 某公司对其员工人均工资展开了调查，该调查显示此公司员工人均工资为 8 000 元，标准差为 500 元。现从中随机抽样 100 个人，求该样本人均工资从 7 900~8 100 元的概率。

5. 某家文具代理商 12 月份的平均收入为 120 万元，方差为 10 万元。现随机抽取样本容量为 49 的交易记录，其平均收入不少于多少万元的概率为 90%？

6. 在消费升级的趋势下，某地方酒业开始在中高端市场发力，如今该酒业中高档酒所占比例提高到 60%。现从各个档次的酒中随机抽样，组成一个样本容量为 20 的样本，则该样本中高档酒的占比超过 70% 的概率为多少？

7. 现今越来越多的学生不用纸质笔记本记笔记，而是用平板电脑进行替代。假设某大学学生中用平板电脑记笔记的学生占比为 70%，随机抽取 85 名学生进行调查，则其中超过 60 名学生用平板电脑记笔记的概率是多少？

三、案例分析

据相关调查显示，2020 年我国短视频用户规模超过 8 亿，用户每天观看短视频总时长超过 3 亿小时。大约 83.5% 的用户 1 个月内每周观看 1 天及以上的短视频，大约 40.5% 的用户 1 个月内每周观看 5 天以上的短视频。无论是休息日还是工作日，近 60% 的用户每天会浏览 1 小时左右的短视频。

某短视频 APP 在进入市场后，因用户体验度高，其用户数日渐增多，且用户市场占比已达 60%。据历史数据显示,该视频 APP 用户平均每天观看短视频 50 分钟,标准差为 20 分钟。

(1) 在市场中随机抽取 100 名喜欢观看短视频的用户,则其中用该短视频 APP 的用户占比超过多少的概率为 95%?

(2) 随机抽取 64 名该视频 APP 用户,他们平均每天观看短视频时长介于 45~55 分钟之间的概率是多少?

拓 展 学 习

本章自主练习

某体育用品专卖店想了解年龄在 25 岁以下的顾客占比,因此随机抽取了 600 名顾客进行调查,经统计发现其中有 490 名顾客年龄在 25 岁以下。假设年龄在 25 岁以下顾客的实际比例为 0.72:

(1) 请给出这 490 名年龄在 25 岁以下的顾客比例的抽样分布。

(2) 该样本年龄在 25 岁以下的顾客所占比例在 68%~76% 之间的概率是多少?

第八章

置信区间估计

 本章教学目标

通过本章的学习,学生应当了解置信区间估计的定义及原理,熟悉置信度和 t 分布,并掌握如何运用置信区间估计来推断总体均值和比例。

 本章核心概念

点估计;边际误差;置信区间估计;置信度;临界值;t 分布

 导入

某电脑公司新推出了 X 系列笔记本电脑。X 系列笔记本电脑不仅在材质、设计和工艺上十分出众,在电池性能方面也得到了显著提升。现抽取该系列 100 台笔记本电脑作为样本进行调查,结果显示该样本平均单次充电所需时长为 100 分钟,标准差为 10 分钟。

问题:

(1) X 系列笔记本电脑平均单次充电所需时长是多少?

(2) 单次充电时长超过 110 分钟的 X 系列笔记本电脑的占比是多少?

第一节 置信区间估计

推断性统计学的基本原理就是根据样本的信息(统计量)来推断总体的信息(参数)。推断的方式主要有两种:正推和倒推。正推的代表方法是参数估计,倒推的代表方法是假设检验。参数估计包括点估计、置信区间估计、矩估计和极大似然估计,本章主要学习置信区间估计。置信区间估计是由点估计引申而来的,所以先来介绍一下点估计。

在数学中一个点就代表一个数值,这个数值指的就是一个样本的统计量。比如想推断中国人口的平均年龄,可以随机选取一个样本,计算这个样本的均值。假设结果为 75 岁,由此推断中国人口的平均年龄为 75 岁,这种由一个样本的均值推断出总体均值的方法称为**点估计**,即点估计是用样本统计量估计总体参数的方法。例如样本均值 $\bar{x}$ 是总体

均值 μ 的点估计,样本比例 $\bar{p}$ 是总体比例 π 的点估计。但是由于点估计会随着样本的改变而改变,即点估计具有可变性,所以无法用点估计推断出精确的总体参数。比如在上例中用一个样本的均值就推出总体的均值是 75 岁,可信度比较低。但是如果在 75 的基础上加一个误差范围,比如 75 ± 10,则可以得到总体的均值在 $[65,85]$ 内,那这个结果的可信度就大大增强了。这就是从点估计引申到了置信区间估计,即在点估计上加减一个边际误差得到置信区间估计的形式,如下所示:

$$\text{点估计} \pm \text{边际误差}$$

其中边际误差记为 δ,因而得到总体均值的置信区间估计形式为:

$$\bar{x} \pm \delta$$

总体比例的置信区间估计形式为:

$$\bar{p} \pm \delta$$

关键的问题是这个误差范围如何确定。当估计不同的总体参数时(如 μ 或者 π),边际误差的定义也各不相同,接下来学习总体均值的置信区间估计。

第二节 总体均值的置信区间估计

由误差的定义可知,误差=估计值-真实值。比如当用样本均值 $\bar{x}$ 推断总体均值 μ 时,它们之间的误差(δ)就可以定义为 $\delta=\bar{x}-\mu$。由于 μ 为待推断的参数,无法根据上式直接得到 δ 的取值。但是根据中心极限定理可知,当样本容量 n 足够大时,样本均值 $\bar{x}$ 服从正态分布,则可以得到相应的标准化公式:

$$z=\frac{\bar{x}-\mu}{\frac{\sigma}{\sqrt{n}}} \tag{8.1}$$

由式(8.1)可以得到 $\bar{x}-\mu$ 的等价形式 $z\frac{\sigma}{\sqrt{n}}$,即 $\delta=z\frac{\sigma}{\sqrt{n}}$。由此可得 σ 已知情况下的 μ 的置信区间估计公式。

一、σ 已知

在总体标准差 σ 已知,总体均值的置信区间估计公式如下:

$$\bar{x} \pm z_{\alpha/2}\frac{\sigma}{\sqrt{n}} \tag{8.2}$$

在式(8.2)中，$\bar{x}$ 和 n 都是已知的样本信息，σ 也已知，只有 z 未知，由正态分布内容可知，如果想求得 z 值，必须给定一个概率值。由此，引申出置信度这一概念（如图 8-1 所示）。

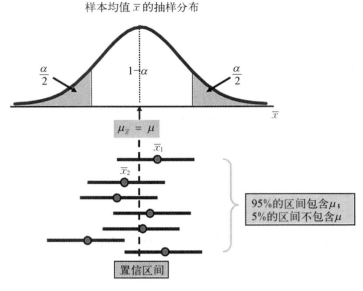

图 8-1　置信度示意图

为了便于解释图 8-1，假定从总体中随机抽取 100 个样本构造了 100 个区间估计。如果这 100 个区间中有 95% 的区间包含了总体参数的真实值，则 95% 被称为**置信度**，也称为置信水平或置信系数。由图 8-1 可知，以总体均值为对称轴的左右两侧所围成区域的概率值就是置信度。置信度可以用公式 $(1-\alpha)\times100\%$ 来表示，其中的 α 为除置信度所在区域之外剩下区域的概率值，也叫**非置信度**。由图 8-1 可知 α 所在的区域分布在正态分布的两个尾巴上，其中置信度所在区域和 α 所在区域的交点称为**临界值**，即式(8.2)的 z 值。

【**例 8-1**】由历史数据可知，某电脑公司出产的 X 系列笔记本电脑功率的标准差为 10 W，现随机抽取该系列 100 台笔记本，结果显示该样本的笔记本电脑功率为 50 W，在 95% 的置信度下，求 X 系列笔记本电脑平均功率的置信区间估计。

解：因为总体标准差已知，所以可以用 $\bar{x}\pm z_{\alpha/2}\dfrac{\sigma}{\sqrt{n}}$。在 95% 的置信度下，$z=\pm 1.96$。

$$\bar{x}=50,\ \sigma=10,\ n=100$$

$$\bar{x}\pm z_{\alpha/2}\dfrac{\sigma}{\sqrt{n}}=50\pm 1.96\times\dfrac{10}{\sqrt{100}}=50\pm 1.96$$

所以 $48.04\leqslant\mu\leqslant 51.96$。

在 95% 的置信度下，X 系列笔记本电脑平均功率在 48.04～51.96 W 之间。

【**例 8-2**】在 90% 的置信度下，求"导入"问题(1)中 X 系列笔记本电脑平均单次充电所需时长的置信区间估计。

解：因为总体标准差已知，所以用 $\bar{x} \pm z_{\alpha/2} \dfrac{\sigma}{\sqrt{n}}$。在 90% 的置信度下，$z = \pm 1.645$。

$$\bar{x} = 50, \sigma = 9, n = 100$$

$$\bar{x} \pm z_{\alpha/2} \dfrac{\sigma}{\sqrt{n}} = 50 \pm 1.645 \times \dfrac{9}{\sqrt{100}} = 50 \pm 1.4805$$

所以 $48.5195 \leqslant \mu \leqslant 51.4805$。

在 90% 的置信度下，X 系列笔记本电脑平均单次充电所需时长在 48.5195～51.4805 分钟之间。

二、σ 未知

在某些时候，得不到总体标准差 σ 的信息，样本均值经过标准化后则服从自由度为 $n-1$ 的 t 分布，公式如下：

$$t = \dfrac{\bar{x} - \mu}{\dfrac{s}{\sqrt{n}}} \tag{8.3}$$

t 分布在形态上与标准正态分布很相似，两者都是对称且呈钟形分布的，它们的均值和中位数都等于 0（如图 8-2 所示）：

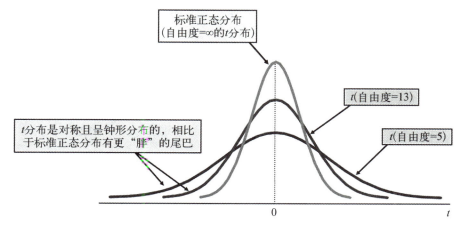

图 8-2 标准正态分布和自由度为 5 和 13 的 t 分布

由图 8-2 可知，自由度逐渐增大的时候 t 分布逐渐趋近于标准正态分布。一般而言，当自由度不少于 120 时，样本的标准差已经足够精确，此时 t 值已经非常接近于 z 值，一般人们就会用 z 值而不会用 t 值。

一般用 t 分布都假定变量 X 服从正态分布。但是在实际运用中，在样本容量足够大且总体分布不是非常偏斜的情况下,当 σ 未知时,可以使用 t 分布去估计总体均值;只有当样本容量较小且总体分布偏斜时,需要考虑置信区间估计的有效性。

不同自由度下的 t 临界值可从 t 分布表中查到(见附表 4)。表中的第一列表示自由度,剩下的各列显示了 t 临界值以右的右尾面积(请见附表 4 的第 3 行及第 4 行)。例如,想要查找自由度为 20,置信度为 90% 的 t 临界值,可以根据图 8-3 所示进行查找:首先,90% 的置信度表示两个尾部各分布了 5% 的值(即右尾的面积为 0.05);接着,在表中查看自由度为 20 的行及右尾面积为 0.05 的列,两者交叉即可得到 t 临界值为 1.724 7。由于 t 分布是一个均值为 0 的对称分布,因此如果右尾的 t 临界值为 +1.724 7,则左尾的 t 临界值就为 -1.724 7。所以当自由度为 20 且置信度为 90% 时,t 临界值为 ±1.724 7。

自由度	累积概率					
	0.75	0.90	0.95	0.975	0.99	0.995
	右尾面积					
	0.25	0.10	0.05	0.025	0.01	0.005
1	1.0000	3.0777	6.3138	12.7062	31.8207	63.6574
2	0.8165	1.8856	2.9200	4.3027	6.9646	9.9248
3	0.7649	1.6377	2.3534	3.1824	4.5407	5.8409
4	0.7407	1.5332	2.1318	2.7764	3.7469	4.6041
5	0.7267	1.4759	2.0150	2.5706	3.3649	4.0322
6	0.7176	1.4398	1.9432	2.4469	3.1427	3.7074
7	0.7111	1.4149	1.8946	2.3646	2.9980	3.4995
8	0.7064	1.3968	1.8595	2.3060	2.8965	3.3554
9	0.7027	1.3830	1.8331	2.2622	2.8214	3.2498
10	0.6998	1.3722	1.8125	2.2281	2.7638	3.1693
11	0.6974	1.3634	1.7959	2.2010	2.7181	3.1058
12	0.6955	1.3562	1.7823	2.1788	2.6810	3.0545
13	0.6938	1.3502	1.7709	2.1604	2.6503	3.0123
14	0.6924	1.3450	1.7613	2.1448	2.6245	2.9768
15	0.6912	1.3406	1.7531	2.1315	2.6025	2.9467
16	0.6901	1.3368	1.7459	2.1199	2.5835	2.9208
17	0.6892	1.3334	1.7396	2.1098	2.5669	2.8982
18	0.6884	1.3304	1.7341	2.1009	2.5524	2.8784
19	0.6876	1.3277	1.7291	2.0930	2.5395	2.8609
20	0.6870	1.3253	1.7247	2.0860	2.5280	2.8453
21	0.6864	1.3232	1.7207	2.0796	2.5177	2.8314
22	0.6858	1.3212	1.7171	2.0739	2.5083	2.8188
23	0.6853	1.3195	1.7139	2.0687	2.4999	2.8073
24	0.6848	1.3178	1.7109	2.0639	2.4922	2.7969
25	0.6844	1.3163	1.7081	2.0595	2.4851	2.7874

图 8-3 查找自由度为 20 且置信度为 90% 时的 t 临界值示意图

其中,自由度指的是在计算 $\bar{x}$ 时,取值不受限制的数据个数。它通常定义为 $df = n-1$,其中 n 为样本容量。比如假设一个样本包含 3 个数据 x_1, x_2, x_3,样本均值是

8,若 $x_1=7$，$x_2=8$，则 x_3 只能为 9，即 x_3 是不自由的。但是 x_1，x_2 是可以自由变化的，比如 $x_1=10$，$x_2=5$，或者 $x_1=1$，$x_2=14$ 等。此例中，自由度为 $n-1=3-1=2$，即两个数据的值可以为任何数，但是在给定均值的情况下，第三个数据的值不能自由变化。

在总体标准差 σ 未知的情况下，总体均值的置信区间估计公式如下：

$$\bar{x} \pm t_{\alpha/2,\,n-1} \frac{s}{\sqrt{n}} \tag{8.4}$$

【例 8-3】 现对某电脑公司出产的 X 系列笔记本电脑进行抽样。随机抽取 25 台，发现这 25 台笔记本电脑平均功率为 50 W，样本标准差为 8 W。在 95% 的置信度下，求 X 系列笔记本电脑平均功率的置信区间估计。

解： 因为总体标准差未知，所以用 $\bar{x} \pm t_{\alpha/2,\,n-1} \frac{s}{\sqrt{n}}$，自由度 $df=n-1=24$。在 95% 的置信度下，$t_{\alpha/2,\,n-1}=t_{0.025,\,24}=\pm 2.063\,9$。

$$\bar{x} \pm t_{\alpha/2,\,n-1} \frac{s}{\sqrt{n}} = 50 \pm 2.063\,9 \times \frac{8}{\sqrt{25}} \approx 50 \pm 3.302$$

所以 $46.698 \leqslant \mu \leqslant 53.302$。

在 95% 的置信度下，X 系列笔记本电脑平均功率在 46.698~53.302 W 之间。

【例 8-4】 现对某电脑公司出产的 X 系列笔记本电脑进行抽样。随机抽取 100 台，发现这 100 台笔记本电脑平均单次充电所需时长为 100 分钟，样本标准差为 7 分钟。在 95% 的置信度下，求 X 系列笔记本电脑平均单次充电所需时长的置信区间估计。

解： 因为总体标准差未知，所以用 $\bar{x} \pm t_{\alpha/2,\,n-1} \frac{s}{\sqrt{n}}$，自由度 $df=n-1=99$。在 95% 的置信度下，$t_{\alpha/2,\,n-1}=t_{0.025,\,99}=\pm 1.984\,2$。

$$\bar{x} \pm t_{\alpha/2,\,n-1} \frac{s}{\sqrt{n}} = 100 \pm 1.984\,2 \times \frac{7}{\sqrt{100}} \approx 100 \pm 1.389$$

所以 $98.611 \leqslant \mu \leqslant 101.389$。

在 95% 的置信度下，X 系列笔记本电脑平均单次充电所需时长在 98.611~101.389 分钟之间。

第三节　总体比例的置信区间估计

一般可以把置信区间的概念引申到属性数据，通过对属性数据的分析，得出总体中具有某一特性的数据所占比例的置信区间估计。与总体均值的置信区间估计的思想一致，总体比例的置信区间估计也来源于点估计。当用样本比例 $\bar{p}$ 推断总体比例 π 时，它们之间的误差（δ）就可以定义为 $\delta=\bar{p}-\pi$。由于 π 为待推断的参数，无法根据上式直接得到 δ 的取值。但是根据中心极限定理可知，当 $n\pi \geqslant 5$ 且 $n(1-\pi) \geqslant 5$ 时，样本比例 $\bar{p}$ 服从正态分布，则可以得到相应的标准化公式：

$$z = \frac{\bar{p}-\pi}{\sqrt{\frac{\pi(1-\pi)}{n}}} \tag{8.5}$$

由式(8.5)可以得到 $\bar{p}-\pi$ 的等价形式 $z\sqrt{\frac{\pi(1-\pi)}{n}}$，即 $\delta = z\sqrt{\frac{\pi(1-\pi)}{n}}$。但由于 π 未知，用 $\bar{p}$ 代替 π。因此，在总体比例的置信区间估计中，边际误差为：

$$z\sqrt{\frac{\bar{p}(1-\bar{p})}{n}} \tag{8.6}$$

所以总体比例的置信区间估计公式为：

$$\bar{p} \pm z_{\alpha/2}\sqrt{\frac{\bar{p}(1-\bar{p})}{n}} \tag{8.7}$$

其中，$z_{\alpha/2}$ 与式(8.2)中是一致的。

【例 8-5】 现对某电脑公司出产的 X 系列笔记本电脑进行抽样。随机抽取 100 台，发现这 100 台笔记本电脑中一级品有 75 台。在 90% 的置信度下，求 X 系列笔记本电脑的一级品比例的置信区间估计。

解： 在 90% 的置信度下，$z=\pm 1.645$。样本比例 $\bar{p}=\frac{75}{100}=0.75$。

$$\bar{p} \pm z_{\alpha/2}\sqrt{\frac{\bar{p}(1-\bar{p})}{n}} = 0.75 \pm 1.645 \times \sqrt{\frac{0.75 \times 0.25}{100}}$$
$$\approx 0.75 \pm 1.645 \times 0.043\,3$$

所以 $67.88\% \leqslant \pi \leqslant 82.12\%$。

在 90% 的置信度下，X 系列笔记本电脑的一级品比例在 67.88%~82.12% 之间。

【例 8-6】 从某电脑公司随机抽取 500 名职工，其中 280 人为男性。在 95% 的置信度下，求该公司男性比例的置信区间估计。

解： 在 95% 的置信度下，$z=\pm 1.96$。样本比例 $\bar{p}=\frac{280}{500}=0.56$。

$$\bar{p} \pm z_{\alpha/2}\sqrt{\frac{\bar{p}(1-\bar{p})}{n}} = 0.56 \pm 1.96 \times \sqrt{\frac{0.56 \times 0.44}{500}} \approx 0.56 \pm 1.96 \times 0.022\,2$$

所以 $51.65\% \leqslant \pi \leqslant 60.35\%$。

在95%的置信度下,该公司男性员工的比例在51.65%~60.35%之间。

第四节 拓展运用(SPSS操作介绍)

为了检验学生学习"统计学"这门课程的情况,现随机挑选了25名学生,他们的成绩如下:87,83,89,86,93,87,89,86,94,87,85,85,84,86,83,85,83,86,78,79,94,94,87,83,84。在95%的置信度下,求"统计学"这门课程学生平均成绩的置信区间估计。

1. 输入学生的"统计学"课程成绩(如图8-4所示)。

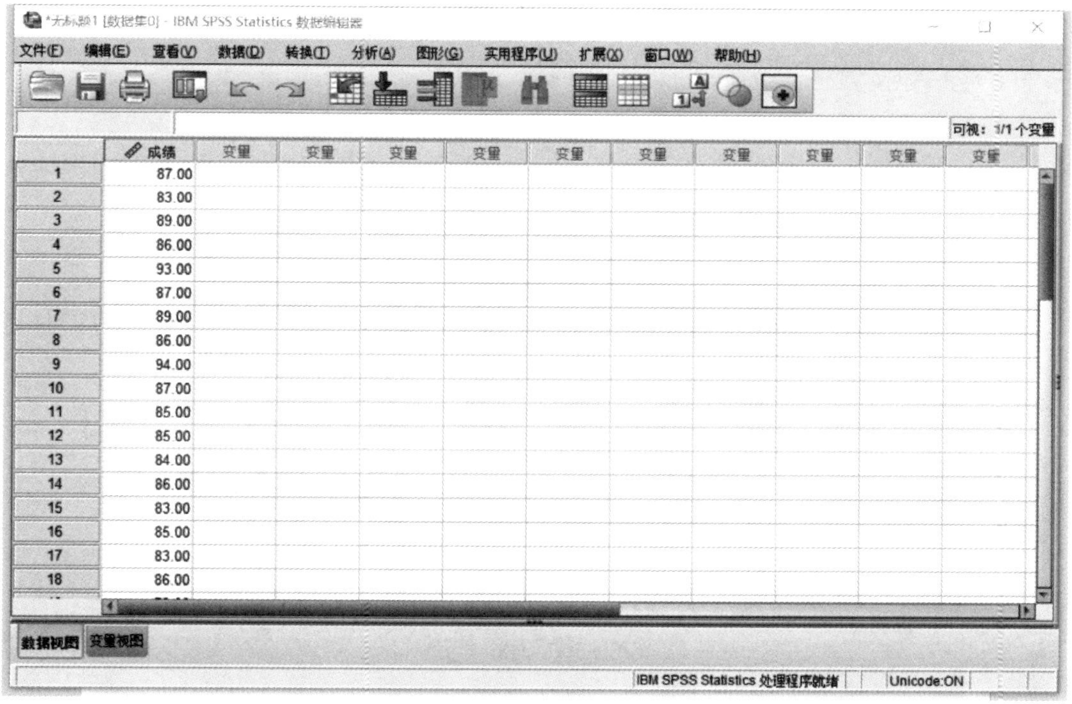

图8-4 SPSS运用1——输入数据

2. 执行"分析—描述统计—探索",因变量列表选择"成绩"。接着勾选"统计",输入合适的置信度,点击确认即可(如图8-5所示)。

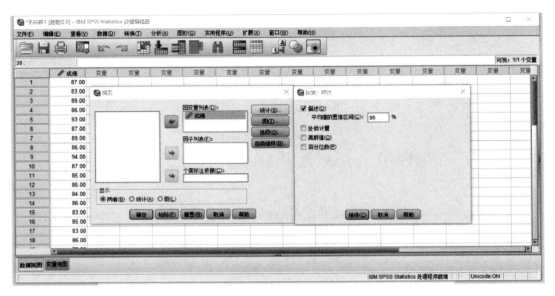

图 8-5　SPSS 运用 2——勾选变量与置信度

3. 输出结果,即学生统计学课程成绩在 95% 的置信度下的区间估计(如图 8-6 所示)。

描述

			统计	标准误差
成绩	平均值		86.2800	.83770
	平均值的 95% 置信区间	下限	84.5511	
		上限	88.0089	
	5% 剪除后平均值		86.3000	

图 8-6　SPSS 运用 3——结果图

> **探究与发现**
>
> 通过上述学习,你是否对"导入"所提出的问题进行了相关思考,能够回答上述问题解决并实际生活中的类似问题?

本 章 小 结

本章介绍了点估计和置信区间估计的基本概念,并着重介绍了置信区间估计、总体均值在总体标准差已知和未知两种情况下的置信区间估计方法,以及总体比例的置信区间估计方法。同时,介绍了如何运用 SPSS 统计软件得到总体均值的置信区间估计。本章思维导图如图 8-7 所示。

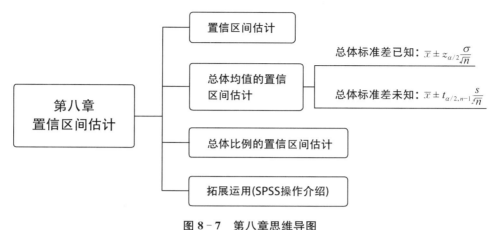

图 8-7 第八章思维导图

本章练习题

一、概念梳理

1. 计算以下各种情况的 z 临界值：
   (1) $1-\alpha=0.95$　(2) $1-\alpha=0.99$　(3) $1-\alpha=0.90$

2. 计算以下各种情况的 t 临界值：
   (1) $1-\alpha=0.95$, $n=12$　(2) $1-\alpha=0.99$, $n=10$
   (3) $1-\alpha=0.95$, $n=22$　(4) $1-\alpha=0.95$, $n=35$
   (5) $1-\alpha=0.90$, $n=60$

3. 随机抽取一个样本容量为 6 的样本，样本数据：17,16,24,23,27,19
   (1) 已知 $\sigma=5$，在 95% 的置信度下，求总体均值 μ 的置信区间估计。
   (2) 已知 $\sigma=4$，在 90% 的置信度下，求总体均值 μ 的置信区间估计。

4. 随机抽取一个样本容量为 8 的样本，样本数据：30,45,10,9,42,12,26,32
   (1) 已知 $\sigma=15$，在 95% 的置信度下，求总体均值 μ 的置信区间估计。
   (2) 已知 $\sigma=10$，在 90% 的置信度下，求总体均值 μ 的置信区间估计。

5. 随机抽取一个样本容量为 6 的样本，样本数据：50,55,45,42,60,47
   (1) σ 未知，在 95% 的置信度下，求总体均值 μ 的置信区间估计。
   (2) σ 未知，在 90% 的置信度下，求总体均值 μ 的置信区间估计。

6. 随机抽取一个样本容量为 7 的样本，样本数据：20,22,31,19,26,17,30
   (1) σ 未知，在 95% 的置信度下，求总体均值 μ 的置信区间估计。
   (2) σ 未知，在 90% 的置信度下，求总体均值 μ 的置信区间估计。

7. 如果 $n=100$，$X=30$，在 95% 的置信度下，求总体比例的置信区间估计。

8. 如果 $n=500$，$X=50$，在 99% 的置信度下，求总体比例的置信区间估计。

二、概念运用

1. 据 S 市统计局报道,在过去 5 年中,辅助生活设施的月租金的标准差为 650 元。现随机抽取 120 种辅助生活设施,其月租金的均值达到 3 486 元。
   (1) 在 90% 的置信度下,求该市辅助生活设施的月租金的总体均值的置信区间估计。
   (2) 在 95% 的置信度下,求该市辅助生活设施的月租金的总体均值的置信区间估计。
   (3) 在 99% 的置信度下,求该市辅助生活设施的月租金的总体均值的置信区间估计。
   (4) 当置信水平增大时,置信区间的宽度会如何变化?这合理吗?为什么?

2. 某电商平台店家以售卖小包装的零食为主。为确保每包商品的重量符合标准,需定期对小包装零食进行抽样称重。某日从零食中随机抽取了 25 包进行称重,得到其平均重量为 50 g。已知该款小包装零食的重量近似服从正态分布,且这 25 包零食重量的标准差为 3.5 g。在 95% 的置信度下,求当日该款小包装零食的平均重量的置信区间估计。

3. 某电商平台店家想要调查在其店铺内消费过的用户是否使用电子支付。现从成交订单中随机抽取 100 笔订单,统计得其中使用电子支付的订单有 67 笔。在 90% 的置信度下,求所有在该店消费过的用户使用电子支付的比例的置信区间估计。

4. 现从某乐园中随机抽取 200 名游客,其中 180 名在该乐园中进行了消费。在 95% 的置信度下,求所有在该乐园进行过商品消费的游客占比的置信区间估计。

5. 现从某乐园中随机抽取 100 名游客,统计得平均饮食消费能力达 490 元,标准差为 100 元。在 90% 的置信度下,求当日全部游客平均饮食消费能力的置信区间估计。

三、案例分析

M 公司于 2000 年正式进入家电行业,主营家电产品有家用空调、商用空调、大型中央空调等家电配件产品。该公司通过不断实践,围绕业务战略、互联网战略、全球化战略三条战略主线,由单一产品的制造商转向提供系统集成服务方案商,实现了商业模式的创新。M 公司于 2020 年新开业一家品牌店,并举行了盛大的促销活动。现随机抽取 64 名顾客,每名顾客平均购买 10 款产品。已知顾客购买 M 公司产品的总体标准差为 2 款,在 99% 的置信度下,求顾客购买 M 公司产品平均数目的置信区间估计。

拓 展 学 习

某电脑公司想知道用户对该公司研发的新型 CPU 的认可度。随机抽取了 100 名用户,其中认可该新型 CPU 的比例为 75%,在 95% 的置信度下,求用户对该公司研发的新型 CPU 的认可度的置信区间估计。

第九章

假设检验

 本章教学目标

通过本章的学习,学生应当了解假设检验的基本概念和基本原理,能够区分原假设和备择假设,熟悉显著性水平和两类错误,并能够运用临界值法和 p 值法来推断单总体均值和比例。

 本章核心概念

原假设;备择假设;显著性水平;第Ⅰ类错误;第Ⅱ类错误;拒绝域;非拒绝域;临界值法;p 值法

 导入

某电脑公司为了保证新设计的 X 系列笔记本电脑的重量,需要对其进行重量检测。现在产品部门要检验新生产出的一批 X 系列笔记本电脑的重量是否合格(过重或过轻均不算合格),从这批笔记本电脑中抽取 100 台作为样本进行重量检测。已知该款笔记本电脑的标准重量是 2 100 g。

问题:

(1) 当总体标准差已知时,这批 X 系列笔记本电脑的重量是否合格?

(2) 当总体标准差未知时,如何判断这批 X 系列笔记本电脑的重量是否合格?

第一节 假设检验的基本概念

由第八章可知,推断性统计学的推断方法主要有两种:正推和倒推。正推的代表方法是参数估计,倒推的代表方法是假设检验,这章主要学习假设检验。

一、原假设和备择假设

假设检验类似于数学中的反证法,即先给出结论(即假设),再去证明这个结论的合理性。只不过反证法事先知道正确的结论,而假设检验事先并不知道正确的结论,所以需要把所有可能的结论都给出来。比如某电脑公司生产的 X 系列笔记本电脑要么合格,要么不合格。本书给出的假设(结论)有两个,一个为**原假设**,一个为**备择假设**。原假设通常用来表示现实状况的某种命题,一般用 H_0 表示。备择假设 H_1 与原假设 H_0 是互斥且完备的。一般情况下原假设包含等号(比如 $=$、$\geqslant$、$\leqslant$),则备择假设一定不可能包含等号,而用 $\neq$、$<$、$>$ 等。

【**例 9 - 1**】验证"导入"中"该电脑公司生产的这批 X 系列笔记本电脑的平均重量是否等于 2 100 g"。

解: 从问题描述中,可以给出原假设为该电脑公司生产的这批 X 系列笔记本电脑的平均重量 $\mu = 2\,100$(因为包含"$=$",所以要放在原假设),而备择假设就为该电脑公司生产的这批 X 系列笔记本电脑的平均重量 $\mu \neq 2\,100$(因为包含"$\neq$",所以要放在备择假设),即

$$H_0: \mu = 2\,100$$

$$H_1: \mu \neq 2\,100$$

【**例 9 - 2**】验证"导入"中"该电脑公司生产的这批 X 系列笔记本电脑的平均重量是否大于 2 100 g"。

解: 平均重量大于 2 100 g 可记为 $\mu > 2\,100$,该式子中不包含"$=$",所以要放在备择假设;由于原假设和备择假设是互斥完备的关系,所以 $\mu > 2\,100$ 的互斥完备的式子是 $\mu \leqslant 2\,100$,由于 $\mu \leqslant 2\,100$ 包含"$=$",所以要放在原假设,即

$$H_0: \mu \leqslant 2\,100$$

$$H_1: \mu > 2\,100$$

【**例 9 - 3**】验证"导入"中"该电脑公司生产的这批 X 系列笔记本电脑的平均重量是否不大于 2 100 g"。

解: 平均重量不大于 2 100 g 可记为 $\mu \leqslant 2\,100$,该式子中包含"$=$",所以要放在原假设;由于原假设和备择假设是互斥完备的关系,所以 $\mu \leqslant 2\,100$ 的互斥完备的式子是 $\mu > 2\,100$,由于 $\mu > 2\,100$ 不包含"$=$",所以要放在备择假设,即

$$H_0: \mu \leqslant 2\,100$$

$$H_1: \mu > 2\,100$$

值得注意的是:

(1) 由【例 9 - 2】和【例 9 - 3】可知,虽然问题不同,但是给出的假设可能是相同的。

(2) 根据问题写假设的时候,先给出的假设并不一定是原假设,比如【例 9 - 2】根据问题先给出的就是 $\mu > 2\,100$,不能因为原假设必须包含"$=$"这个原则就把"$=$"强加给式

$\mu > 2100$，变成 $\mu \geqslant 2100$，而应该根据互斥完备的原则，找到相应的包含"="的式子，将此式记为原假设，否则将会给出错误的原假设和备择假设。

【例 9-4】 验证"导入"中"该电脑公司生产的这批 X 系列笔记本电脑的平均重量是否小于 2 100 g"。

解： 平均重量小于 2 100 g 可记为 $\mu < 2100$，该式子中不包含"="，所以要放在备择假设；由于原假设和备择假设是互斥完备的关系，所以 $\mu < 2100$ 的互斥完备的式子是 $\mu \geqslant 2100$，由于 $\mu \geqslant 2100$ 包含"="，所以要放在原假设，即

$$H_0: \mu \geqslant 2100$$
$$H_1: \mu < 2100$$

二、单双侧检验

在假设检验中，如果备择假设没有特定的方向性，即含有符号"≠"，此时假设检验称为双侧检验；如果备择假设具有特定的方向性，即含有符号">"或"<"，此时假设检验称为单侧检验，其中备择假设含有符号"<"的单侧检验称为左侧检验，而备择假设含有符号">"的单侧检验称为右侧检验。综上所述，备择假设的符号决定了这个假设检验是单侧的还是双侧的。

表 9.1　　　　　　　　　　　　单双侧检验判别示意图

假　　设	双侧检验	单侧检验	
		左侧检验	右侧检验
原假设	$H_0: \mu = \mu_0$	$H_0: \mu \geqslant \mu_0$	$H_0: \mu \leqslant \mu_0$
备择假设	$H_1: \mu \neq \mu_0$	$H_1: \mu < \mu_0$	$H_1: \mu > \mu_0$

由表 9.1 可知，由于【例 9-1】的备择假设中含有"≠"，所以【例 9-1】的假设检验是双侧检验；【例 9-2】的备择假设中含有">"，所以【例 9-2】的假设检验是右侧检验；同理，【例 9-3】也是右侧检验；【例 9-4】的备择假设中含有"<"，所以【例 9-4】的假设检验是左侧检验。

三、显著性水平、拒绝域、临界值

上述所说的单双侧检验指的是**拒绝域**放在单侧还是双侧。拒绝域是**显著性水平 α**（即非置信水平）所在的区域，如图 9-1 所示（包含【例 9-1】、【例 9-2】、【例 9-4】的假设）。

图 9-1 最上面的钟形分布的非拒绝域就是第八章中讲到的置信度所在的区域，拒绝

域就是非置信度所在的区域。由于第八章中讲到的置信区间是对称的,所以非置信度放在钟形分布的两侧。实际上,也存在单侧的置信区间估计,则相应的非置信度就是放在钟形分布的单侧(右侧或左侧),如图9-1所示的右侧检验和左侧检验。

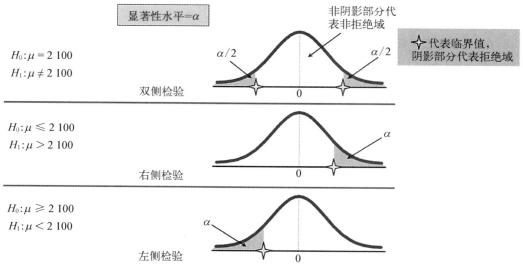

图9-1 显著性水平、拒绝域、临界值示意图

四、两类错误

假设检验是根据样本信息作出是否拒绝原假设的决策,但是由于决策是建立在样本信息之上的,而样本又具有随机性,所以研究者在进行决策时就有可能犯错误。一种情况是,原假设是正确的,却拒绝了原假设,这时所犯的错误称为第Ⅰ类错误,其概率记为 α;另一种情况是,原假设是错误的,却没有拒绝原假设,这时所犯的错误称为第Ⅱ类错误,其概率记为 β(如表9.2所示)。

表9.2 假设检验结果的情况

假设检验结果	真实情况	
	真	假
真	正确	错误(第Ⅱ类错误 β)
假	错误(第Ⅰ类错误 α)	正确

两类错误 α 和 β 是此消彼长的关系,即如果降低一类错误发生的概率,另一类错误发生的概率势必会提高。一般而言,研究者更希望第Ⅰ类错误 α 发生的概率较低,因此 α 会事先给定一些比较小的值,常用的有三个数值:0.1,0.05,0.01。

五、检验统计量

在提出具体的假设后,需要利用样本信息提供可靠的证据以作出决策,即根据样本信息计算出对原假设作出决策的**检验统计量**。例如,一般用样本均值推断总体均值。但由于样本均值 $\bar{x}$ 具有可变性,会随着抽取的样本不同而不同,所以不能直接将其作为推断的依据,必须将其标准化后才能用于度量其与原假设的参数值之间的差异,因而根据点估计的抽样分布可以得到标准化的检验统计量,公式为:

$$\text{标准化检验统计量} = \frac{\text{点估计值} - \text{假设的参数值}}{\text{点估计值的标准误差}} \quad (9.1)$$

虽然检验统计量是一个随机变量,随样本不同而变化,但只要给定一组样本信息,检验统计量的值也就确定了。

第二节 假设检验的两种检验方法

本节将介绍假设检验常用的两种检验方法:临界值法和 p 值法。

一、临界值法

由标准化的检验统计量的公式(9.1)可知,标准化的检验统计量的抽样分布分为两个区域:拒绝域和非拒绝域。如果标准化的检验统计量的数值落在拒绝域里,则拒绝原假设;相反,如果标准化的检验统计量的数值落在非拒绝域中,则会接受原假设。因此,找到界定拒绝域和非拒绝域的临界值非常关键。使用临界值法进行假设检验的步骤如下:

第一步:给出原假设和备择假设;
第二步:根据样本信息计算出标准检验统计量的值。
第三步:根据 α 和备择假设所包含的符号确定临界值。
第四步:比较标准检验统计量的值和临界值的关系,以确定标准检验统计量落在拒绝域还是非拒绝域,判断是否拒绝原假设。
第五步:给出结论。

二、p 值法

p 是"probability"(概率)的第一个字母,p 值就是概率值的意思。α 是理论上给定的拒绝域的概率,p 值是由样本信息得到的实际的拒绝域的概率。对于单侧或双侧的假设检验,p 值的求法如下:

(1)当假设检验为左侧时,检验统计量以左的区域的概率值为 p 值。

(2) 当假设检验为右侧时,检验统计量以右的区域的概率值为 p 值。

(3) 当假设检验为双侧时,若检验统计量为负值,检验统计量以左的区域的概率值为 $\frac{1}{2}p$ 值;若检验统计量为正值,检验统计量以右的区域的概率值为 $\frac{1}{2}p$ 值。

在使用 p 值法的过程中,拒绝原假设的准则是:若 p 值大于 α,则不能拒绝原假设;若 p 值小于或等于 α,则拒绝原假设。使用 p 值法进行假设检验的步骤如下:

第一步:给出原假设和备择假设。

第二步:根据样本信息计算出标准检验统计量的值。

第三步:根据标准检验统计量的值和备择假设所包含的符号确定 p 值。

第四步:比较 p 值和 α 值的关系以确定是否拒绝原假设。

第五步:给出结论。

第三节 总体均值的 z 假设检验(σ 已知)

在对总体均值 μ 进行假设检验时,若总体标准差 σ 已知,则使用 z 检验统计量,公式为:

$$z = \frac{\bar{x} - \mu}{\frac{\sigma}{\sqrt{n}}} \tag{9.2}$$

【例 9-5】某电脑公司为了保证新设计的 X 系列笔记本电脑的重量合格,需要对其进行重量检测。现在产品部门要检验新生产出的一批 X 系列笔记本电脑的重量是否合格(过重或过轻均不算合格),从这批笔记本电脑中抽取 100 台,测得其平均重量为 2 105 g。已知该款笔记本电脑的标准重量是 2 100 g,总体标准差为 25 g。在 0.05 的显著性水平下,是否有证据表明这批笔记本电脑的重量是合格的?

解:临界值法:

由题意可知,假设为

$$H_0: \mu = 2\,100$$

$$H_1: \mu \neq 2\,100$$

因为 σ 已知,所以使用 z 检验统计量

$$z = \frac{\bar{x} - \mu}{\frac{\sigma}{\sqrt{n}}} = \frac{2\,105 - 2\,100}{\frac{25}{\sqrt{100}}} = 2$$

因为 $\alpha=0.05$,且此假设检验是双侧的,查 z 表可得临界值为 ± 1.96。

因为 $2>1.96$,所以拒绝 H_0。

因而没有足够的证据表明这批笔记本电脑的重量是合格的。

p 值法:

由题意可知,假设为

$$H_0: \mu = 2\,100$$

$$H_1: \mu \neq 2\,100$$

因为 σ 已知,所以使用 z 检验统计量

$$z = \frac{\bar{x} - \mu}{\frac{\sigma}{\sqrt{n}}} = \frac{2\,105 - 2\,100}{\frac{25}{\sqrt{100}}} = 2$$

因为此假设检验为双侧的,而 z 值只有一个且为正数,所以只能查 2 以右的区域的概率,为 0.022 8,即 $\frac{1}{2} p$ 值 $=0.022\,8$,所以 p 值 $=0.045\,6$。

因为 p 值 $=0.045\,6 < 0.05 = \alpha$,所以拒绝 H_0。

因而没有足够的证据表明这批笔记本电脑的重量是合格的。

【例 9-6】 沿用【例 9-5】,在 0.05 的显著性水平下,是否有证据表明这批笔记本电脑的重量小于 2 100 g?

解: 临界值法:

由题意可知,假设为

$$H_0: \mu \geqslant 2\,100$$

$$H_1: \mu < 2\,100$$

因为 σ 已知,所以使用 z 检验统计量

$$z = \frac{\bar{x} - \mu}{\frac{\sigma}{\sqrt{n}}} = \frac{2\,105 - 2\,100}{\frac{25}{\sqrt{100}}} = 2$$

因为 $\alpha=0.05$,且此假设检验为左侧的,查 z 表可得临界值为 -1.645。

因为 $2>-1.645$,所以不拒绝 H_0。

因而没有足够的证据表明这批笔记本电脑的重量小于 2 100 g。

p 值法:

由题意可知,假设为

$$H_0: \mu \geqslant 2\,100$$

$$H_1: \mu < 2\,100$$

因为 σ 已知,所以使用 z 检验统计量

$$z = \frac{\bar{x} - \mu}{\frac{\sigma}{\sqrt{n}}} = \frac{2\,105 - 2\,100}{\frac{25}{\sqrt{100}}} = 2$$

因为此假设检验为左侧的,所以 2 以左的区域的概率即为 p 值,为 0.977 2。

因为 p 值 $= 0.977\,2 > 0.05 = \alpha$,所以不拒绝 H_0。

因而没有足够的证据表明这批笔记本电脑的重量小于 2 100 g。

【例 9-7】 沿用【例 9-5】,在 0.05 的显著性水平下,是否有证据表明这批笔记本电脑的重量大于 2 100 g?

解:临界值法:

由题意可知,假设为

$$H_0: \mu \leqslant 2\,100$$

$$H_1: \mu > 2\,100$$

因为 σ 已知,所以使用 z 检验统计量

$$z = \frac{\bar{x} - \mu}{\frac{\sigma}{\sqrt{n}}} = \frac{2\,105 - 2\,100}{\frac{25}{\sqrt{100}}} = 2$$

因为 $\alpha = 0.05$,且此假设检验为右侧的,查 z 表可得临界值为 1.645。

因为 $2 > 1.645$,所以拒绝 H_0。

因而有足够的证据表明这批笔记本电脑的重量大于 2 100 g。

p 值法:

由题意可知,假设为

$$H_0: \mu \leqslant 2\,100$$

$$H_1: \mu > 2\,100$$

因为 σ 已知,所以使用 z 检验统计量

$$z = \frac{\bar{x} - \mu}{\frac{\sigma}{\sqrt{n}}} = \frac{2\,105 - 2\,100}{\frac{25}{\sqrt{100}}} = 2$$

因为此假设检验为右侧的,所以 2 以右的区域的概率即为 p 值,为 0.022 8。

因为 p 值 $= 0.022\,8 < 0.05 = \alpha$,所以拒绝 H_0。

因而有足够的证据表明这批笔记本电脑的重量大于 2 100 g。

第四节　总体均值的 t 假设检验（σ 未知）

在对总体均值 μ 进行假设检验时，若总体标准差 σ 未知，则使用 t 检验统计量，公式为：

$$t = \frac{\bar{x} - \mu}{\frac{s}{\sqrt{n}}} \tag{9.3}$$

【例 9-8】 某电脑公司为了保证新设计的 X 系列笔记本电脑的重量合格，需要对其进行重量检测。现在产品部门要检验新生产出的一批 X 系列笔记本电脑的重量是否合格（过重或过轻均不算合格），从这批笔记本电脑中抽取 10 台，测得每台重量数据如下（单位：g）：2 105, 2 120, 2 050, 2 070, 2 120, 2 085, 2 080, 2 100, 2 095, 2 135。已知该款笔记本电脑的标准重量是 2 100 g，在 0.05 的显著性水平下，是否有证据表明这批笔记本电脑的重量是合格的？

解： 临界值法：

由题意可知，假设为

$$H_0: \mu = 2\,100$$
$$H_1: \mu \neq 2\,100$$

因为 σ 未知，所以使用 t 检验统计量。由样本数据计算可得，

$$\bar{x} = \frac{\sum_{i=1}^{n} x_i}{n} = \frac{2\,105 + 2\,120 + \cdots + 2\,135}{10} = 2\,096$$

$$s = \sqrt{\frac{\sum_{i=1}^{n}(x_i - \bar{x})^2}{n-1}}$$

$$= \sqrt{\frac{(2\,105 - 2\,096)^2 + (2\,120 - 2\,096)^2 + \cdots + (2\,135 - 2\,096)^2}{10-1}} \approx 25.69$$

所以，

$$t = \frac{\bar{x} - \mu}{\frac{s}{\sqrt{n}}} = \frac{2\,096 - 2\,100}{\frac{25.69}{\sqrt{10}}} \approx -0.49$$

因为 $\alpha = 0.05$，$df = n - 1 = 10 - 1 = 9$，且此假设检验为双侧的，查 t 表可得临界值为 $\pm 2.262\,2$。

因为 $-2.262\,2 < -0.49 < 2.262\,2$，所以不拒绝 H_0。

因而有足够的证据表明这批笔记本电脑的重量是合格的。

p 值法：

由题意可知，假设为

$$H_0: \mu = 2100$$
$$H_1: \mu \neq 2100$$

因为 σ 未知，所以使用 t 检验统计量。由样本数据计算可得，

$$\bar{x} = \frac{\sum_{i=1}^{n} x_i}{n} = \frac{2105 + 2120 + \cdots + 2135}{10} = 2096$$

$$s = \sqrt{\frac{\sum_{i=1}^{n}(x_i - \bar{x})^2}{n-1}}$$

$$= \sqrt{\frac{(2105 - 2096)^2 + (2120 - 2096)^2 + \cdots + (2135 - 2096)^2}{10 - 1}} \approx 25.69$$

所以，

$$t = \frac{\bar{x} - \mu}{\frac{s}{\sqrt{n}}} = \frac{2096 - 2100}{\frac{25.69}{\sqrt{10}}} \approx -0.49$$

$df = n - 1 = 10 - 1 = 9$，且此假设检验为双侧的，而 t 值只有一个且为负数，所以 -0.49 以左的区域的概率即为 $\frac{1}{2} p$ 值。由于 t 表只能查某个 t 值（仅限正值）以右的区域，而得到的 t 检验统计量的值 -0.49 为负数，所以要找 0.49 以右的区域的概率，也为 $\frac{1}{2} p$ 值。但是，t 表中自由度为 9 这一行找不到 0.49，所以无法求出精确的 $\frac{1}{2} p$ 值。可是，可以给出 $\frac{1}{2} p$ 值的范围。自由度为 9 那一行最小的 t 值为 0.7027，因为 $0.49 < 0.7027$，所以 0.49 以右的区域的概率就大于 0.7027 以右的区域的概率，又已知 0.7027 以右的区域的概率为 0.25，所以 $\frac{1}{2} p$ 值 > 0.25，因而 p 值 > 0.5。

因为 p 值 $> 0.5 > 0.05 = \alpha$，所以不拒绝 H_0。

因而有足够的证据表明这批笔记本电脑的重量是合格的。

【例 9-9】沿用【例 9-8】，在 0.05 的显著性水平下，是否有证据表明这批笔记本电脑的重量不小于 2100 g？

解：临界值法：

由题意可知,假设为

$$H_0: \mu \geqslant 2\,100$$

$$H_1: \mu < 2\,100$$

因为 σ 未知,所以使用 t 检验统计量。由样本数据计算可得,

$$\bar{x} = \frac{\sum_{i=1}^{n} x_i}{n} = \frac{2\,105 + 2\,120 + \cdots + 2\,135}{10} = 2\,096$$

$$s = \sqrt{\frac{\sum_{i=1}^{n}(x_i - \bar{x})^2}{n-1}}$$

$$= \sqrt{\frac{(2\,105 - 2\,096)^2 + (2\,120 - 2\,096)^2 + \cdots + (2\,135 - 2\,096)^2}{10 - 1}} \approx 25.69$$

所以,

$$t = \frac{\bar{x} - \mu}{\frac{s}{\sqrt{n}}} = \frac{2\,096 - 2\,100}{\frac{25.69}{\sqrt{10}}} \approx -0.49$$

因为 $\alpha = 0.05$,$df = n - 1 = 10 - 1 = 9$,且此假设检验为左侧的,查 t 表可得临界值为 $-1.833\,1$。

因为 $-0.49 > -1.833\,1$,所以不拒绝 H_0。

因而有足够的证据表明这批笔记本电脑的重量不小于 $2\,100\,\mathrm{g}$。

p 值法:

由题意可知,假设为

$$H_0: \mu \geqslant 2\,100$$

$$H_1: \mu < 2\,100$$

因为 σ 未知,所以使用 t 检验统计量。由样本数据计算可得,

$$\bar{x} = \frac{\sum_{i=1}^{n} x_i}{n} = \frac{2\,105 + 2\,120 + \cdots + 2\,135}{10} = 2\,096$$

$$s = \sqrt{\frac{\sum_{i=1}^{n}(x_i - \bar{x})^2}{n-1}}$$

$$= \sqrt{\frac{(2\,105 - 2\,096)^2 + (2\,120 - 2\,096)^2 + \cdots + (2\,135 - 2\,096)^2}{10 - 1}} \approx 25.69$$

所以,
$$t = \frac{\bar{x} - \mu}{\frac{s}{\sqrt{n}}} = \frac{2\,096 - 2\,100}{\frac{25.69}{\sqrt{10}}} \approx -0.49$$

$df = n - 1 = 10 - 1 = 9$,且此假设检验为左侧的,所以 -0.49 以左的区域的概率即为 p 值。由于 t 表只能查某个 t 值(仅限正值)以右的区域,而得到的 t 检验统计量的值 -0.49 为负数,所以要找 0.49 以右的区域的概率,也为 p 值。但是 t 表中自由度为 9 这一行找不到 0.49,所以无法求出精确的 p 值,可是可以给出 p 值的范围。自由度为 9 那一行最小的 t 值为 $0.702\,7$,因为 $0.49 < 0.702\,7$,所以 0.49 以右的区域的概率就大于 $0.702\,7$ 以右的区域的概率,又已知 $0.702\,7$ 以右的区域的概率为 0.25,所以 p 值 > 0.25。

因为 p 值 $> 0.25 > 0.05 = \alpha$,所以不拒绝 H_0。

因而有足够的证据表明这批笔记本电脑的重量不小于 $2\,100$ g。

【例 9 - 10】 沿用【例 9 - 8】,在 0.05 的显著性水平下,是否有证据表明这批笔记本电脑的重量大于 $2\,100$ g?

解:临界值法:

由题意可知,假设为
$$H_0: \mu \leqslant 2\,100$$
$$H_1: \mu > 2\,100$$

因为 σ 未知,所以使用 t 检验统计量。由样本数据计算可得,

$$\bar{x} = \frac{\sum_{i=1}^{n} x_i}{n} = \frac{2\,105 + 2\,120 + \cdots + 2\,135}{10} = 2\,096$$

$$s = \sqrt{\frac{\sum_{i=1}^{n}(x_i - \bar{x})^2}{n - 1}}$$
$$= \sqrt{\frac{(2\,105 - 2\,096)^2 + (2\,120 - 2\,096)^2 + \cdots + (2\,135 - 2\,096)^2}{10 - 1}} \approx 25.69$$

所以,
$$t = \frac{\bar{x} - \mu}{\frac{s}{\sqrt{n}}} = \frac{2\,096 - 2\,100}{\frac{25.69}{\sqrt{10}}} \approx -0.49$$

因为 $\alpha = 0.05$,$df = n - 1 = 10 - 1 = 9$,且此假设检验为右侧的,查 t 表可得临界值为 $1.833\,1$。

因为 $-0.49 < 1.833\,1$,所以不拒绝 H_0。

因而没有足够的证据表明这批笔记本电脑的重量大于 2 100 g。

p 值法：

由题意可知，假设为

$$H_0: \mu \leqslant 2\,100$$

$$H_1: \mu > 2\,100$$

因为 σ 未知，所以使用 t 检验统计量。由样本数据计算可得，

$$\bar{x} = \frac{\sum_{i=1}^{n} x_i}{n} = \frac{2\,105 + 2\,120 + \cdots + 2\,135}{10} = 2\,096$$

$$s = \sqrt{\frac{\sum_{i=1}^{n}(x_i - \bar{x})^2}{n-1}}$$

$$= \sqrt{\frac{(2\,105 - 2\,096)^2 + (2\,120 - 2\,096)^2 + \cdots + (2\,135 - 2\,096)^2}{10-1}} \approx 25.69$$

所以，

$$t = \frac{\bar{x} - \mu}{\frac{s}{\sqrt{n}}} = \frac{2\,096 - 2\,100}{\frac{25.69}{\sqrt{10}}} \approx -0.49$$

$df = n - 1 = 10 - 1 = 9$，且此假设检验为右侧的，所以 -0.49 以右的区域的概率即为 p 值，由于 0 以右的区域的概率为 0.5，所以 p 值一定是大于 0.5 的。

因为 p 值 $> 0.5 > 0.05 = \alpha$，所以不拒绝 H_0。

因而没有足够的证据表明这批笔记本电脑的重量大于 2 100 g。

第五节 总体比例的 z 假设检验

在对总体比例 π 进行假设检验时，则使用 z 检验统计量，公式为：

$$z = \frac{\bar{p} - \pi}{\sqrt{\frac{\pi(1-\pi)}{n}}} \tag{9.4}$$

【例 9 - 11】历史数据表明某电脑公司新设计的 X 系列笔记本电脑的一级品率为 75%。现随机抽取 400 台电脑，测得其中一级品占 79%，在 0.1 的显著性水平下，是否有证据表明该电脑公司新设计的 X 系列笔记本电脑的一级品率为 75%。

解：临界值法：

由题意可知,假设为

$$H_0: \pi = 75\%$$
$$H_1: \pi \neq 75\%$$

$$z = \frac{\bar{p} - \pi}{\sqrt{\frac{\pi(1-\pi)}{n}}} = \frac{79\% - 75\%}{\sqrt{\frac{75\% \times (1-75\%)}{400}}} \approx 1.85$$

因为 $\alpha = 0.1$,且此假设检验为双侧的,查 z 表可得临界值为 ± 1.645。

因为 $1.85 > 1.645$,所以拒绝 H_0。

因而没有足够的证据表明该电脑公司新设计的 X 系列笔记本电脑的一级品率为 75%。

p 值法：

由题意可知,假设为

$$H_0: \pi = 75\%$$
$$H_1: \pi \neq 75\%$$

$$z = \frac{\bar{p} - \pi}{\sqrt{\frac{\pi(1-\pi)}{n}}} = \frac{79\% - 75\%}{\sqrt{\frac{75\% \times (1-75\%)}{400}}} \approx 1.85$$

因为此假设检验为双侧的,而 z 值只有一个且为正数,所以只能查 1.85 以右的区域的概率,为 0.032 2,即 $\frac{1}{2} p$ 值 $= 0.032\ 2$,所以 p 值 $= 0.064\ 4$。

因为 p 值 $= 0.644 < 0.1 = \alpha$,所以拒绝 H_0。

因而没有足够的证据表明该电脑公司新设计的 X 系列笔记本电脑的一级品率为 75%。

【例 9-12】 沿用【例 9-11】,在 0.1 的显著性水平下,是否有证据表明该电脑公司新设计的 X 系列笔记本电脑的一级品率小于 75%?

解：临界值法：

由题意可知,假设为

$$H_0: \pi \geqslant 75\%$$
$$H_1: \pi < 75\%$$

$$z = \frac{\bar{p} - \pi}{\sqrt{\frac{\pi(1-\pi)}{n}}} = \frac{79\% - 75\%}{\sqrt{\frac{75\% \times (1-75\%)}{400}}} \approx 1.85$$

因为 $\alpha = 0.1$，且此假设检验为左侧的，查 z 表可得临界值为 -1.28。

因为 $1.85 > -1.28$，所以不拒绝 H_0。

因而没有足够的证据表明该电脑公司新设计的 X 系列笔记本电脑的一级品率小于 75%。

p 值法：

由题意可知，假设为

$$H_0: \pi \geqslant 75\%$$
$$H_1: \pi < 75\%$$

$$z = \frac{\bar{p} - \pi}{\sqrt{\frac{\pi(1-\pi)}{n}}} = \frac{79\% - 75\%}{\sqrt{\frac{75\% \times (1 - 75\%)}{400}}} \approx 1.85$$

因为此假设检验为左侧的，所以 1.85 以左的区域的概率即为 p 值，为 0.9678。

因为 p 值 $= 0.9678 > 0.1 = \alpha$，所以不拒绝 H_0。

因而没有足够的证据表明该电脑公司新设计的 X 系列笔记本电脑的一级品率小于 75%。

【例 9-13】沿用【例 9-11】，在 0.1 的显著性水平下，是否有证据表明该电脑公司新设计的 X 系列笔记本电脑的一级品率大于 75%？

解： 临界值法：

由题意可知，假设为

$$H_0: \pi \leqslant 75\%$$
$$H_1: \pi > 75\%$$

$$z = \frac{\bar{p} - \pi}{\sqrt{\frac{\pi(1-\pi)}{n}}} = \frac{79\% - 75\%}{\sqrt{\frac{75\% \times (1 - 75\%)}{400}}} \approx 1.85$$

因为 $\alpha = 0.1$，且此假设检验为右侧的，查 z 表可得临界值为 1.28。

因为 $1.85 > 1.28$，所以拒绝 H_0。

因而有足够的证据表明该电脑公司新设计的 X 系列笔记本电脑的一级品率大于 75%。

p 值法：

由题意可知，假设为

$$H_0: \pi \leqslant 75\%$$
$$H_1: \pi > 75\%$$

$$z = \frac{\bar{p} - \pi}{\sqrt{\frac{\pi(1-\pi)}{n}}} = \frac{79\% - 75\%}{\sqrt{\frac{75\% \times (1-75\%)}{400}}} \approx 1.85$$

因为此假设检验为右侧的,所以 1.85 以右的区域的概率即为 p 值,为 0.032 2。

因为 p 值 $= 0.032\ 2 < 0.1 = \alpha$,所以拒绝 H_0。

因而有足够的证据表明该电脑公司新设计的 X 系列笔记本电脑的一级品率大于 75%。

第六节 拓展运用(SPSS 操作介绍)

本节将介绍如何用 SPSS 进行总体均值的假设检验。需要指出的是,由于总体服从正态分布的数据在样本容量比较小时呈现为 t 分布,而服从 t 分布的数据在随着样本容量逐渐增大时会逐步趋近于正态分布,因而无论样本容量为多大均可以使用 t 检验。但对于 z 检验来说,它一定需要数据是服从正态分布的,样本容量较小时,数据服从 t 分布而不是正态分布,所以 z 检验通常应用于大样本而不是小样本。显然 t 检验的使用条件比 z 检验更宽松,因而可以替代 z 检验,所以 SPSS 只有 t 检验,如果想做 z 检验,用 t 检验代替即可。

总体均值的 t 假设检验(σ 未知)

【例 9-14】已知国庆大促销期间某奶茶品牌连锁店平均销量大于 75 万杯的区域能够获得总公司颁布的"销售之星"的称号。现随机抽取该奶茶品牌在某市的 30 个网点,得到国庆大促销期间的销售数据如下(单位:万杯):

46	73	81	88	62	87	77	79
57	74	82	88	63	87	79	82
62	76	83	89	64	88	73	83
63	77	84	89	66	88	74	83
64	78	84	90	66	88	75	83
66	78	84	92	67	90	75	84
67	78	85	94	68	91	76	84
69	79	85	96	68	94	76	84
72	79	86	99	71	96	77	85
73	81	87	53	72	98	77	86

在 0.05 的显著性水平下,是否有证据表明某市销售区能够获得"销售之星"的称号?

1. 输入销售数据(如图 9-2 所示)。

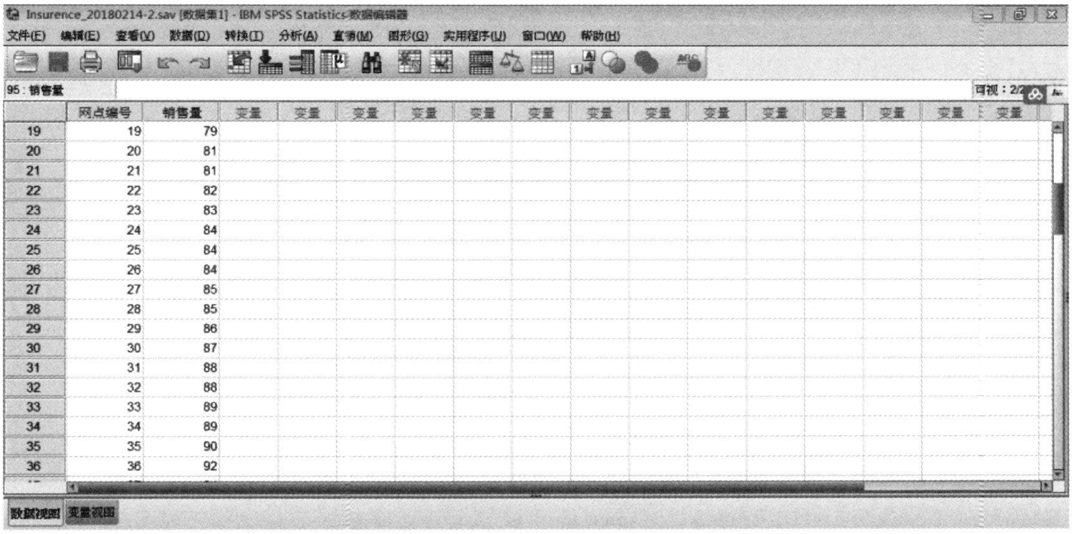

图 9-2　SPSS 运用 1——输入数据

2. 执行"分析—比较平均值—单样本 T 检验",将"奶茶的销售量"选入检验变量,"检验值"框中填入 75(如图 9-3 所示)。

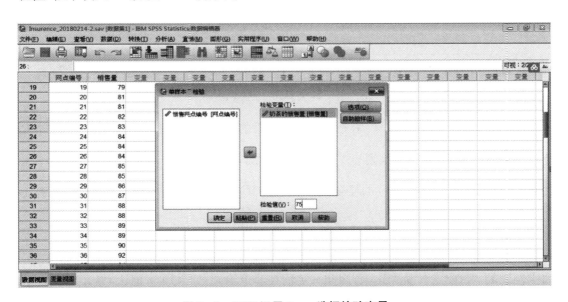

图 9-3　SPSS 运用 2——选择检验变量

3. 点击"选项"按钮,设置置信区间百分比,随后点击"继续"(如图 9-4 所示)。

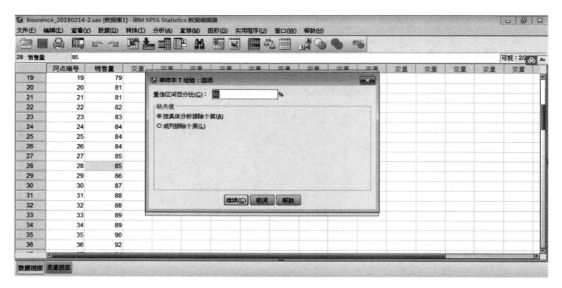

图 9-4　SPSS 运用 3——选择置信度

4. 点击"确定",输出结果(如图 9-5 所示)。

单样本检验

检验值 = 75

	t	自由度	显著性（双尾）	平均值差值	差值95% 置信区间	
					下限	上限
奶茶的销售量	3.128	79	.002	3.713	1.35	6.08

图 9-5　SPSS 运用 4——结果图

5. 结果分析:"单样本检验"表格给出了 t 检验的结果,从表格中可知双侧 p 值(即上图里的显著性的值,默认为双侧的)为 0.002,则单侧 t 检验 p 值 $=\dfrac{0.002}{2}=0.001<0.05$,拒绝原假设,故而认为在 0.05 的显著性水平下,有证据证明上海销售区能够获得"销售之星"的称号。

值得注意的是,若该例题改为左侧检验(即将条件改为"平均销量小于 75 万杯"),则不需要通过 SPSS 即可直接得出结论。因为如果用临界值法,得到的临界值一定为负值,而本例题的 t 检验统计量为正值,因此一定落在非拒绝域;如果用 p 值法,那么这个 p 值一定大于 0.5,所以 p 值一定大于 α,因此也一定落在非拒绝域。

探究与发现

通过上述学习,你是否对"导入"所提出的问题进行了相关思考,且能够解决实际生活中的类似问题?

本 章 小 结

本章介绍了假设检验作为推断性统计学方法的基本概念,如何对总体均值和总体比例进行假设检验,以及对其进行推断的两种方法——临界值法和 p 值法。

在假设检验过程中,需要对已知信息进行分析,从而决定使用哪一种检测方法。当推断总体均值时,需要分情况讨论:若总体标准差已知,采用 z 检验统计量;若总体标准差未知,则采用 t 检验统计量。当推断总体比例时,采用 z 检验统计量进行分析。当然在进行分析时,也应当关注备择假设,从而确定检验是单侧还是双侧。本章思维导图如图 9-6 所示。

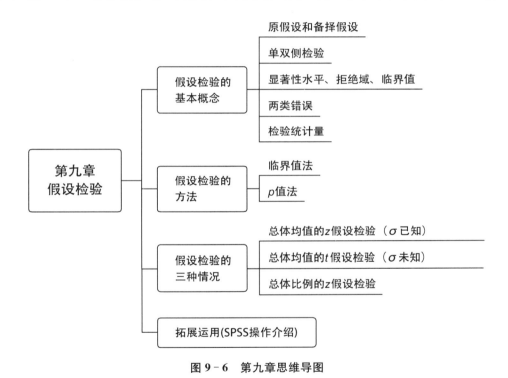

图 9-6 第九章思维导图

本章练习题

一、概念梳理

1. 判断以下原假设与备择假设是否正确,若不正确,请指出原因。

(1) $H_0: \mu \leqslant 7$ $H_1: \mu > 6$

(2) $H_0: \mu > 10$ $H_1: \mu \leqslant 10$

(3) $H_0: \mu \geqslant 9$ $H_1: \mu < 7$

2. 在双侧检验中,求以下不同置信水平对应的临界值。
   (1) $\alpha = 90\%$ (2) $\alpha = 95\%$ (3) $\alpha = 98\%$

3. 在右侧检验中,求以下不同置信水平对应的临界值。
   (1) $\alpha = 90\%$ (2) $\alpha = 95\%$ (3) $\alpha = 98\%$

4. 在左侧检验中,求以下不同置信水平对应的临界值。
   (1) $\alpha = 90\%$ (2) $\alpha = 95\%$ (3) $\alpha = 99\%$

5. 某灯泡制造厂商称其灯泡平均寿命为1 000小时,某灯泡批发商从该灯泡制造厂商进了一批货,想知道该灯泡制造厂商的说法是否属实。若采用假设检验的方法,请建立原假设与备择假设。

6. 据悉某专业学生"商务统计"课程期末考试平均分不低于75分,为验证该说法,若采用假设检验的方法,请建立原假设与备择假设。

7. 考虑如下的假设检验:

$$H_0: \mu \geqslant 80$$

$$H_1: \mu < 80$$

随机抽取一个 $n=100$ 的样本,已知总体标准差为12,$\alpha=0.01$,对下面的每种抽样结果计算相应的 p 值,并给出相应的结论。
   (1) $\bar{x} = 78.5$
   (2) $\bar{x} = 77$
   (3) $\bar{x} = 75.5$
   (4) $\bar{x} = 81$

二、概念运用

1. 某品牌橙汁饮料瓶上的标签注明其热量不超过135 cal。对标签上的说明进行假设检验:
   (1) 建立适当的原假设和备择假设。
   (2) 在这种情况下,第一类错误是什么?
   (3) 在这种情况下,第二类错误是什么?

2. 一项关于2020年大学生信用卡使用情况的研究报告指出:大学生使用信用卡进行消费的平均金额为3 173元,总体标准差为1 000元。这一数字达到历史新高,与5年前相比增加了44%。
   (1) 在2021年随机抽取一个由1 600名大学生组成的样本,其人均信用卡消费的金额为3 325元。在0.05的显著性水平下,2021年大学生使用信用卡进行消费的平均金额与报告的数值相比是否持续增大?
   (2) 在2021年随机抽取一个由1 600名大学生组成的样本,其人均信用卡消费的金额与 5 年前相比增加了 46%。在 0.05 的显著性水平下，2021 年大学生使用信用卡进行消费的平均金额与 5 年前相比增长的比例是否超过了 44%？

3. 历史数据表明某电脑公司生产的 X 系列笔记本电脑平均寿命为 6 年。从这批笔记本电脑中抽取 200 台作为样本进行寿命检测，得其平均寿命为 7 年，标准差为 1.5 年。在 0.01 的显著性水平下，是否有证据表明该电脑公司生产的 X 系列笔记本电脑平均寿命超过了 6 年？

4. 针对消费者的一项研究报告显示，有 64% 的超市购物者认为很多商品的超市自有品牌与国家著名品牌在质量上并无显著差异。某著名品牌的番茄酱制造商为了调查该研究结果对其产品是否适用，从超市中随机抽取 100 名购物者，并询问样本中的购物者是否认为超市自有品牌的番茄酱与该著名品牌的番茄酱在质量上并无显著差异。其中，有 52 人认为无差异。在 0.05 的显著性水平下，是否有证据表明超市购物者中认为超市自有品牌与该著名品牌的番茄酱在质量上并无显著差异的比例少于 64%。

三、案例分析

《中国居民营养与慢性病状况报告（2020 年）》显示，我国城乡居民膳食能量和蛋白质、脂肪、碳水化合物三大宏量营养素摄入充足，优质蛋白摄入不断增加。成人平均身高持续增长。我国 18～44 岁的男性和女性的平均身高分别为 169.7 cm 和 158.0 cm，与 2015 年相比分别增加 1.2 cm 和 0.8 cm。居民超重肥胖问题不断凸显。城乡各年龄组居民超重肥胖率继续上升，18 岁及以上居民超重率和肥胖率分别为 34.3% 和 16.4%。

(1) 随机抽取了 1 000 名 18～44 岁的男性居民，测得其平均身高为 172 cm，其标准差为 6 cm。在 0.05 的显著性水平下，是否有证据表明我国 18～44 岁的男性居民平均身高是高于 169.7 cm 的？

(2) 已知我国 18～44 岁的女性身高标准差为 5.2 cm。随机抽取了 1 000 名 18～44 岁的女性居民，测得其平均身高为 160 cm。在 0.01 的显著性水平下，是否有证据表明我国 18～44 岁的女性居民平均身高是 158 cm？

(3) 随机抽取了 1 000 名 18 岁及以上的居民，其中超重的有 384 名。在 0.1 的显著性水平下，是否有证据表明我国 18 岁及以上的居民的超重率是低于 34.3% 的？

拓 展 学 习

2020 年的双 11 期间，各大电商平台的成交额纷纷刷新纪录。庞大的交易额背后，是物流行业作为"后勤支柱"的支持。数据显示，物流行业 2020 年双 11 期间处理快件的数量同比增长 26.16%，再创历史新高。某物流服务商声称，选择其服务的快件平均在 12 小时内发出。在其记录中随机选取 1 600 个快件，平均在 13.2 小时内发出，标准差为 1 小时。在 0.05 的显著性水平下，请判断该物流服务商的说法是否属实。

第十章

双总体参数的推断

 本章教学目标

通过本章的学习,学生应当了解双总体参数的推断方法,能够判别出不同情况下应该采用的统计推断方法,并掌握不同统计推断方法的应用。

 本章核心概念

独立样本;匹配样本;z 检验;同方差 t 检验

 导入

某电脑公司新推出 X 系列笔记本电脑,针对以下情况,提出的问题如下:

(1) 该型号电脑的转接头适配器是由甲、乙两种型号的机床同时加工生产的,如何得知两种型号机床的加工精度有无显著性差异?

(2) 对该电脑公司新推出的 X 系列笔记本电脑分别采用两种不同的组装方法,哪种组装方法更快?

(3) 该电脑公司为扩大新推出 X 系列笔记本电脑的销量,特此召开新品发布会,向用户提供详细的产品介绍,并和用户进行近距离的互动。如何得知新品发布会对用户的消费意愿是否会产生积极影响?

(4) 该电脑公司为扩大新推出 X 系列笔记本电脑的销量,在 M、N 两个平台分别投放广告,如何得知 M、N 两个平台对广告的转化率是否存在显著差异?

第一节 两个独立总体均值的差异性推断

根据样本获取方式的不同,两个总体均值的差异性推断分为独立样本和配对样本两种情况。两个独立总体均值差异性推断的统计量是建立在两个样本均值之差 $(\bar{x}_1 - \bar{x}_2)$ 的抽样分布之上的。由于两个样本均值之差经标准化后的分布不同,检验统计量也略有不同。根据前面几章的内容可知,总体标准差有时可得有时不可得,所以当进行双总体均值的差异性推断时，必须分情况讨论：总体的标准差是否已知，若未知，则是否相等。

一、两个独立总体均值差异性推断（σ_1 和 σ_2 已知）

在样本容量比较大的情况下，两个样本均值之差 $(\bar{x}_1 - \bar{x}_2)$ 的抽样分布近似服从正态分布，而 $(\bar{x}_1 - \bar{x}_2)$ 经过标准化后则服从标准正态分布。如果两个总体的方差已知，这种情况下可以使用 z 检验统计量来检验这两个总体均值之间是否存在差异，公式为：

$$z = \frac{(\bar{x}_1 - \bar{x}_2) - (\mu_1 - \mu_2)}{\sqrt{\frac{\sigma_1^2}{n_1} + \frac{\sigma_2^2}{n_2}}} \tag{10.1}$$

其中：

$\bar{x}_1$ 为来自总体 1 的样本均值，$\bar{x}_2$ 为来自总体 2 的样本均值；

σ_1^2 为总体 1 的方差，σ_2^2 为总体 2 的方差；

n_1 为来自总体 1 的样本容量，n_2 为来自总体 2 的样本容量。

（一）两个独立总体均值差异性的假设检验（σ_1 和 σ_2 已知）

由第九章内容类推，可以用下标来区分第一个总体的均值 μ_1 和第二个总体均值 μ_2，则关于两个总体均值差异性的原假设可以表述为：

上尾：$H_0: \mu_1 - \mu_2 \leqslant 0$

双侧：$H_0: \mu_1 - \mu_2 = 0$

下尾：$H_0: \mu_1 - \mu_2 \geqslant 0$

相应的备择假设为：

上尾：$H_1: \mu_1 - \mu_2 > 0$

双侧：$H_1: \mu_1 - \mu_2 \neq 0$

下尾：$H_1: \mu_1 - \mu_2 < 0$

【例 10-1】某电脑公司新推出 X 系列笔记本电脑，该型号电脑的转接头适配器是由甲、乙两种型号的机床同时加工生产的。已知两台机床加工的转接头适配器直径均服从正态分布，且 $\sigma_1 = 0.4$，$\sigma_2 = 0.5$。为比较两台机床的加工精度有无显著性差异，分别独立抽取了甲机床加工的 16 个零件和乙机床加工的 12 个零件，通过测量得到的数据见表 10.1。

表 10.1　　　　　　　　　两台机床加工零件的样本数据（单位：mm）

甲	20.5	19.8	19.7	20.4	20.1	20.0	19.0	19.9
	19.7	20.7	20.2	20.0	19.9	19.5	19.3	20.3
乙	20.7	19.8	19.5	20.4	20.2	20.8	19.6	20.9
	19.4	19.2	20.3	20.0				

在 0.05 的显著性水平下,是否有证据表明两台机床的加工精度存在显著性差异?

解:临界值法:

由题意可知,假设为

$$H_0: \mu_1 - \mu_2 = 0$$
$$H_1: \mu_1 - \mu_2 \neq 0$$

因为 σ_1 和 σ_2 均已知,所以使用 z 检验统计量。由样本数据计算可得,

$$\bar{x}_1 = \frac{\sum_{i=1}^{n_1} x_{1i}}{n_1} = \frac{20.5 + 19.8 + \cdots + 20.3}{16} \approx 10.9375$$

$$\bar{x}_2 = \frac{\sum_{i=1}^{n_2} x_{2i}}{n_2} = \frac{20.7 + 19.8 + \cdots + 20.0}{12} \approx 20.0667$$

可得 z 检验统计量为:

$$z = \frac{(\bar{x}_1 - \bar{x}_2) - (\mu_1 - \mu_2)}{\sqrt{\frac{\sigma_1^2}{n_1} + \frac{\sigma_2^2}{n_2}}} = \frac{(19.9375 - 20.0667) - 0}{\sqrt{\frac{0.4^2}{16} + \frac{0.5^2}{12}}} \approx -0.74$$

因为 $\alpha = 0.05$,且此假设检验为双侧的,查 z 表可得临界值为 ± 1.96。
因为 $-1.96 < -0.74 < 1.96$,所以不拒绝 H_0。
因而没有足够的证据表明两台机床的加工精度存在显著性差异。

p 值法:

由题意可知,假设为

$$H_0: \mu_1 - \mu_2 = 0$$
$$H_1: \mu_1 - \mu_2 \neq 0$$

因为 σ_1 和 σ_2 均已知,所以使用 z 检验统计量。由样本数据计算可得,

$$\bar{x}_1 = \frac{\sum_{i=1}^{n_1} x_{1i}}{n_1} = \frac{20.5 + 19.8 + \cdots + 20.3}{16} \approx 19.9375$$

$$\bar{x}_2 = \frac{\sum_{i=1}^{n_2} x_{2i}}{n_2} = \frac{20.7 + 19.8 + \cdots + 20.0}{12} \approx 20.0667$$

可得 z 检验统计量为:

$$z = \frac{(\bar{x}_1 - \bar{x}_2) - (\mu_1 - \mu_2)}{\sqrt{\frac{\sigma_1^2}{n_1} + \frac{\sigma_2^2}{n_2}}} = \frac{(19.9375 - 20.0667) - 0}{\sqrt{\frac{0.4^2}{16} + \frac{0.5^2}{12}}} \approx -0.74$$

因为此假设检验为双侧的,而 z 值只有一个且为负数,所以只能查 -0.74 以左的区域的概率,为 0.2296,即 $\frac{1}{2}p$ 值 $= 0.2296$,所以 p 值 $= 0.4592$。

因为 p 值 $= 0.4592 > 0.05 = \alpha$,所以不拒绝 H_0。

因而没有足够的证据表明两台机床的加工精度存在显著性差异。

(二)两个独立总体均值差异性的置信区间估计(σ_1 和 σ_2 已知)

对两总体均值的差异进行置信区间估计可以通过对式(10.1)的 z 检验统计量的公式进行变换得到,置信区间估计公式为:

$$(\bar{x}_1 - \bar{x}_2) \pm z\sqrt{\frac{\sigma_1^2}{n_1} + \frac{\sigma_2^2}{n_2}} \tag{10.2}$$

【例 10-2】沿用【例 10-1】,在 95% 的置信度下,试建立这两台机床加工的转接头适配器平均直径差异的置信区间估计。

解:因为两个总体标准差已知,所以用 $(\bar{x}_1 - \bar{x}_2) \pm z\sqrt{\frac{\sigma_1^2}{n_1} + \frac{\sigma_2^2}{n_2}}$。在 95% 的置信度下,$z = \pm 1.96$。

由样本数据计算可得,

$$\bar{x}_1 = \frac{\sum_{i=1}^{n_1} x_{1i}}{n_1} = \frac{20.5 + 19.8 + \cdots + 20.3}{16} \approx 19.9375$$

$$\bar{x}_2 = \frac{\sum_{i=1}^{n_2} x_{2i}}{n_2} = \frac{20.7 + 19.8 + \cdots + 20.0}{12} \approx 20.0667$$

所以,

$$(\bar{x}_1 - \bar{x}_2) \pm z\sqrt{\frac{\sigma_1^2}{n_1} + \frac{\sigma_2^2}{n_2}}$$

$$= (19.9375 - 20.0667) \pm 1.96 \times \sqrt{\frac{0.4^2}{16} + \frac{0.5^2}{12}}$$

$$\approx -0.1292 \pm 0.3442$$

因此,

$$-0.4734 \leqslant \mu_1 - \mu_2 \leqslant 0.2150$$

故在95%的置信度下,这两台机床加工的转接头适配器平均直径差异的置信区间估计为−0.4734～0.2150 mm。

二、两个独立总体均值差异性推断(σ_1和σ_2未知但相等)

如果随机样本是从两个独立总体中选取出来,并且这两个总体都服从正态分布,这两个总体的方差未知但相等;或者如果总体非正态分布,但样本容量不少于30,上述两种情况下均可以使用**同方差 t 检验统计量**来检验这两个总体均值之间是否存在差异,公式为:

$$t = \frac{(\bar{x}_1 - \bar{x}_2) - (\mu_1 - \mu_2)}{\sqrt{s_p^2 \left(\frac{1}{n_1} + \frac{1}{n_2}\right)}} \tag{10.3}$$

上式同方差 s_p^2 定义如下:

$$s_p^2 = \frac{(n_1-1)s_1^2 + (n_2-1)s_2^2}{(n_1-1) + (n_2-1)} \tag{10.4}$$

此时自由度为 $df = n_1 + n_2 - 2$,其中:

s_1^2 为来自总体1的样本方差;

s_2^2 为来自总体2的样本方差。

(一)两个独立总体均值差异性的假设检验(σ_1和σ_2未知但相等)

【**例10-3**】某电脑公司新推出X系列笔记本电脑,该型号电脑的转接头适配器是由甲、乙两种型号的机床同时加工生产的,已知两台机床加工的转接头适配器直径均服从正态分布,且它们的总体方差虽然未知但相等。为比较两台机床的加工精度有无显著性差异,分别独立抽取了甲机床加工的16个零件和乙机床加工的12个零件,通过测量得到的数据见表10.2。

表10.2　　　　　　　　两台机床加工零件的样本数据(单位:mm)

甲	20.5	19.8	19.7	20.4	20.1	20.0	19.0	19.9
	19.7	20.7	20.2	20.0	19.9	19.5	19.3	20.3
乙	20.7	19.8	19.5	20.4	20.2	20.8	19.6	20.9
	19.4	19.2	20.3	20.0				

在0.05的显著性水平下,是否有证据表明两台机床的加工精度存在显著性差异?

解:临界值法:

由题意可知,假设为

$$H_0: \mu_1 - \mu_2 = 0$$
$$H_1: \mu_1 - \mu_2 \neq 0$$

因为 σ_1 和 σ_2 虽然未知但相等,所以使用同方差 t 检验统计量。由样本数据计算可得,

$$\bar{x}_1 = \frac{\sum_{i=1}^{n_1} x_{1i}}{n_1} = \frac{20.5 + 19.8 + \cdots + 20.3}{16} = 19.9375$$

$$\bar{x}_2 = \frac{\sum_{i=1}^{n_2} x_{2i}}{n_2} = \frac{20.7 + 19.8 + \cdots + 20.0}{12} \approx 20.0667$$

$$s_1^2 = \frac{\sum_{i=1}^{n_1}(x_{1i} - \bar{x}_1)^2}{n_1 - 1}$$
$$= \frac{(20.5 - 19.9375)^2 + (19.8 - 19.9375)^2 + \cdots + (20.3 - 19.9375)^2}{16 - 1}$$
$$\approx 0.1972$$

$$s_2^2 = \frac{\sum_{i=1}^{n_2}(x_{2i} - \bar{x}_2)^2}{n_2 - 1}$$
$$= \frac{(20.7 - 20.0667)^2 + (19.8 - 20.0667)^2 + \cdots + (20.0 - 20.0667)^2}{12 - 1}$$
$$\approx 0.3297$$

$$s_p^2 = \frac{(n_1 - 1)s_1^2 + (n_2 - 1)s_2^2}{(n_1 - 1) + (n_2 - 1)} = \frac{(16 - 1) \times 0.1972 + (12 - 1) \times 0.3297}{(16 - 1) + (12 - 1)} \approx 0.253$$

可得同方差 t 检验统计量为:

$$t = \frac{(\bar{x}_1 - \bar{x}_2) - (\mu_1 - \mu_2)}{\sqrt{s_p^2 \left(\frac{1}{n_1} + \frac{1}{n_2}\right)}} = \frac{(19.9375 - 20.0667) - 0}{\sqrt{0.253 \times \left(\frac{1}{16} + \frac{1}{12}\right)}} \approx -0.67$$

因为 $\alpha = 0.05$,$df = n_1 + n_2 - 2 = 16 + 12 - 2 = 26$,且此假设检验为双侧的,查 t 表可得临界值为 ± 2.0555。

因为 $-2.0555 < -0.67 < 2.0555$,所以不拒绝 H_0。

因而没有足够的证据表明两台机床的加工精度存在显著性差异。

p 值法：

由题意可知，假设为

$$H_0: \mu_1 - \mu_2 = 0$$
$$H_1: \mu_1 - \mu_2 \neq 0$$

因为 σ_1 和 σ_2 虽然未知但相等，所以使用同方差 t 检验统计量。由样本数据计算可得，

$$\bar{x}_1 = \frac{\sum_{i=1}^{n_1} x_{1i}}{n_1} = \frac{20.5 + 19.8 + \cdots + 20.3}{16} = 19.9375$$

$$\bar{x}_2 = \frac{\sum_{i=1}^{n_2} x_{2i}}{n_2} = \frac{20.7 + 19.8 + \cdots + 20.0}{12} \approx 20.0667$$

$$s_1^2 = \frac{\sum_{i=1}^{n_1} (x_{1i} - \bar{x}_1)^2}{n_1 - 1}$$
$$= \frac{(20.5 - 19.9375)^2 + (19.8 - 19.9375)^2 + \cdots + (20.3 - 19.9375)^2}{16 - 1}$$
$$\approx 0.1972$$

$$s_2^2 = \frac{\sum_{i=1}^{n_2} (x_{2i} - \bar{x}_2)^2}{n_2 - 1}$$
$$= \frac{(20.7 - 20.0667)^2 + (19.8 - 20.0667)^2 + \cdots + (20.0 - 20.0667)^2}{12 - 1}$$
$$\approx 0.3297$$

$$s_p^2 = \frac{(n_1 - 1)s_1^2 + (n_2 - 1)s_2^2}{(n_1 - 1) + (n_2 - 1)} = \frac{(16 - 1) \times 0.1972 + (12 - 1) \times 0.3297}{(16 - 1) + (12 - 1)} = 0.253$$

可得同方差 t 检验统计量为：

$$t = \frac{(\bar{x}_1 - \bar{x}_2) - (\mu_1 - \mu_2)}{\sqrt{s_p^2 \left(\frac{1}{n_1} + \frac{1}{n_2}\right)}} = \frac{(19.9375 - 20.0667) - 0}{\sqrt{0.253 \times \left(\frac{1}{16} + \frac{1}{12}\right)}} \approx -0.67$$

$df = n_1 + n_2 - 2 = 16 + 12 - 2 = 26$，且此假设检验为双侧的，而 t 值只有一个且为负数，所以只能查 -0.67 以左的区域的概率，即 $\frac{1}{2} p$ 值 > 0.25，所以 p 值 > 0.5。

因为 p 值 $> 0.5 > 0.05 = \alpha$，所以不拒绝 H_0。

因而没有足够的证据表明两台机床的加工精度存在显著性差异。

(二) 两个独立总体均值差异性的置信区间估计(σ_1 和 σ_2 未知但相等)

对两总体均值的差异进行置信区间估计可以通过对式(10.3)的同方差 t 检验统计量的公式进行变换得到，置信区间估计公式如下：

$$(\bar{x}_1 - \bar{x}_2) \pm t_{\alpha/2,\, n_1+n_2-2} \sqrt{s_p^2 \left(\frac{1}{n_1} + \frac{1}{n_2}\right)} \tag{10.5}$$

【例 10-4】 沿用【例 10-3】，在 95% 的置信度下，试建立这两台机床加工的转接头适配器平均直径差异的置信区间估计。

解： 因为两个总体标准差虽然未知但相等，所以用

$$(\bar{x}_1 - \bar{x}_2) \pm t_{\alpha/2,\, n_1+n_2-2} \sqrt{s_p^2 \left(\frac{1}{n_1} + \frac{1}{n_2}\right)}$$

在 95% 的置信度下，$df = n_1 + n_2 - 2 = 16 + 12 - 2 = 26$，$t = \pm 2.0555$。

由样本数据计算可得，

$$\bar{x}_1 = \frac{\sum_{i=1}^{n_1} x_{1i}}{n_1} = \frac{20.5 + 19.8 + \cdots + 20.3}{16} = 19.9375$$

$$\bar{x}_2 = \frac{\sum_{i=1}^{n_2} x_{2i}}{n_2} = \frac{20.7 + 19.8 + \cdots + 20.0}{12} \approx 20.0667$$

$$s_1^2 = \frac{\sum_{i=1}^{n_1} (x_{1i} - \bar{x}_1)^2}{n_1 - 1}$$

$$= \frac{(20.5 - 19.9375)^2 + (19.8 - 19.9375)^2 + \cdots + (20.3 - 19.9375)^2}{16 - 1}$$

$$\approx 0.1972$$

$$s_2^2 = \frac{\sum_{i=1}^{n_2} (x_{2i} - \bar{x}_2)^2}{n_2 - 1}$$

$$= \frac{(20.7 - 20.0667)^2 + (19.8 - 20.0667)^2 + \cdots + (20.0 - 20.0667)^2}{12 - 1}$$

$$\approx 0.3297$$

$$s_p^2 = \frac{(n_1-1)s_1^2 + (n_2-1)s_2^2}{(n_1-1)+(n_2-1)} = \frac{(16-1)\times 0.1972 + (12-1)\times 0.3297}{(16-1)+(12-1)} \approx 0.253$$

所以,

$$(\bar{x}_1 - \bar{x}_2) \pm t_{\alpha/2, n_1+n_2-2} \sqrt{s_p^2 \left(\frac{1}{n_1} + \frac{1}{n_2}\right)}$$

$$= (19.9375 - 20.0667) \pm 2.0555 \times \sqrt{0.253 \times \left(\frac{1}{16} + \frac{1}{12}\right)}$$

$$\approx -0.1292 \pm 0.3948$$

因此,

$$-0.5240 \leqslant \mu_1 - \mu_2 \leqslant 0.2656$$

因而在 95% 的置信度下,这两台机床加工的转接头适配器平均直径差异的置信区间估计为 $-0.5240 \sim 0.2656$ mm。

三、两个独立总体均值差异性推断(σ_1 和 σ_2 未知且不等)

如果从总体中随机抽取两个相互独立的样本,假设两个独立总体服从正态分布或者两样本足够大,但是它们两个总体的方差未知且不等,此时同方差 t 检验统计量就不再适用了,需要使用 t 检验统计量。一般在实际情况没有特别提示时,默认使用 t 检验统计量,公式如下:

$$t = \frac{(\bar{x}_1 - \bar{x}_2) - (\mu_1 - \mu_2)}{\sqrt{\frac{s_1^2}{n_1} + \frac{s_2^2}{n_2}}} \tag{10.6}$$

此时的自由度是一个比较复杂的公式:

$$df = \frac{\left(\frac{s_1^2}{n_1} + \frac{s_2^2}{n_2}\right)^2}{\frac{1}{n_1-1}\left(\frac{s_1^2}{n_1}\right)^2 + \frac{1}{n_2-1}\left(\frac{s_2^2}{n_2}\right)^2} \tag{10.7}$$

式(10.7)的计算结果如果不为整数,一般采取向下取整的原则,比如计算得出 $df = 89.99$,则根据向下取整的原则,可得自由度为 89。

(一)两个独立总体均值差异性的假设检验(σ_1 和 σ_2 未知且不等)

【例 10-5】 某电脑公司新推出 X 系列笔记本电脑,该型号电脑的转接头适配器是由甲、乙两种型号的机床同时加工生产的,已知两台机床加工的转接头适配器直径均服从正态分布。为比较两台机床的加工精度有无显著性差异,分别独立抽取了甲机床加工的 16

个零件和乙机床加工的 12 个零件,通过测量得到的数据见表 10.3。

表 10.3　　　　　　　　　两台机床加工零件的样本数据(单位:mm)

甲	20.5	19.8	19.7	20.4	20.1	20.0	19.0	19.9
	19.7	20.7	20.2	20.0	19.9	19.5	19.3	20.3
乙	20.7	19.8	19.5	20.4	20.2	20.8	19.6	20.9
	19.4	19.2	20.3	20.0				

在 0.05 的显著性水平下,是否有证据表明两台机床的加工精度存在显著差异?

解: 临界值法:

由题意可知,假设为

$$H_0: \mu_1 - \mu_2 = 0$$

$$H_1: \mu_1 - \mu_2 \neq 0$$

因为 σ_1 和 σ_2 未知且不等,所以使用 t 检验统计量。由样本数据计算可得,

$$\bar{x}_1 = \frac{\sum_{i=1}^{n_1} x_{1i}}{n_1} = \frac{20.5 + 19.8 + \cdots + 20.3}{16} = 19.9375$$

$$\bar{x}_2 = \frac{\sum_{i=1}^{n_2} x_{2i}}{n_2} = \frac{20.7 + 19.8 + \cdots + 20.0}{12} \approx 20.0667$$

$$s_1^2 = \frac{\sum_{i=1}^{n_1} (x_{1i} - \bar{x}_1)^2}{n_1 - 1}$$

$$= \frac{(20.5 - 19.9375)^2 + (19.8 - 19.9375)^2 + \cdots + (20.3 - 19.9375)^2}{16 - 1}$$

$$\approx 0.1972$$

$$s_2^2 = \frac{\sum_{i=1}^{n_2} (x_{2i} - \bar{x}_2)^2}{n_2 - 1}$$

$$= \frac{(20.7 - 20.0667)^2 + (19.8 - 20.0667)^2 + \cdots + (20.0 - 20.0667)^2}{12 - 1}$$

$$\approx 0.3297$$

可得 t 检验统计量为：

$$t = \frac{(\bar{x}_1 - \bar{x}_2) - (\mu_1 - \mu_2)}{\sqrt{\frac{s_1^2}{n_1} + \frac{s_2^2}{n_2}}}$$

$$= \frac{(19.937\,5 - 20.066\,7) - 0}{\sqrt{\frac{0.197\,2}{16} + \frac{0.329\,7}{12}}}$$

$$\approx -0.647\,6$$

其中

$$df = \frac{\left(\frac{s_1^2}{n_1} + \frac{s_2^2}{n_2}\right)^2}{\frac{1}{n_1 - 1}\left(\frac{s_1^2}{n_1}\right)^2 + \frac{1}{n_2 - 1}\left(\frac{s_2^2}{n_2}\right)^2}$$

$$= \frac{\left(\frac{0.197\,2}{16} + \frac{0.329\,7}{12}\right)^2}{\frac{1}{16-1} \times \left(\frac{0.197\,2}{16}\right)^2 + \frac{1}{12-1} \times \left(\frac{0.329\,7}{12}\right)^2}$$

$$\approx 20.114\,3$$

$$\approx 20$$

因为 $\alpha = 0.05$，$df = 20$，且此假设检验为双侧的，查 t 表可得临界值为 $\pm 2.086\,0$。因为 $-2.086\,0 < -0.647\,6 < 2.086\,0$，所以不拒绝 H_0。

因而没有足够的证据表明两台机床的加工精度存在显著性差异。

p 值法：

由题意可知，假设为

$$H_0: \mu_1 - \mu_2 = 0$$
$$H_1: \mu_1 - \mu_2 \neq 0$$

因为 σ_1 和 σ_2 未知且不等，所以使用 t 检验统计量。由样本数据计算可得，

$$\bar{x}_1 = \frac{\sum_{i=1}^{n_1} x_{1i}}{n_1} = \frac{20.5 + 19.8 + \cdots + 20.3}{16} = 19.937\,5$$

$$\bar{x}_2 = \frac{\sum_{i=1}^{n_2} x_{2i}}{n_2} = \frac{20.7 + 19.8 + \cdots + 20.0}{12} \approx 20.066\,7$$

$$s_1^2 = \frac{\sum_{i=1}^{n_1}(x_{1i}-\bar{x}_1)^2}{n_1-1}$$

$$= \frac{(20.5-19.9375)^2+(19.8-19.9375)^2+\cdots+(20.3-19.9375)^2}{16-1}$$

$$\approx 0.1972$$

$$s_2^2 = \frac{\sum_{i=1}^{n_2}(x_{2i}-\bar{x}_2)^2}{n_2-1}$$

$$= \frac{(20.7-20.0667)^2+(19.8-20.0667)^2+\cdots+(20.0-20.0667)^2}{12-1}$$

$$\approx 0.3297$$

可得 t 检验统计量为：

$$t = \frac{(\bar{x}_1-\bar{x}_2)-(\mu_1-\mu_2)}{\sqrt{\frac{s_1^2}{n_1}+\frac{s_2^2}{n_2}}}$$

$$= \frac{(19.9375-20.0667)-0}{\sqrt{\frac{0.1972}{16}+\frac{0.3297}{12}}}$$

$$\approx -0.6476$$

其中

$$df = \frac{\left(\frac{s_1^2}{n_1}+\frac{s_2^2}{n_2}\right)^2}{\frac{1}{n_1-1}\left(\frac{s_1^2}{n_1}\right)^2+\frac{1}{n_2-1}\left(\frac{s_2^2}{n_2}\right)^2}$$

$$= \frac{\left(\frac{0.1972}{16}+\frac{0.3297}{12}\right)^2}{\frac{1}{16-1}\times\left(\frac{0.1972}{16}\right)^2+\frac{1}{12-1}\times\left(\frac{0.3297}{12}\right)^2}$$

$$\approx 20.1143$$

$$\approx 20$$

$df=20$，且此假设检验为双侧的，而 t 值只有一个且为负数，所以只能查 -0.6476 以左的区域的概率，即 $\frac{1}{2}p$ 值 >0.25，所以 p 值 >0.5。

因为 p 值 $> 0.5 > 0.05 = \alpha$，所以不拒绝 H_0。

因而没有足够的证据表明两台机床的加工精度存在显著性差异。

（二）两个独立总体均值差异性的置信区间估计（σ_1 和 σ_2 未知且不等）

对两总体均值的差异进行置信区间估计可以通过对式(10.6)的 t 检验统计量的公式进行变换得到，置信区间估计公式如下：

$$(\bar{x}_1 - \bar{x}_2) \pm t_{\alpha/2} \sqrt{\frac{s_1^2}{n_1} + \frac{s_2^2}{n_2}} \tag{10.8}$$

其中，查临界值 $t_{\alpha/2}$ 所需的自由度请见式(10.7)。

【例 10-6】 沿用【例 10-5】，在 95% 的置信度下，试建立这两台机床加工的转接头适配器平均直径差异的置信区间估计。

解： 因为两个总体标准差未知且不等，所以用

$$(\bar{x}_1 - \bar{x}_2) \pm t_{\alpha/2} \sqrt{\frac{s_1^2}{n_1} + \frac{s_2^2}{n_2}}$$

$$df = \frac{\left(\frac{s_1^2}{n_1} + \frac{s_2^2}{n_2}\right)^2}{\frac{1}{n_1-1}\left(\frac{s_1^2}{n_1}\right)^2 + \frac{1}{n_2-1}\left(\frac{s_2^2}{n_2}\right)^2}$$

$$= \frac{\left(\frac{0.1972}{16} + \frac{0.3297}{12}\right)^2}{\frac{1}{16-1} \times \left(\frac{0.1972}{16}\right)^2 + \frac{1}{12-1} \times \left(\frac{0.3297}{12}\right)^2}$$

$$\approx 20.1143$$

$$\approx 20$$

在 95% 的置信度下，$df = 20$，所以 $t_{\alpha/2} = \pm 2.0860$。

由样本数据计算可得，

$$\bar{x}_1 = \frac{\sum_{i=1}^{n_1} x_{1i}}{n_1} = \frac{20.5 + 19.8 + \cdots + 20.3}{16} = 19.9375$$

$$\bar{x}_2 = \frac{\sum_{i=1}^{n_2} x_{2i}}{n_2} = \frac{20.7 + 19.8 + \cdots + 20.0}{12} \approx 20.0667$$

$$s_1^2 = \frac{\sum_{i=1}^{n_1}(x_{1i} - \bar{x}_1)^2}{n_1 - 1}$$

$$=\frac{(20.5-19.9375)^2+(19.8-19.9375)^2+\cdots+(20.3-19.9375)^2}{16-1}$$

$$\approx 0.1972$$

$$s_2^2=\frac{\sum_{i=1}^{n_2}(x_{2i}-\bar{x}_2)^2}{n_2-1}$$

$$=\frac{(20.7-20.0667)^2+(19.8-20.0667)^2+\cdots+(20.0-20.0667)^2}{12-1}$$

$$\approx 0.3297$$

所以,

$$(\bar{x}_1-\bar{x}_2)\pm t_{\alpha/2}\sqrt{\frac{s_1^2}{n_1}+\frac{s_2^2}{n_2}}$$

$$=(19.9375-20.0667)\pm 2.0869\times\sqrt{\frac{0.1972}{16}+\frac{0.3297}{12}}$$

$$\approx -0.1292\pm 0.4163$$

因此,

$$-0.5455\leqslant \mu_1-\mu_2\leqslant 0.2871$$

因而在95%的置信度下,这两台机床加工的转接头适配器平均直径差异的置信区间估计为$-0.5455\sim 0.2871$ mm。

第二节 两个相关总体均值的差异性推断

前述双总体均值的差异性推断方法所使用的样本数据都是来自两个独立总体的,而本节的两个样本数据来自两个相关总体,即两个样本数据存在相关性,称为**匹配样本**(也称配对样本或者相关样本)。一般存在两种情况可能会使两组样本数据之间存在相关性:一种是对同一组的个体进行了**重复度量**,所得到结果的差异归因于不同的条件,比如对同一台机器采取不同的生产操作方式(新方法和老方法),从而得到不同的产能。另一种是对个体根据某一特征匹配,即个体会通过某些特征被组合在一起,比如对 A 品牌咖啡和 B 品牌咖啡进行市场欢迎度检测,找到 10 个专家为这两个品牌各自打分,每个专家打两个分值,会得到两组样本数据,样本容量各为10,这两组数据就是匹配样本。

无论以上哪种情况,一般关注的变量都是两个样本观测值之间的差异,而不是单个观测值自身。所以,引入差异值$d_i=x_{1i}-x_{2i}$,其中x_{1i}是指第一组样本的第i个数据,x_{2i}是指第二组样本的第i个数据,两者之差就是要研究的差异值。因此在这种情形中,匹配样本的总体均值的差异 μ_d 是进行统计推断的目标。

在两总体均值的差异性推断(匹配样本)中,使用 t 检验统计量:

$$t = \frac{\bar{d} - \mu_d}{\frac{s_d}{\sqrt{n}}} \tag{10.9}$$

其中:

$\bar{d}$ 为匹配样本的差异值的均值,公式为:

$$\bar{d} = \frac{\sum_{i=1}^{n} d_i}{n} \tag{10.10}$$

s_d 为匹配样本的差异值的标准差,公式为:

$$s_d = \sqrt{\frac{\sum_{i=1}^{n}(d_i - \bar{d})^2}{n-1}} \tag{10.11}$$

自由度 $df = n - 1$。

对于匹配样本,一般并不关注匹配的两个样本数值本身,而是关注两个匹配样本的差异值 d_i,所以自由度为 $df = n - 1$(与第九章中单样本的自由度的定义是一样的)。

一、两个相关总体均值差异性的假设检验

【例10-7】某电脑公司为提升新推出的 X 系列笔记本电脑的销量,特别召开新品发布会,向用户提供详细的产品介绍,并和用户进行近距离的互动。为比较用户在参加新品发布会前后消费意愿的变化情况,该电脑公司随机抽取了一组用户共10人作为调查样本,在参与新品发布会前后对自己的消费意愿打分(0~10分),对比情况见表10.4。

表10.4 消费者参加产品发布会前后的消费意愿对比情况(单位:分)

用户名单	参加新品发布会		用户名单	参加新品发布会	
	前	后		前	后
1	5	6	6	4	10
2	6	7	7	5	9
3	3	5	8	2	8
4	7	9	9	3	6
5	0	7	10	1	4

在 0.01 的显著性水平下,是否有证据表明参加新品发布会后用户的消费意愿有显著提高?

解:临界值法:

由题意可设 $d_i = x_{2i} - x_{1i}$,$i = 1, \cdots, 10$,具体的差异值 d_i 见于表 10.5 最后一列。

表 10.5   消费者参加产品发布会前后的消费意愿分值的差异情况表(单位:分)

用户名单	参加新品发布会		差异值 $d = $ 后 $-$ 前
	前	后	
1	5	6	1
2	6	7	1
3	3	5	2
4	7	9	2
5	0	7	7
6	4	10	6
7	5	9	4
8	2	8	6
9	3	6	3
10	1	4	3

由题意可知假设为

$$H_0: \mu_d \leqslant 0$$

$$H_1: \mu_d > 0$$

由差异值的样本数据计算可得,

$$\bar{d} = \frac{\sum_{i=1}^{n} d_i}{n} = \frac{1 + 1 + \cdots + 3}{10} = 3.5$$

$$s_d = \sqrt{\frac{\sum_{i=1}^{n}(d_i - \bar{d})^2}{n-1}} = \sqrt{\frac{(1-3.5)^2 + (1-3.5)^2 + \cdots + (3-3.5)^2}{10-1}} \approx 2.1731$$

所以,

$$t = \frac{\bar{d} - \mu_d}{\frac{s_d}{\sqrt{n}}} = \frac{3.5 - 0}{\frac{2.17}{\sqrt{10}}} \approx 5.1004$$

因为 $\alpha = 0.01$，$df = n - 1 = 10 - 1 = 9$，且此假设检验为右侧的，查 t 表可得临界值为 2.8214。

因为 $5.1004 > 2.8214$，所以拒绝 H_0。

因而有足够的证据表明参加新品发布会后用户的消费意愿有显著提高。

p 值法：

由题意可设 $d_i = x_{2i} - x_{1i}$，$i = 1, \cdots, 10$，具体的差异值 d_i 见于表（10.6）最后一列。

表 10.6　　消费者参加产品发布会前后的消费意愿分值的差异情况表（单位：分）

用户名单	参加新品发布会		差异值 $d =$ 后－前
	前	后	
1	5	6	1
2	6	7	1
3	3	5	2
4	7	9	2
5	0	7	7
6	4	10	6
7	5	9	4
8	2	8	6
9	3	6	3
10	1	4	3

由题意可知假设为

$$H_0: \mu_d \leqslant 0$$
$$H_1: \mu_d > 0$$

由差异值的样本数据计算可得，

$$\bar{d} = \frac{\sum_{i=1}^{n} d_i}{n} = \frac{1 + 1 + \cdots + 3}{10} = 3.5$$

$$s_d = \sqrt{\frac{\sum_{i=1}^{n}(d_i - \bar{d})^2}{n-1}} = \sqrt{\frac{(1-3.5)^2 + (1-3.5)^2 + \cdots + (3-3.5)^2}{10-1}} \approx 2.1731$$

所以,

$$t = \frac{\bar{d} - \mu_d}{\frac{s_d}{\sqrt{n}}} = \frac{3.5 - 0}{\frac{2.17}{\sqrt{10}}} \approx 5.1004$$

$df = n - 1 = 10 - 1 = 9$,且此假设检验为右侧的,所以 5.100 4 以右的区域的概率即为 p 值,约等于 0。

因为 p 值 $\approx 0 < 0.01 = \alpha$,所以拒绝 H_0。

因而有足够的证据表明参加新品发布会后用户的消费意愿有显著提高。

二、两个相关总体均值差异性的区间估计

如果要对两个相关总体均值的差异进行置信区间估计,可以通过对式(10.9)中的 t 检验统计量的公式进行变换得到,置信区间估计公式如下:

$$\bar{d} \pm t_{\alpha/2, n-1} \frac{s_d}{\sqrt{n}} \tag{10.12}$$

【例 10 - 8】沿用【例 10 - 7】的背景,在 99% 的置信度下,试建立参加新品发布会前后用户的消费意愿差异性的置信区间估计。

解:

由题意可设 $d_i = x_{2i} - x_{1i}$,$i = 1, \cdots, 10$,具体的差异值 d_i 见于表 10.7 最后一列。

表 10.7　　消费者参加产品发布会前后的消费意愿分值的差异情况表(单位:分)

用户名单	参加新品发布会		差异值 $d = $ 后 $-$ 前
	前	后	
1	5	6	1
2	6	7	1
3	3	5	2
4	7	9	2
5	0	7	7

(续表)

用户名单	参加新品发布会		差异值 $d=$ 后－前
	前	后	
6	4	10	6
7	5	9	4
8	2	8	6
9	3	6	3
10	1	4	3

由差异值的样本数据计算可得，

$$\bar{d}=\frac{\sum_{i=1}^{n}d_i}{n}=\frac{1+1+\cdots+3}{10}=3.5$$

$$s_d=\sqrt{\frac{\sum_{i=1}^{n}(d_i-\bar{d})^2}{n-1}}=\sqrt{\frac{(1-3.5)^2+(1-3.5)^2+\cdots+(3-3.5)^2}{10-1}}\approx 2.1731$$

在99%的置信度下，$df=10-1=9$，所以 $t_{\alpha/2,n-1}=\pm 3.2498$。

所以，

$$\bar{d}\pm t_{\alpha/2,\,n-1}\frac{s_d}{\sqrt{n}}$$

$$=3.5\pm 3.2498\times\frac{2.1731}{\sqrt{10}}$$

$$\approx 3.5\pm 2.2332$$

因此，

$$1.2668\leqslant \mu_d \leqslant 5.7332$$

在99%的置信度下，参加新品发布会前后用户的消费意愿差异性的置信区间估计为 1.2668～5.7332 分。

第三节 两个独立总体比例的差异性推断

两个独立总体比例差异性（$\pi_1-\pi_2$）的推断与单总体比例的推断类似，要求两个样本容量都足够大，即 $n_1\bar{p}_1 \geqslant 5, n_1(1-\bar{p}_1) \geqslant 5, n_2\bar{p}_2 \geqslant 5, n_2(1-\bar{p}_2) \geqslant 5$。根据两个样本比例之差的抽样分布，可以得到两个总体比例之差的检验统计量的公式为：

$$z = \frac{(\bar{p}_1 - \bar{p}_2) - (\pi_1 - \pi_2)}{\sigma_{\bar{p}_1 - \bar{p}_2}} \tag{10.13}$$

在式(10.13)中，$\sigma_{\bar{p}_1-\bar{p}_2} = \sqrt{\dfrac{\pi_1(1-\pi_1)}{n_1} + \dfrac{\pi_2(1-\pi_2)}{n_2}}$ 是两个样本比例之差抽样分布的标准差。

由于两个独立总体的比例 π_1 和 π_2 是未知的，需要利用两个样本比例 $\bar{p}_1$ 和 $\bar{p}_2$ 来估计 $\sigma_{\bar{p}_1-\bar{p}_2}$，此时分以下两种情况进行讨论：

第一，检验两个独立总体比例之差等于0，即 $H_0: \pi_1 - \pi_2 = 0$ 或 $H_0: \pi_1 = \pi_2$，此时 $\pi_1 = \pi_2 = \pi$ 的最佳估计量是将两个样本合并后得到的合并比例 $\bar{p}$（也叫同比例，类似于本章第一节所学的同方差）。设 x_1 表示样本1中具有某种属性的个体数，x_2 表示样本2中具有某种属性的个体数，则合并后的比例 $\bar{p}$ 的公式为：

$$\bar{p} = \frac{x_1 + x_2}{n_1 + n_2} = \frac{\bar{p}_1 n_1 + \bar{p}_2 n_2}{n_1 + n_2} \tag{10.14}$$

此时 $\sigma_{\bar{p}_1-\bar{p}_2}$ 的公式为：

$$\sigma_{\bar{p}_1-\bar{p}_2} = \sqrt{\frac{\bar{p}(1-\bar{p})}{n_1} + \frac{\bar{p}(1-\bar{p})}{n_2}} = \sqrt{\bar{p}(1-\bar{p})\left(\frac{1}{n_1} + \frac{1}{n_2}\right)} \tag{10.15}$$

将式(10.15)代入式(10.13)中，可得两个独立总体比例差异性的检验统计量的公式为：

$$z = \frac{(\bar{p}_1 - \bar{p}_2) - (\pi_1 - \pi_2)}{\sqrt{\bar{p}(1-\bar{p})\left(\dfrac{1}{n_1} + \dfrac{1}{n_2}\right)}} \tag{10.16}$$

第二，检验两个独立总体比例之差等于某个常数（非零值），即 $H_0: \pi_1 - \pi_2 = d_0$，$d_0 \neq 0$，此时可直接用两个样本的比例 $\bar{p}_1$ 和 $\bar{p}_2$ 作为相应两个总体比例 π_1 和 π_2 的估计量，从而可得两个独立总体比例差异性的检验统计量的公式为：

$$z = \frac{(\bar{p}_1 - \bar{p}_2) - d_0}{\sqrt{\dfrac{\bar{p}_1(1-\bar{p}_1)}{n_1} + \dfrac{\bar{p}_2(1-\bar{p}_2)}{n_2}}} \tag{10.17}$$

一、两个独立总体比例差异性的假设检验

【例10-9】某电脑公司为扩大新推出 X 系列笔记本电脑的销量，在 M、N 两个平台

分别投放广告。通过对两平台收集的数据调查可知,M平台的1 000次点击数中,有64次将普通浏览者转化为购买者;N平台的1 000次点击数中,有50次将普通浏览者转化为购买者。在0.05的显著性水平下,是否有证据证明N平台投放广告的转化率比M平台的更高?

解:临界值法:

设 $\pi_1=$ M平台投放广告的转化率,$\pi_2=$ N平台投放广告的转化率,则假设如下:

$$H_0: \pi_1 - \pi_2 \geqslant 0$$
$$H_0: \pi_1 - \pi_2 < 0$$

由样本数据可知,

$$\bar{p}_1 = \frac{64}{1\,000} = 0.064, \quad \bar{p}_2 = \frac{50}{1\,000} = 0.05$$

由于要检验"N平台投放广告的转化率比M平台的更高"(不是检验两者的差值是多少),因此选择式(10.14)作为检验统计量。首先计算两个样本的合并比例 $\bar{p}$ 为:

$$\bar{p} = \frac{x_1 + x_2}{n_1 + n_2} = \frac{64 + 50}{1\,000 + 1\,000} = 0.057$$

由上可得检验统计量为:

$$z = \frac{\bar{p}_1 - \bar{p}_2}{\sqrt{\bar{p}(1-\bar{p})\left(\frac{1}{n_1} + \frac{1}{n_2}\right)}} = \frac{(0.064 - 0.05) - 0}{\sqrt{0.057 \times (1 - 0.057) \times \left(\frac{1}{1\,000} + \frac{1}{1\,000}\right)}} \approx 1.35$$

因为 $\alpha=0.05$,且此假设检验为左侧的,查 z 表可得临界值为 -1.645。

因为 $1.35 > -1.645$,所以不拒绝 H_0。

因而没有足够的证据表明N平台投放广告的转化率比M平台的更高。

值得注意的是,如果假设 $\pi_1=$ N平台投放广告的转化率,$\pi_2=$ M平台投放广告的转化率,也会得出与上面相同的结论,同学们可以尝试自行验证。

p 值法:

设 $\pi_1=$ M平台投放广告的转化率,$\pi_2=$ N平台投放广告的转化率,则假设如下:

$$H_0: \pi_1 - \pi_2 \geqslant 0$$
$$H_1: \pi_1 - \pi_2 < 0$$

由样本数据可知,

$$\bar{p}_1 = \frac{64}{1\,000} = 0.064, \quad \bar{p}_2 = \frac{50}{1\,000} = 0.05$$

由于要检验"N平台投放广告的转化率比M平台的更高"(不是检验两者的差值是多

少），因此选择式(10.14)作为检验统计量。首先计算两个样本的合并比例 $\bar{p}$ 为：

$$\bar{p} = \frac{x_1 + x_2}{n_1 + n_2} = \frac{64 + 50}{1\,000 + 1\,000} = 0.057$$

由上可得检验统计量为：

$$z = \frac{\bar{p}_1 - \bar{p}_2}{\sqrt{\bar{p}(1-\bar{p})\left(\frac{1}{n_1} + \frac{1}{n_2}\right)}} = \frac{(0.064 - 0.05) - 0}{\sqrt{0.057 \times (1-0.057) \times \left(\frac{1}{1\,000} + \frac{1}{1\,000}\right)}} \approx 1.35$$

因为此假设检验为左侧的，而 z 值只有一个且为正数，所以只能查 1.35 以左的区域的概率，为 0.911 5，所以 p 值 $= 0.911\,5$。

因为 p 值 $= 0.911\,5 > 0.05 = \alpha$，所以不拒绝 H_0。

因而没有足够的证据表明 N 平台投放广告的转化率比 M 平台的更高。

【例 10 - 10】 沿用【例 10 - 9】，在 0.05 的显著性水平下，是否有证据证明 N 平台投放广告的转化率比 M 平台高且高于 2%？

解： 临界值法：

设 $\pi_1 =$ N 平台投放广告的转化率，$\pi_2 =$ M 平台投放广告的转化率，则假设如下：

$$H_0: \pi_1 - \pi_2 \leqslant 2\%$$
$$H_1: \pi_1 - \pi_2 > 2\%$$

由样本数据可知，

$$\bar{p}_1 = \frac{50}{1\,000} = 0.05, \quad \bar{p}_2 = \frac{64}{1\,000} = 0.064$$

由于要检验"N 平台投放广告的转化率比 M 平台高且高于 2%"，因此选择式(10.17)作为检验统计量。

$$z = \frac{(\bar{p}_1 - \bar{p}_2) - d_0}{\sqrt{\frac{\bar{p}_1(1-\bar{p}_1)}{n_1} + \frac{\bar{p}_2(1-\bar{p}_2)}{n_2}}} = \frac{(0.05 - 0.064) - 0.02}{\sqrt{\frac{0.05 \times (1-0.05)}{1\,000} + \frac{0.064 \times (1-0.064)}{1\,000}}}$$

$$\approx -3.28$$

因为 $\alpha = 0.05$，且此假设检验为右侧的，查 z 表可得临界值为 1.645。

因为 $-3.28 < 1.645$，所以不拒绝 H_0。

因而没有足够的证据表明 N 平台投放广告的转化率比 M 平台高且高于 2%。

p 值法：

设 $\pi_1 =$ N 平台投放广告的转化率，$\pi_2 =$ M 平台投放广告的转化率，则假设如下：

$$H_0: \pi_1 - \pi_2 \leqslant 2\%$$
$$H_1: \pi_1 - \pi_2 > 2\%$$

由样本数据可知,

$$\bar{p}_1 = \frac{50}{1\,000} = 0.05, \bar{p}_2 = \frac{64}{1\,000} = 0.064$$

由于要检验"N 平台投放广告的转化率比 M 平台高且高于 2%",因此选择式(10.17)作为检验统计量。

$$z = \frac{(\bar{p}_1 - \bar{p}_2) - d_0}{\sqrt{\frac{\bar{p}_1(1-\bar{p}_1)}{n_1} + \frac{\bar{p}_2(1-\bar{p}_2)}{n_2}}} = \frac{(0.05 - 0.064) - 0.02}{\sqrt{\frac{0.05 \times (1-0.05)}{1\,000} + \frac{0.064 \times (1-0.064)}{1\,000}}}$$
$$\approx -3.28$$

因为此假设检验为右侧的,而 z 值只有一个且为负数,所以我们只能查 -3.28 以左的区域的概率,为 $0.000\,52$,所以 p 值 $= 0.999\,48$。

因为 p 值 $= 0.999\,48 > 0.05 = \alpha$,所以不拒绝 H_0。

因而没有足够的证据表明 N 平台投放广告的转化率比 M 平台高且高于 2%。

二、两个独立总体比例差异性的置信区间估计

对两个相关总体比例的差异进行置信区间估计可以通过对式(10.17)中的 z 检验统计量的公式进行变换得到,置信区间估计公式如下:

$$(\bar{p}_1 - \bar{p}_2) \pm z \sqrt{\frac{\bar{p}_1(1-\bar{p}_1)}{n_1} + \frac{\bar{p}_2(1-\bar{p}_2)}{n_2}} \tag{10.18}$$

下面用例子来展示两个相关总体比例差异性的置信区间估计方法。

【例 10 - 11】同【例 10 - 7】的背景,在 95% 的置信度下,试建立两个平台投放广告的转化率差异性的置信区间估计。

解: 在 95% 的置信度下,$z = \pm 1.96$。

设 $\pi_1 =$ N 平台投放广告的转化率,$\pi_2 =$ M 平台投放广告的转化率,则由样本数据可知,

$$\bar{p}_1 = \frac{50}{1\,000} = 0.05, \bar{p}_2 = \frac{64}{1\,000} = 0.064$$

所以,

$$(\bar{p}_1 - \bar{p}_2) \pm z \sqrt{\frac{\bar{p}_1(1-\bar{p}_1)}{n_1} + \frac{\bar{p}_2(1-\bar{p}_2)}{n_2}}$$

$$= (0.05 - 0.064) \pm 1.96 \times \sqrt{\frac{0.05 \times (1-0.05)}{1\,000} + \frac{0.064 \times (1-0.064)}{1\,000}}$$

$$\approx -0.014 \pm 0.020\,3$$

故

$$-0.034\,3 \leqslant \pi_1 - \pi_2 \leqslant 0.006\,3$$

因此在95%的置信度下,这两个平台投放广告的转化率差异性的置信区间估计为 $-0.034\,3 \sim 0.006\,3$。

第四节 扩展运用(SPSS操作介绍)

本节将介绍如何利用SPSS进行两个总体均值和比例的推断以及单因素方差分析。本节默认的假设检验示例题目都是双侧检验,若为单侧检验,步骤是一样的。另外,SPSS的操作数据均来源于相应的例题。

一、同方差t检验与非同方差t检验

1. 输入数据。第一列为组别,每一组用数字1,2表示;第二列为数据,即为【例10-3】中转接头适配器的直径。

2. 执行"分析—比较平均值—独立样本T检验"。设置"检验变量"(直径)与"分组变量"(组别);设置"置信区间百分比"为95%(如图10-1所示)。

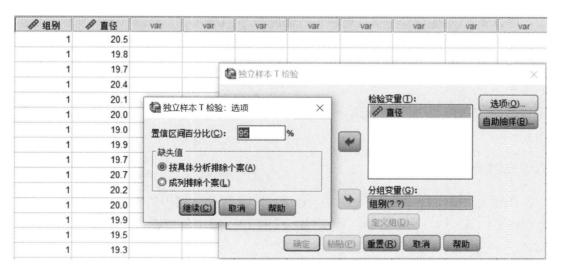

图10-1 SPSS运用1——设置置信度

3. 定义组别,分别设置为1组和2组(如图10-2所示)。

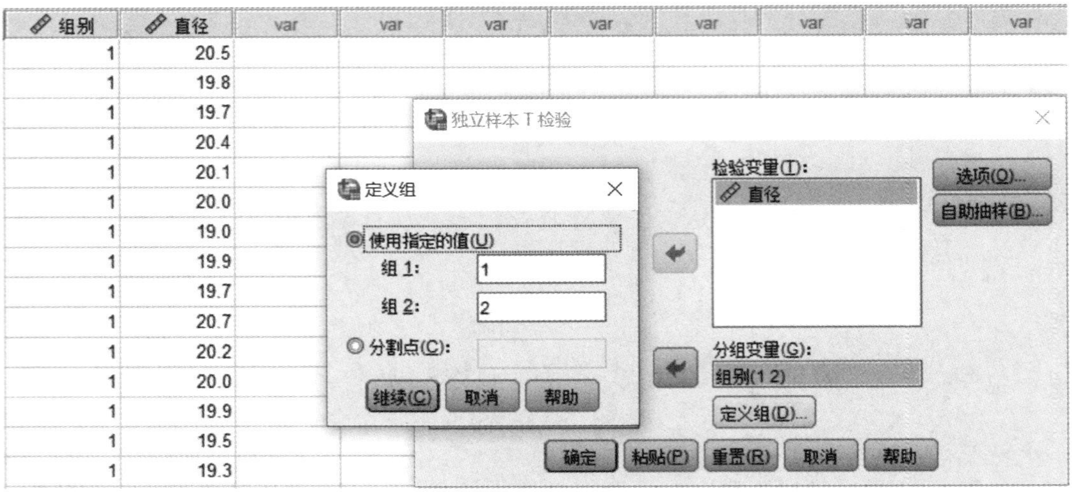

图10-2 SPSS运用2——设置组别

4. 输出结果(如图10-3所示)。

独立样本检验

		莱文方差等同性检验		平均值等同性t检验				差值95%置信区间	
		F	显著性	t	自由度	显著性(双尾)	平均值差值	标准误差差值	下限	上限
直径	假定等方差	1.936	.176	-.672	26	.507	-.1292	.1922	-.5242	.2659
	不假定等方差			-.647	20.113	.525	-.1292	.1995	-.5452	.2868

图10-3 SPSS运用3——结果图

可以看到,**在假定双总体方差相等的情况下**,p值为$0.507 > \alpha = 0.05$,所以不拒绝原假设。即在0.05的显著性水平下,没有足够的证据表明两台机床的加工精度存在显著性差异。同时95%置信区间为$[-0.5242, 0.2659]$。**在假定双总体方差不等的情况下**,p值为$0.525 > \alpha = 0.05$,所以不拒绝原假设。即在0.05的显著性水平下,没有足够的证据表明两台机床的加工精度存在显著性差异。同时95%置信区间为$[-0.5452, 0.2868]$。

二、成对样本 t 检验

1. 输入数据。第一列为第一组样本数据(即为【例10-7】中消费者参加发布会前的消费意愿),第二列为第二组样本数据(即为【例10-7】中消费者参加发布会后的消费意愿)。

2. 执行"分析—比较平均值—成对样本 T 检验"。按组别设置"配对变量"并调整"置信区间百分比"(如图10-4所示)。

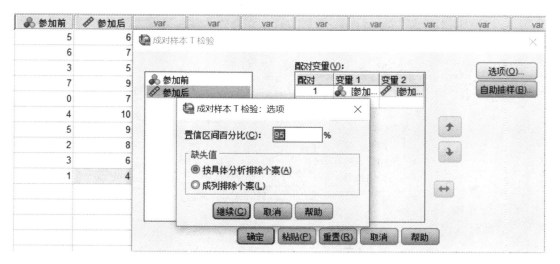

图 10-4　SPSS 运用 4——设置置信度

3. 输出结果(如图 10-5 所示)。

配对样本检验

		配对差值				t	自由度	显著性(双尾)
		平均值	标准差	标准误差平均值	差值 95% 置信区间			
					下限	上限			
配对 1	参加前 - 参加后	-3.500	2.173	.687	-5.055	-1.945	-5.093	9	.001

图 10-5　SPSS 运用 5——结果图

由结果可知,p 值为 $0.001 < \alpha = 0.05$,所以拒绝原假设,即在 0.05 的显著性水平下,有足够的证据证明参加新品发布会前后用户的消费意愿有显著差异。同时 95% 置信区间为 $[-5.055, -1.945]$。

探究与发现

通过上述学习,你是否对"导入"所提出的问题进行了相关思考?是否能够回答上述问题并解决实际生活中的类似问题?

本 章 小 结

本章介绍了双总体参数的推断方法,在不同的条件下,需要选择相匹配的推断方法,并判断相应的推断方法所需要的假设条件是否成立。当所处理的是类别数据时,使用 z 检验进行相应的双总体比例差异性推断。当所处理的是数值数据时,则需判断两组样本数据是独立还是相关,若是相关样本数据,用匹配样本的 t 检验;若是独立样本数据,则需要判断双总体方差是否已知,若已知则用 z 检验,若未知则需要判断方差是否相等,若相等则用同方差 t 检验,若不相等则用非同方差 t 检验。本章思维导图如图 10-6 所示。

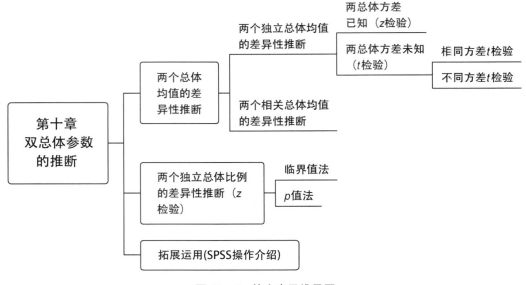

图 10-6 第十章思维导图

本章练习题

一、概念梳理

1. 某厂采用新工艺生产了一种钢丝,现想知道新制作的钢丝的平均抗拉强度是否高于旧工艺生产出来的钢丝抗拉强度。该厂先对新、旧两种工艺下生产出来的钢丝进行随机抽样,得到的钢丝抗拉强度如表 1 所示:

表 1　　　　新旧两种工艺下生产出来的钢丝抗拉强度数据(单位:kg/cm^2)

机　器	新工艺	旧工艺	机　器	新工艺	旧工艺
1	10 776	10 623	4	10 668	10 554
2	10 707	10 581	5	10 666	10 512
3	10 670	10 557			

(1) 写出原假设与备择假设。
(2) 求检验统计量的值。
(3) 在 0.05 的显著性水平下,求临界值。

2. 测得甲和乙两种品牌轿车的首次故障里程数数据如下(单位:km):

   甲品牌:1 200,1 400,1 580,1 700,1 900

   乙品牌:1 100,1 300,1 800,1 800,2 000,2 400

   设甲、乙两个品牌轿车的首次故障里程数的方差相同,在 0.05 的显著性水平下,两种轿车的平均首次故障里程数之间有无显著差异?

   (1) 写出原假设与备择假设。

   (2) 求检验统计量的值。

   (3) 求临界值。

3. 完成表 2,即填为双侧还是单侧,若为单侧请注明是左侧还是右侧。

   表 2　　　　　　　　双总体比例差异性的假设检验的 z 检验

统　计　量	备择假设	拒　绝　域
$z = \dfrac{\bar{p}_1 - \bar{p}_2}{\sqrt{\bar{p}(1-\bar{p})\left(\dfrac{1}{n_1} + \dfrac{1}{n_2}\right)}}$	$\pi_1 \neq \pi_2$	
	$\pi_1 > \pi_2$	
	$\pi_1 < \pi_2$	

二、概念运用

1. 某果酱生产商从其原材料供货商处进购白砂糖,从第一批进货的白砂糖中随机抽出 35 袋,称得其平均重量为 520 g,在一周后又进购了第二批货,从第二批进货的白砂糖中随机抽出 40 袋,称得其平均重量为 525 g。现在该果酱生产商想要通过这两批进货获知这个供货商的货品重量是否保持一致。

   (1) 如果第一批白砂糖重量的总体标准差为 15 g,第二批白砂糖重量的总体标准差为 20 g,在 0.05 的显著性水平下,这两批白砂糖的平均重量是否存在差异?

   (2) 如果这两批白砂糖重量的总体方差均未知但相等,且已知从第一批中抽出的白砂糖重量的标准差为 10 g,从第二批中抽出的白砂糖重量的标准差为 15 g,在 0.05 的显著性水平下,第一批白砂糖的平均重量是否高于第二批白砂糖的平均重量?

   (3) 如果这两批白砂糖重量的总体方差未知且不等,但已知从第一批中抽出的白砂糖重量的标准差为 10 g,从第二批中抽出的白砂糖重量的标准差为 15 g,在 0.05 的显著性水平下,第一批白砂糖的平均重量是否低于第二批白砂糖的平均重量?

   (4) 如果这两批白砂糖重量的总体方差未知且不等,但已知从第一批中抽出的白砂糖重量的标准差为 10 g,从第二批中抽出的白砂糖重量的标准差为 15 g,在 95% 的置信度下,试建立这两批白砂糖的平均重量差异性的置信区间估计。

2. 某果酱生产商为了提高其产品销量，联系了该市四家大型超市的采购员，并向他们展示了该店制作果酱原材料、工艺流程和独特之处的视频，同时对他们观看视频前后的购买意向分别进行了统计，数据信息如表3所示。

表3　　　　　视频展示前后各大超市订购果酱意向信息统计表（单位：千瓶）

超　　市	视频展示之前的订购意向	视频展示之后的订购意向
A	15	25
B	10	15
C	30	45
D	20	22

(1) 在0.1的显著性水平下，视频展示后的超市订购量是否显著高于视频展示前的超市订购量？

(2) 在95%的置信度下，试建立视频展示前后超市订购量差异性的置信区间估计。

3. 某店铺以销售小批量定制商品为主，现该店准备推出一款新首饰，所以预先进行了一次意向征集。在随机抽取的100份意向征集中，发现30位男性用户中有17位有意向购买，70位女性用户中有55位有意向购买。

(1) 在0.05的显著性水平下，男性用户中有意向购买的人数比例是否不低于女性用户中有意向购买的人数比例？

(2) 在95%的置信度下，试建立男性用户中有意向购买的人数比例与女性用户中有意向购买的人数比例差异性的置信区间估计。

三、案例分析

某组织对女企业家进行了一项研究来了解她们对成功的理解，给她们提供了几个备选答案，如快乐/自我实现，销售/利润，成就/挑战。假定以总销售额对女企业家进行定位，共采访了100名总销售额低于100万元的女企业家，她们中有24名将销售/利润定义为成功。随后又采访了95名总销售额在100万元~500万元的女企业家，其中有39名把销售/利润定义为成功。在0.01的显著性水平下，两组女企业家将销售/利润定义为成功的比率是否存在显著性差异？

拓展学习

某银行经理为了减少客户对该银行业务人员的投诉，让该银行的业务人员参加了关于客户服务的培训。现为了检验该培训是否有效,银行经理随机抽取了 5 名员工在培训前后的投诉记录,相关数据如表 4 所示。

表 4　　　　　　　业务人员参加培训前后收到的客户投诉数量(单位：人次)

业务人员	参加培训前收到的客户投诉数量	参加培训后收到的客户投诉数量
1	12	8
2	9	4
3	8	5
4	10	6
5	11	7

(1) 在 0.1 的显著性水平下,业务人员参加培训后收到的客户投诉数量是否少于参加培训前收到的客户投诉数量?

(2) 在 90% 的置信度下,试建立业务人员参加培训前后收到客户投诉数量差异性的置信区间估计。

第十一章

简单线性回归

 本章教学目标

通过本章的学习,学生应当了解如何用最小二乘法求一元线性回归模型,熟悉自变量和因变量之间的线性关系显著性的推断,掌握平均值的置信区间估计和单值的预测区间。

 本章核心概念

相关关系;相关系数;简单线性回归方程;判定系数;估计标准误差

 导入

社会经济飞速发展,商业竞争越演越烈,各种电脑品牌不断崛起。只有让更多的顾客愿意来自己的店消费,即有效提升客流量与营业额,才能在竞争中处于有利地位。基于此,某电脑公司想知道自己旗舰店内的客流量与营业额之间的关系。2019年该店12个月的客流量与营业额的数据统计如表11.1所示。

表 11.1　　某电脑公司旗舰店 2019 年 12 个月客流量与营业额数据表

月 份	客流量(万人)	营业额(千万元)	月 份	客流量(万人)	营业额(千万元)
1	1.7	3.8	7	2.9	4.6
2	3.6	5.9	8	3.2	5.7
3	1.3	3.6	9	3.8	6.0
4	1.2	3.4	10	4.5	6.5
5	5.5	9.6	11	5.2	10.8
6	2.3	4.5	12	3.1	5.2

问题:

(1) 该电脑公司旗舰店 2019 年 12 个月客流量与营业额之间是否有相关关系?

（2）如果（1）中客流量与营业额之间存在相关关系，请问是什么样的相关关系？给出相应的数学模型。

（3）基于（2）的数学模型，假设2021年12月份的客流量为2万人，则该旗舰店的营业额是多少？

（4）如何推断（2）中数学模型里的客流量和营业额之间是否存在显著的相关关系？

想解决这些问题，就需要对简单线性回归的相关知识进行了解，尤其是要学会判断简单线性回归的关系是否存在。

第一节 变量间的关系

研究某些实际问题时往往涉及多个变量，如"导入"中的客流量和营业额收入。在这些变量中，有的变量是研究重点关注的（如营业额收入），称为**因变量**，而其他变量则被视为是影响因变量的因素，称为**自变量**（如客流量）。假定可以用某一模型表达出因变量与自变量之间的关系。那么，可以根据这一模型用给定的自变量来预测因变量，这就是**回归分析**。在回归分析中，若只有一个自变量则称为**一元（简单）回归**，若有多个自变量则称为**多元回归**。若自变量与因变量之间是线性关系，称为**线性回归**；若自变量与因变量之间是非线性关系，则称为**非线性回归**。

一、变量间的关系

建立回归模型时，首先要搞清楚自变量与因变量之间的关系，因而需要解决以下问题：

（1）自变量与因变量之间是否存在关系？

（2）如果存在，是什么样的关系？

（3）它们之间的关系强度如何？

（4）样本所反映的自变量与因变量之间的关系是否能代表总体相应变量之间的关系？

从统计学角度看，变量之间的关系大体上可分为**函数关系**和**相关关系**。函数关系可表示为 $y=f(x)$，即变量 y 的值完全依赖于变量 x 的值。而在实际问题中，有些变量之间的关系并不如函数关系那么确定及精确。例如，"导入"中的客流量与营业额这两个变量之间就不存在完全确定的关系。也就是说，即使两个店的客流量相同，它们的营业额也不一定相同，而营业额相同的两个店，它们的客流量也可能不同。这意味着电脑销售店铺的营业额收入并不只由该店的客流量这一个因素所确定，还受到店员服务态度、商品规格及数量、联合销售能力、陈列方式、促销活动等其他因素的影响。由于影响因变量的因素有多个,所以它们之间的关系具有不确定性。自变量与因变量之间这种不确定的关系称为**相关关系**。

二、用散点图描述变量间的关系

描述变量间相关关系的常用工具是散点图。如果有两个变量 x 和 y,这两个变量的样本数据的容量均为 n,则散点图就是在二维坐标系中画出它们的 n 对数据坐标 (x_i,y_i),并通过这 n 个点的分布及形状或远近等来判断两个变量之间是否存在关系、什么样的关系及关系强度等。一般情况下,变量 x 和 y 有如下六种类型,即回归模型有这六种类型。

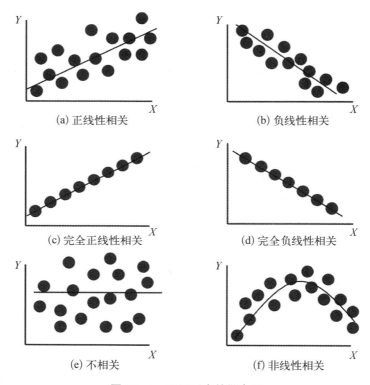

图 11-1 不同形态的散点图

由图 11-1 可知,(a)、(b)两图均为线性相关,即两个变量的观测值分布在某一条直线周围。其中正线性相关表示因变量和自变量有着相同的变化趋势;而负线性相关则表示因变量和自变量有着相反的变化趋势;(c)、(d)两图均为完全线性相关,即两个变量的观测值分布在某一条直线上,也就是通常所说的函数关系;(e)图为不相关,即因变量和自变量没有任何关系,也就是说任意一个变量的改变都不会影响到另外一个变量的改变。(f)图为非线性相关,即两个变量的观测值分布在某一条曲线周围。

【例 11-1】请对表 11.1 中的客流量与营业额画出相应的散点图。

解： 表 11.1 中的客流量与营业额的散点图如下所示：

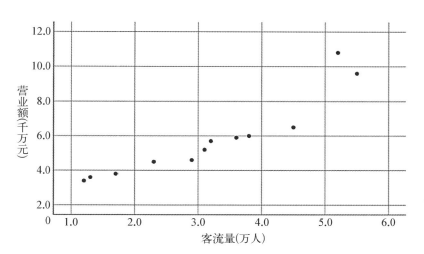

图 11‑2　客流量和营业额的散点图

从散点图可以看出，随着客流量的增加，营业额也随之增加，两个变量的数据点分布在一条直线的周围，所以两者之间具有正线性相关关系。

三、用相关系数度量关系强度

散点图可以用来判断两个变量之间是否存在相关关系，并能够大体可视化地表达出两个变量之间的关系形态。但如果要精确量化两个变量之间的关系强度，则需用到相关系数。

相关系数是量化两个变量间线性关系强度的统计量，样本的相关系数记为 r，其公式如下：

$$r = \frac{\sum_{i=1}^{n}(x_i - \bar{x})(y_i - \bar{y})}{\sqrt{\sum_{i=1}^{n}(x_i - \bar{x})^2 \cdot \sum_{i=1}^{n}(y_i - \bar{y})^2}} \tag{11.1}$$

按式(11.1)计算的相关系数也称为皮尔逊相关系数。

计算该相关系数时，需要满足下面两个条件：

（1）假定两个变量之间存在线性关系，且两个变量服从一个联合的双变量正态分布。

（2）样本数据中应去掉极端值，否则会对相关系数有较大影响。

相关系数具有以下四个性质：

（1）r 的取值范围为 $-1 \leqslant r \leqslant 1$。$r > 0$ 表明 x 与 y 之间是正线性相关关系；$r < 0$ 表明 x 与 y 之间是负线性相关关系，$r = 0$ 表明 x 与 y 之间没有线性相关关系，但并不能排除 x 和 y 之间可能存在其他关系；$|r| = 1$ 表明 x 与 y 之间是完全线性相关关系（即函

数关系），其中 $r=1$ 表示 x 与 y 之间是完全正线性相关关系，$r=-1$ 表示 x 与 y 之间是完全负线性相关关系。当 $|r|$ 较大时，表明 x 和 y 相关程度较高；当 $|r|$ 较小时，表明 x 和 y 相关程度较低。

（2）r 具有对称性，即 $r_{xy}=r_{yx}$。

（3）r 是一个比值，其大小与 x 和 y 的尺度及位置无关，即如果平移 x 和 y 数据点的位置或者改变它们的尺度，r 值都不会改变。

（4）r 值只能表明两个变量之间的相关关系，却不能表明两个变量之间的因果关系。

【例 11-2】 请给出表 11.1 中营业额与客流量之间的相关系数。

解：设 x 为客流量，y 为营业额。

$$\bar{x}=\frac{\sum_{i=1}^{n}x_i}{n}=\frac{1.7+3.6+\cdots+3.1}{12}\approx 3.191\,7$$

$$\bar{y}=\frac{\sum_{i=1}^{n}y_i}{n}=\frac{3.8+5.9+\cdots+5.2}{12}=5.8$$

$$r=\frac{\sum_{i=1}^{n}(x_i-\bar{x})(y_i-\bar{y})}{\sqrt{\sum_{i=1}^{n}(x_i-\bar{x})^2\cdot\sum_{i=1}^{n}(y_i-\bar{y})^2}}$$

$$=\frac{(1.7-3.191\,7)\times(3.8-5.8)+\cdots+(3.1-3.191\,7)\times(5.2-5.8)}{\sqrt{[(1.7-3.191\,7)^2+\cdots+(3.1-3.191\,7)^2]\times[(3.8-5.8)^2+\cdots+(5.2-5.8)^2]}}$$

$$\approx 0.928$$

由 r 值可知，本例中的客流量与营业额之间存在较强的正线性相关关系。

第二节 简单线性回归模型的估计和推断

一、一元线性回归模型

当回归分析中只涉及一个自变量 x 且因变量 y 与自变量 x 之间为线性关系时称为一元线性回归，可以用一个线性方程来表示因变量 y 与自变量 x 之间的关系。描述因变量 y 如何依赖于自变量 x 和误差项 ε 的方程称为回归模型，只涉及一个自变量的**一元线性回归模型**可表示为：

$$y_i=\beta_0+\beta_1 x_i+\varepsilon_i \tag{11.2}$$

在式（11.2）中，β_0 和 β_1 称为模型的参数，一元线性回归模型可用图 11-3 表示。

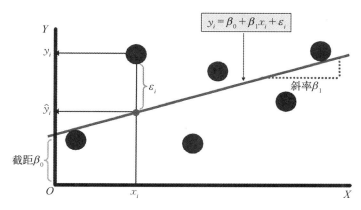

图 11-3 一元线性回归模型图

由式(11.2)可以看出,在一元线性回归模型中,y 是 x 的线性函数($\beta_0+\beta_1 x$ 部分)再加上误差项 ε。$\beta_0+\beta_1 x$ 反映的是 y 如何随 x 变化而变化;ε 则反映的是除变量 x 之外的其他随机因素对 y 的影响,对于误差项 ε 需要满足以下三个条件:

(1) 正态性。ε 是服从正态分布的随机变量,其期望值为 0,即 $E(\varepsilon)=0$。

(2) 方差齐性。对于任意 x 值,ε 具有相同的方差 σ^2,即对于特定的 x 值,y 的方差均为 σ^2。

(3) 独立性。对于任意两个不同的 x 值,它们所对应的误差项均不相关。

二、一元线性回归方程

由于一元线性回归模型中的参数 β_0 和 β_1 是未知的,所以需要用样本数据去估计。当用样本统计量 $\hat{\beta}_0$ 和 $\hat{\beta}_1$ 估计一元线性回归模型中的参数 β_0 和 β_1 时,就得到了估计的一元线性回归方程:

$$\hat{y}_i = \hat{\beta}_0 + \hat{\beta}_1 x_i \tag{11.3}$$

其中,$\hat{\beta}_0$ 是估计的一元线性回归直线在 y 轴上的**截距**,它表示 x 取零值时所对应的 y 值;$\hat{\beta}_1$ 是估计的一元线性回归直线的**斜率**,也称为**回归系数**,它表示 x 每变动一个单位时相应的 y 的变化量;$\hat{x}_i$ 是自变量 x 的第 i 个观测值;$\hat{y}$ 是自变量 x 取第 i 个观测值时所对应的估计值。

三、最小二乘法

针对 x 值和 y 值的散点图,可以发现视觉上用于描述两者之间关系的直线有多条(如图 11-2),究竟哪条直线最适合代表两个变量之间的关系呢?直观上会想到距离各观测值最近的那条直线是最好的选择,即它代表的 x 与 y 之间的关系和实际数据的误差比其他直线都小。德国科学家高斯(Karl Gauss)提出用**最小二乘法**来估计一元线性回归模型中的两个参数 β_0 和 β_1,该方法的思想是最小化因变量的观测值 y_i 与估计

值 $\hat{y}_i$ 之间的离差平方和,以此来估计 β_0 和 β_1,因此也称为参数的**最小二乘估计**(如图 11-4 所示)。

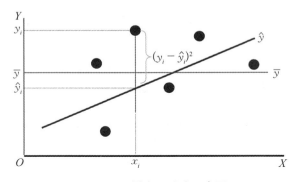

图 11-4 最小二乘法示意图

最小二乘法广泛用于回归模型参数的估计,是因为它具有以下优良性质:首先,根据最小二乘法得到的回归直线虽然不能保证就是拟合数据的最佳直线,但能使离差平方和达到最小,这也是与数据良好拟合的直线应有的性质;其次,由最小二乘法求得的回归方程可知参数 β_0 和 β_1 的估计量的抽样分布;最后,在一定条件下,与其他估计量相比,β_0 和 β_1 的最小二乘估计量的抽样分布具有比较小的标准差。

根据最小二乘法,有

$$\min \sum_{i=1}^{n} (y_i - \hat{y}_i)^2 = \min \sum_{i=1}^{n} (y_i - \hat{\beta}_0 - \hat{\beta}_1 x_i)^2 \tag{11.4}$$

根据微积分的极值定理,对式(11.4)中的 $\hat{\beta}_0$ 和 $\hat{\beta}_1$ 求偏导数,并令其等于 0,便可求出 $\hat{\beta}_0$ 和 $\hat{\beta}_1$,即

$$\begin{cases} \dfrac{\partial \sum_{i=1}^{n}(y_i - \hat{y}_i)^2}{\partial \beta_0} \bigg|_{\beta_0 = \hat{\beta}_0} = -2\sum_{i=1}^{n}(y_i - \hat{\beta}_0 - \hat{\beta}_1 x_i) = 0 \\ \dfrac{\partial \sum_{i=1}^{n}(y_i - \hat{y}_i)^2}{\partial \beta_1} \bigg|_{\beta_1 = \hat{\beta}_1} = -2\sum_{i=1}^{n} x_i(y_i - \hat{\beta}_0 - \hat{\beta}_1 x_i) = 0 \end{cases} \tag{11.5}$$

对上述方程组求解可得:

$$\begin{cases} \hat{\beta}_1 = \dfrac{\sum_{i=1}^{n}(x_i - \bar{x})(y_i - \bar{y})}{\sum_{i=1}^{n}(x_i - \bar{x})^2} \\ \hat{\beta}_0 = \bar{y} - \hat{\beta}_1 \bar{x} \end{cases} \tag{11.6}$$

对截距 $\hat{\beta}_0$ 通常不作实际意义上的解释(仅 $x=0$ 时有意义)。

【例11-3】请基于表11.1中营业额与客流量的数据,完成以下任务:
(1) 给出线性回归方程。
(2) 画出相应的回归直线。
(3) 对 $\hat{\beta}_1$ 进行释义。

解:

(1) 设 x 为客流量,y 为营业额。

$$\bar{x} = \frac{\sum_{i=1}^{n} x_i}{n} = \frac{1.7 + 3.6 + \cdots + 3.1}{12} \approx 3.1917$$

$$\bar{y} = \frac{\sum_{i=1}^{n} y_i}{n} = \frac{3.8 + 5.9 + \cdots + 5.2}{12} = 5.8$$

$$\hat{\beta}_1 = \frac{\sum_{i=1}^{n}(x_i - \bar{x})(y_i - \bar{y})}{\sum_{i=1}^{n}(x_i - \bar{x})^2}$$

$$= \frac{(1.7 - 3.1917) \times (3.8 - 5.8) + \cdots + (3.1 - 3.1917) \times (5.2 - 5.8)}{(1.7 - 3.1917)^2 + \cdots + (3.1 - 3.1917)^2}$$

$$\approx 1.499$$

$$\hat{\beta}_0 = \bar{y} - \hat{\beta}_1 \bar{x} = 5.8 - 1.499 \times 3.1917 \approx 1.016$$

所以客流量与营业额的一元线性回归方程为 $\hat{y}_i = 1.016 + 1.499 x_i$。

(2) 相应的回归直线如下图所示:

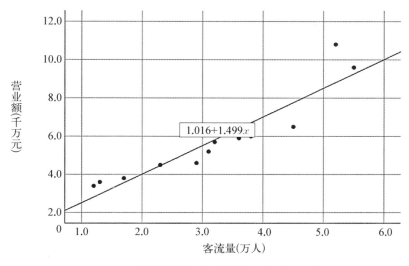

图 11-5 客流量与营业额的线性回归方程示意图

(3) $\hat{\beta}_1$ 的解释是：该旗舰店内的客流量每增加 1 万人时，该店的营业额会增加 1.499 千万元。

得到一元线性回归方程，就可以用它进行预测，即把自变量 x 的值代入方程就可以得到相应的 y 的预测值。

【例 11-4】 在本章"导入"的案例中，假设 2021 年 12 月份的客流量为 2 万人，则该旗舰店的营业额会是多少？

解： $\hat{y}_i = 1.016 + 1.499 \times 2 = 4.014$

则该旗舰店 2021 年 12 月份的营业额会是 4.014 千万元。

四、回归方程的拟合优度

用回归方程进行预测，预测的精度取决于回归方程对观测值的拟合程度。评价拟合优度有两个重要统计量，分别是判定系数和估计标准误差。

（一）判定系数

判定系数度量的是回归方程对观测值的拟合程度。为了说明其含义，先要介绍一下变差。对任意一个具体的观测数据来说，变差可定义为实际观测值 y 与其均值 $\bar{y}$ 之差，即为 $y - \bar{y}$（如图 11-6 所示）。

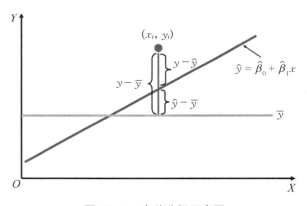

图 11-6 变差分解示意图

变差的来源有两个：一是自变量 x 的取值不同；二是除 x 以外的其他随机因素。而 n 个观测值的总变差为 SST，即 $SST = \sum_{i=1}^{n}(y_i - \bar{y})^2$，也称为总平方和。

由图 11-6 可知，每个观测值的离差均可分解为：$y - \bar{y} = (y - \hat{y}) + (\hat{y} - \bar{y})$，两边平方并对所有 n 个点求和，有

$$\sum_{i=1}^{n}(y_i - \bar{y})^2 = \sum_{i=1}^{n}(y_i - \hat{y}_i)^2 + \sum_{i=1}^{n}(\hat{y}_i - \bar{y})^2 + 2\sum_{i=1}^{n}(y_i - \hat{y}_i)(\hat{y}_i - \bar{y}) \quad (11.7)$$

可以证明，$\sum_{i=1}^{n}(y_i-\hat{y}_i)(\hat{y}_i-\bar{y})=0$，因此可得

$$\sum_{i=1}^{n}(y_i-\bar{y})^2=\sum_{i=1}^{n}(y_i-\hat{y}_i)^2+\sum_{i=1}^{n}(\hat{y}_i-\bar{y})^2 \tag{11.8}$$

式(11.8)的左边即为总平方和 SST，右边被分解为两部分：$\sum_{i=1}^{n}(\hat{y}_i-\bar{y})^2$ 称为回归平方和，记为 SSR；$\sum_{i=1}^{n}(y_i-\hat{y}_i)^2$ 称为残差平方和，记为 SSE。回归平方和 SSR 反映的是由回归直线解释的 y_i 的变差部分，残差平方和 SSE 反映的是不能由回归直线来解释的 y_i 的变差部分。三个平方和的关系为：

$$SST = SSR + SSE \tag{11.9}$$

从图 11-6 可以直观地看出，回归直线拟合观测值的好坏程度取决于回归平方和 SSR 占总平方和 SST 的比例 $\dfrac{SSR}{SST}$ 的大小，其称为判定系数，记为 R^2，其计算公式为：

$$R^2=\dfrac{SSR}{SST}=\dfrac{\sum_{i=1}^{n}(\hat{y}_i-\bar{y})^2}{\sum_{i=1}^{n}(y_i-\bar{y})^2} \tag{11.10}$$

$\dfrac{SSR}{SST}$ 越大，直线拟合得越好；$\dfrac{SSR}{SST}$ 越小，则直线拟合得越差。

在一元线性回归中，判定系数 R^2 是相关系数 r 的平方。$|r|$ 越接近 1，说明回归方程拟合观测数据的程度就越高，但用 r 表明回归方程的拟合优度需慎重，因为 $|r|\leqslant 1$，所以 $|r|>R^2$（除非 $r=0$ 或 $|r|=1$）。例如，当 $|r|=0.6$ 时，表面上看似乎 x 与 y 已经很相关了，但 $R^2=0.36$，这表明 y 的变差的 36% 来自自变量 x，拟合优度并不好。$|r|=0.7$ 才能解释 y 的将近一半的变差，$|r|<0.3$ 意味着只有很少一部分 y 的变差可由回归方程来解释。

【例 11-5】 请针对【例 11-3】的回归方程计算判定系数，并对其进行解释。

解：根据表 11.1 计算可得 $\bar{y}=\dfrac{\sum_{i=1}^{n}y_i}{n}=\dfrac{3.8+5.9+\cdots+5.2}{12}=5.8$

表 11.2　**某电脑公司旗舰店 2019 年 12 个月客流量与营业额数据的计算表**

月　份	客流量 x（万人）	营业额 y（千万元）	$\hat{y}$	$\hat{y}-\bar{y}$	$y-\bar{y}$
1	1.7	3.8	3.564 3	−2.235 7	−2
2	3.6	5.9	6.412 4	0.621 4	0.1

(续表)

月 份	客流量 x(万人)	营业额 y(千万元)	$\hat{y}$	$\hat{y}-\bar{y}$	$y-\bar{y}$
3	1.3	3.6	2.964 7	−2.835 3	−2.2
4	1.2	3.4	2.814 8	−2.985 2	−2.4
5	5.5	9.6	9.260 5	3.460 5	3.8
6	2.3	4.5	4.463 7	−1.336 3	−1.3
7	2.9	4.6	5.363 1	−0.436 9	−1.2
8	3.2	5.7	5.812 8	0.012 8	−0.1
9	3.8	6.0	6.712 2	0.912 2	0.2
10	4.5	6.5	7.761 5	1.961 5	0.7
11	5.2	10.8	8.810 8	3.010 8	5
12	3.1	5.2	5.662 9	−0.137 1	−0.6

$$R^2=\frac{SSR}{SST}=\frac{\sum_{i=1}^{n}(\hat{y}_i-\bar{y})^2}{\sum_{i=1}^{n}(y_i-\bar{y})^2}=\frac{(-2.235\ 7)^2+0.621\ 4^2+\cdots+(-0.137\ 1)^2}{(-2)^2+0.1^2+\cdots+(-0.6)^2}$$

$$\approx\frac{50.038\ 8}{58.08}\approx 0.862$$

由 R^2 的取值可知,该电脑公司旗舰店营业额中的 86.2% 可以由客流量来决定。

(二) 估计标准误差

估计标准误差即为残差平方和的均方根,也称为残差的标准差,记为 s_e,其计算公式如下所示:

$$s_e=\sqrt{\frac{\sum_{i=1}^{n}(y_i-\hat{y}_i)^2}{n-2}}=\sqrt{\frac{SSE}{n-2}} \qquad (11.11)$$

s_e 反映的是各观测值离回归直线的波动程度。具体来说,各观测值离回归直线越近,代表回归直线拟合各观测值越好,此时 s_e 就越小,因而用该回归方程进行预测也就越准确;各观测值离回归直线越远,则代表回归直线拟合各观测值越差,此时 s_e 就越大,因而用该回归方程进行预测也就越不准确;若各观测值全部落在该回归直线上,则 $s_e=0$,此时意味着用自变量来预测因变量是没有误差的。同时,s_e 也可以看作是对一元线性回归模型里的误差项ε的标准差σ的估计,它反映的是用回归方程进行预测时的预测误差。

【例 11-6】 请针对【例 11-3】的回归方程计算估计标准误差,并对其进行解释。

解:

表 11.3　　某电脑公司旗舰店 2019 年 12 个月客流量与营业额数据计算表

月　份	客流量 x(万人)	营业额 y(千万元)	$\hat{y}$	$y-\hat{y}$
1	1.7	3.8	3.564 3	0.235 7
2	3.6	5.9	6.412 4	−0.512 4
3	1.3	3.6	2.964 7	0.635 3
4	1.2	3.4	2.814 8	0.585 2
5	5.5	9.6	9.260 5	0.339 5
6	2.3	4.5	4.463 7	0.036 3
7	2.9	4.6	5.363 1	−0.763 1
8	3.2	5.7	5.812 8	−0.112 8
9	3.8	6.0	6.712 2	−0.712 2
10	4.5	6.5	7.761 5	−1.261 5
11	5.2	10.8	8.810 8	1.989 2
12	3.1	5.2	5.662 9	−0.462 9

$$s_e = \sqrt{\frac{\sum_{i=1}^{n}(y_i-\hat{y}_i)^2}{n-2}} = \sqrt{\frac{\text{SSE}}{n-2}} = \sqrt{\frac{0.235\,7^2+(-0.512\,4)^2+\cdots+(-0.462\,9)^2}{12-2}}$$
$$\approx 0.897$$

通过表 11.3 计算出的标准误差 $s_e=0.897$。其实际意义是:根据客流量来预测营业额时,平均的预测误差为 0.897 千万元。

五、线性关系的推断

在建立简单线性回归模型之前是假定 x 与 y 之间存在线性关系,但这个假定是否成立需进行推断,下面对线性关系的假设检验进行介绍。由于在一元线性回归中只有一个自变量,因此线性关系检验与回归系数检验是等价的(在多元线性回归中这两种检验不是等价的)。

(一) 线性关系的 t 检验

线性关系的 t 检验用于检验自变量对因变量是否会产生显著影响。其检验假设为:

$$H_0: \beta_1 = 0 \text{(自变量对因变量的影响不显著)}$$

$$H_1: \beta_1 \neq 0 \text{(自变量对因变量的影响显著)}$$

在原假设成立的条件下,$\hat{\beta}_1 - \beta_1 = \hat{\beta}_1$,因此检验统计量为:

$$t = \frac{\hat{\beta}_1}{s_{\hat{\beta}_1}} \sim t(n-2) \tag{11.12}$$

其中

$$s_{\hat{\beta}_1} = \frac{s_e}{\sqrt{SSX}} \tag{11.13}$$

式(11.13)中

$$SSX = \sum_{i=1}^{n}(x_i - \bar{x})^2 \tag{11.14}$$

【例 11-7】 在 0.05 的显著性水平下检验【例 11-2】中回归方程线性关系的显著性。

解:

$$H_0: \beta_1 = 0$$

$$H_1: \beta_1 \neq 0$$

由【例 11-6】可知,$s_e = 0.897$,且由表 11.1 中的样本数据可得

$$\bar{x} = \frac{\sum_{i=1}^{n} x_i}{n} = \frac{1.7 + 3.6 + \cdots + 3.1}{12} \approx 3.1917$$

所以,

$$\begin{aligned}
SSX &= \sum_{i=1}^{n}(x_i - \bar{x})^2 \\
&= (1.7 - 3.1917)^2 + (3.6 - 3.1917)^2 + \cdots + (3.1 - 3.1917)^2 \\
&\approx 22.2692
\end{aligned}$$

$$s_{\hat{\beta}_1} = \frac{s_e}{\sqrt{SSX}} = \frac{0.897}{\sqrt{22.2692}} \approx 0.1901$$

因而,

$$t = \frac{\hat{\beta}_1}{s_{\hat{\beta}_1}} = \frac{1.499}{0.1901} \approx 7.8853$$

因为 $\alpha = 0.05$，$df = 10$，且此假设检验为双侧的，查 t 表可得临界值为 ± 2.2281。

因为 $7.8853 > 2.2281$，所以拒绝 H_0。

因而有足够的证据表明【例 11-2】中回归方程线性关系的显著性，即该电脑旗舰店的客流量与营业额之间存在显著的线性关系。

(二) 线性关系的 F 检验

除了线性关系的 t 检验，F 检验也可用于检验自变量对因变量是否会产生显著影响。检验统计量如下所示：

$$F = \frac{SSR/1}{SSE/(n-2)} = \frac{MSR}{MSE} \sim F(1, n-2) \tag{11.15}$$

SSR 的自由度是自变量的个数 k，由于一元线性回归中的自变量只有一个，所以 SSR 的相应的自由度为 1，将 SSR 除以自由度 1 后得到回归均方，记为 MSR；SSE 的自由度为 $n-k-1$，所以一元线性回归中其相应的自由度为 $n-2$，将 SSE 除以其自由度 $(n-2)$ 得到残差均方，记为 MSE，则比值 $\frac{MSR}{MSE}$ 的抽样分布服从分子自由度为 1、分母自由度为 $(n-2)$ 的 F 分布。

【例 11-8】 在 0.05 的显著性水平下检验【例 11-2】中回归方程线性关系的显著性 (请用 F 检验统计量)。

解：

$$H_0: \beta_1 = 0$$
$$H_1: \beta_1 \neq 0$$

由【例 11-5】的计算可知，$SSR = 50.0388$，$SST = 58.08$

由式 (11.9) 可知，

$$SSE = SST - SSR = 58.08 - 50.0388 = 8.0412$$

所以，

$$F = \frac{SSR/1}{SSE/(n-2)} = \frac{MSR}{MSE} = \frac{50.0388/1}{8.0412/(12-2)} \approx 62.2284$$

由于 $\alpha = 0.05$，$df_1 = 1$，$df_2 = 10$，查表得，临界值 $F_U = F_{0.05, 1, 10} = 4.96$。

因为 $F = 62.2284 > 4.96 = F_U$，所以拒绝 H_0。

因而有足够的证据表明【例 11-2】中回归方程线性关系的显著性，即该电脑旗舰店的客流量与营业额之间存在显著的线性关系。

(三) 线性关系的置信区间估计

除对线性回归系数进行假设检验外，还可对其进行置信区间估计。回归系数 β_1 在 $1-\alpha$ 置信水平下的置信区间为：

$$\hat{\beta}_1 \pm t_{\alpha/2, n-2} \frac{s_e}{\sqrt{SSX}} \tag{11.16}$$

其中，β_1 的置信区间表示：当自变量 x 每变动一个单位时，因变量 y 的平均变动量为 $\hat{\beta}_1 - t_{\alpha/2, n-2} \frac{s_e}{\sqrt{SSX}} \sim \hat{\beta}_1 + t_{\alpha/2, n-2} \frac{s_e}{\sqrt{SSX}}$ 单位。

【例 11-9】 在 95% 的置信度下，对【例 11-2】中回归方程线性关系 β_1 建立置信区间估计，并对其进行解释。

解： 在 95% 的置信度下，$t_{\alpha/2, n-2} = \pm 2.2281$

由【例 11-6】可知，$s_e = 0.897$

由表 11.1 的样本数据可得，

$$\bar{x} = \frac{\sum_{i=1}^{n} x_i}{n} = \frac{1.7 + 3.6 + \cdots + 3.1}{12} \approx 3.1917$$

所以，

$$SSX = \sum_{i=1}^{n}(x_i - \bar{x})^2$$
$$= (1.7 - 3.1917)^2 + (3.6 - 3.1917)^2 + \cdots + (3.1 - 3.1917)^2$$
$$\approx 22.2692$$

$$\frac{s_e}{\sqrt{SSX}} = \frac{0.897}{\sqrt{22.2692}} \approx 0.1901$$

因而，

$$\hat{\beta}_1 \pm t_{\alpha/2, n-2} \frac{s_e}{\sqrt{SSX}} = 1.499 \pm 2.2281 \times 0.1901$$
$$\approx 1.499 \pm 0.4236$$

因此，

$$1.0754 \leqslant \beta_1 \leqslant 1.9226$$

在 95% 的置信度下，β_1 的置信区间估计为 1.0754～1.9226，即当客流量每增加 1 万人时，营业额的平均变动量为 1.0754 千万元～1.9226 千万元。

第三节 用简单线性回归方程进行预测

简单线性回归分析的主要目的是针对给定的自变量,根据所建立的简单线性回归方程来预测因变量。对于任意给定的 x_0 值,得到相应的预测值 $\hat{y}_0$ 称为点估计,以此可建立因变量 y 的置信区间估计。区间估计包括两种类型:均值的置信区间估计和单个预测值的置信区间估计。

一、均值的置信区间估计

均值的置信区间估计是指对于任意给定值 x_0 求出的相应的 y 值的均值的置信区间。例如,在【例 11-3】中,根据客流量与营业额得到的简单线性回归方程为 $\hat{y}_i = 1.016 + 1.499 x_i$,求出客流量为 2 万人时相应的营业额的均值的置信区间估计。

对于任意给定值 x_0,相应的因变量 y 的取值 y_0(有时为多个取值,可理解为变量)的期望值为 $E(y_0)$。当 $x = x_0$ 时,$\hat{y}_0 = \hat{\beta}_0 + \hat{\beta}_1 x_0$ 就是 $E(y_0)$ 的点估计值。一般来说,$\hat{y}_0$ 并不等于 $E(y_0)$,因此需用 $\hat{y}_0$ 推断 $E(y_0)$ 的区间。根据第八章所讲的置信区间估计的原理,$E(y_0)$ 的置信区间估计等于点估计值±边际误差,即 $\hat{y}_0 \pm \delta$。δ 是由给定的置信度得到的分位数值(即为临界值)和点估计量($\hat{y}_0$)的标准误差(记为 $s_{\hat{y}_0}$)构成的。统计证明,$s_{\hat{y}_0}$ 的计算公式为:

$$s_{\hat{y}_0} = s_e \sqrt{\frac{1}{n} + \frac{(x_0 - \bar{x})^2}{SSX}} \tag{11.17}$$

其中,$SSX = \sum_{i=1}^{n}(x_i - \bar{x})^2$。

因此,对于给定的 x_0,均值 $E(y_0)$ 在 $1-\alpha$ 置信水平下的置信区间估计为:

$$\hat{y}_0 \pm t_{\alpha/2, n-2} s_e \sqrt{\frac{1}{n} + \frac{(x_0 - \bar{x})^2}{SSX}} \tag{11.18}$$

由式(11.18)可知,x_0 偏离 $\bar{x}$ 越远,$E(y_0)$ 的置信区间就越宽,估计的效果就越不好。

【例 11-10】在本章"导入"的案例中,假设客流量为 2 万人。在 95% 的置信度下,该旗舰店的平均营业额的置信区间估计是多少?

解:在 95% 的置信度下,$t_{\alpha/2, n-2} = t_{0.025, 10} = \pm 2.2281$。

由【例 11-3】可知,客流量与营业额的一元线性回归方程为 $\hat{y}_i = 1.016 + 1.499 x_i$,则当 $x_0 = 2$ 时,$\hat{y}_0 = 4.014$。

由【例 11-6】可知,$s_e = 0.897$

由表 11.1 的样本数据可得,

$$\bar{x} = \frac{\sum_{i=1}^{n} x_i}{n} = \frac{1.7 + 3.6 + \cdots + 3.1}{12} \approx 3.1917$$

所以，

$$\begin{aligned} SSX &= \sum_{i=1}^{n}(x_i - \bar{x})^2 \\ &= (1.7 - 3.1917)^2 + (3.6 - 3.1917)^2 + \cdots + (3.1 - 3.1917)^2 \\ &\approx 22.2692 \end{aligned}$$

因而，

$$\hat{y}_0 \pm t_{\alpha/2,\,n-2} s_e \sqrt{\frac{1}{n} + \frac{(x_0 - \bar{x})^2}{SSX}} = 4.014 \pm 2.2281 \times 0.897 \times \sqrt{\frac{1}{12} + \frac{(2 - 3.1917)^2}{22.2692}}$$

$$\approx 4.014 \pm 0.7666$$

因此，

$$3.2474 \leqslant E(y_0) \leqslant 4.7806$$

在 95% 的置信度下，$E(y_0)$ 的置信区间估计为 3.2474~4.7806，即当客流量为 2 万人时，该旗舰店的平均营业额的置信区间估计为 3.2474 千万元~4.7806 千万元。

二、单值的预测区间估计

单值的预测区间估计是指对于任意给定值 x_0 求出的相应的 y 值的置信区间估计。例如，在前面的例子中，目的不是想估计客流量为 2 万人时营业额均值的区间，而只是想得到客流量为 2 万人时相应的营业额的置信区间估计，这个区间就是单值的预测区间估计。

根据置信区间估计的原理，y 的单值的预测区间估计等于点估计值 ± 边际误差，即 $\hat{y}_0 \pm \delta$。δ 是由给定的置信度得到的分位数值（即为临界值）和点估计量（$\hat{y}_0$）的标准误差（记为 s_{ind}）构成的。统计证明，s_{ind} 的计算公式为：

$$s_{ind} = s_e \sqrt{1 + \frac{1}{n} + \frac{(x_0 - \bar{x})^2}{SSX}} \tag{11.19}$$

其中，$SSX = \sum_{i=1}^{n}(x_i - \bar{x})^2$。

因此，对于给定的 x_0，y 的单个预测值 y_0 在 $1-\alpha$ 置信水平下的预测区间为：

$$\hat{y}_0 \pm t_{\alpha/2,\,n-2} s_e \sqrt{1 + \frac{1}{n} + \frac{(x_0 - \bar{x})^2}{SSX}} \tag{11.20}$$

与式(11.17)相比,式(11.19)的根号内多了一个1。因此,即使是对同一个 x_0,这两个区间的宽度也是不一样的,预测区间要比置信区间宽一些。图 11-7 为这两个区间估计的示意图。

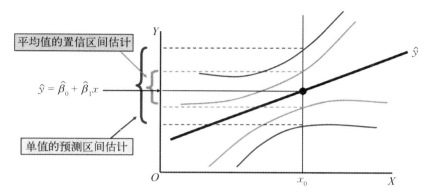

图 11-7　均值的置信区间估计和单值的预测区间估计的示意图

从图 11-7 可以直观地看出,两个区间的宽度并不一致,相比较而言,y 的单值预测区间要更宽一些。这表明,估计 y 的均值比预测 y 的单值更准确一些。

第四节　拓展运用(SPSS 操作介绍)

一、制作散点图

【例 11-11】现在有一家售卖冰箱的店铺决定售卖 G 品牌的冰箱。在销售过程中,该店铺发现购买者年龄对冰箱销售额会产生影响。为了验证这两者之间的关系,该店铺随机抽取了 10 个样本进行分析,相关数据如表 11.4 所示。

表 11.4　　　　　　　　　购买者年龄和购买冰箱金额数据表

年龄(岁)	购买冰箱金额(元)	年龄(岁)	购买冰箱金额(元)
21	3 100	25	3 670
22	4 300	35	4 320
23	4 210	37	2 135
21	3 501	36	2 640
34	2 604	28	4 560

1. 输入数据(如图 11-8 所示)。
2. 执行"图形—旧对话框—散点图/点图"(如图 11-9 所示)。

图 11-8 SPSS 运用 1——输入数据　　图 11-9 SPSS 运用 2——绘制散点图

3. 打开"散点图/点图",然后选择"简单散点图"(如图 11-10 所示)。

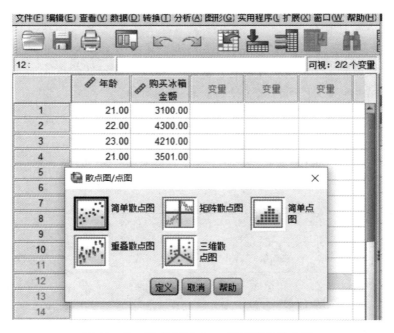

图 11-10 SPSS 运用 3——选择相应散点图

4. 输入定义的因变量和自变量(如图 11-11 所示),点击"确认"就可以得到散点图(如图 11-12 所示)。

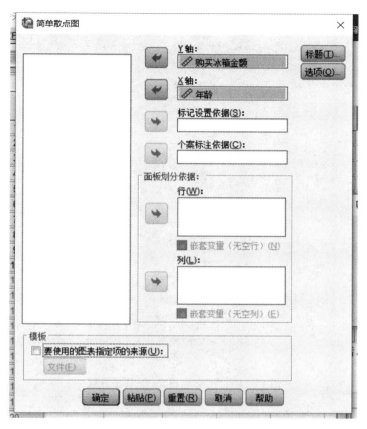

图 11-11　SPSS 运用 4——确定散点图的 xy 轴

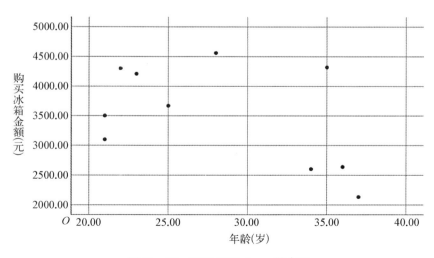

图 11-12　SPSS 运用 5——散点图

二、简单线性回归模型的估计和推断

1. 执行"分析—回归—线性"(如图 11-13 所示)。

图 11-13　SPSS 运用 6——线性分析

2. 选取因变量和自变量(如图 11-14 所示)。

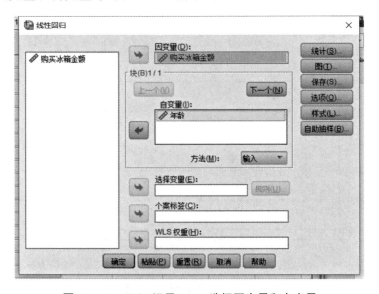

图 11-14　SPSS 运用 7——选择因变量和自变量

3. 点击"统计"按钮,若需进行线性关系的置信区间估计,勾选"回归系数"中的"置信区间",设置置信度(如95%),随后点击"继续"(如图11-15所示)。

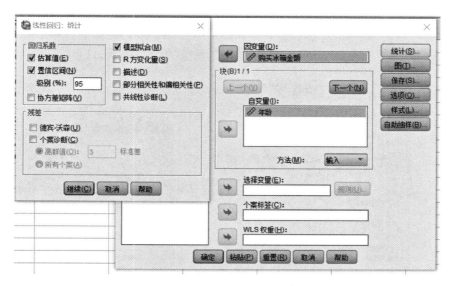

图 11-15　SPSS 运用 8——简单线性回归过程展示

4. 点击"确定",输出结果(如图 11-16 所示)。

模型摘要

模型	R	R方	调整后R方	标准估算的错误
1	.488[a]	.238	.143	788.83659

a. 预测变量:(常量),年龄

ANOVA[a]

模型		平方和	自由度	均方	F	显著性
1	回归	1556376.700	1	1556376.700	2.501	.152[b]
	残差	4978105.300	8	622263.162		
	总计	6534482.000	9			

a. 因变量:购买冰箱金额
b. 预测变量:(常量),年龄

系数[a]

模型		未标准化系数		标准化系数	t	显著性	B 的95.0%置信区间	
		B	标准错误	Beta			下限	上限
1	(常量)	5268.344	1143.160		4.609	.002	2632.212	7904.476
	年龄	-62.565	39.561	-.488	-1.582	.152	-153.793	28.662

a. 因变量:购买冰箱金额

图 11-16　SPSS 运用 9——简单线性回归分析结果图

5. 结果分析："模型摘要"表格给出了相关系数"R"和判定系数"R 方";"ANOVA"表格给出了线性关系显著性 F 检验的结果;"系数"表格给出了一元线性回归方程的截距、斜率、标准误差、线性关系显著性 t 检验的结果和截距以及斜率的置信区间估计。

6. 若需进行预测,在选定因变量和自变量以后,点击右边的"保存"按钮,在随之出现的图中左边部分的"预测值"中勾选"未标准化",点击"继续"(如图 11-17 所示)。

图 11-17　SPSS 运用 10——进行预测的过程展示

7. 点击"确定"按钮,输出结果"PRE_1"这一列即为预测值(如图 11-18 所示)。

年龄	购买冰箱金额	PRE_1
21.00	3100.00	3954.47082
22.00	4300.00	3891.90543
23.00	4210.00	3829.34004
21.00	3501.00	3954.47082
34.00	2604.00	3141.12072
25.00	3670.00	3704.20926
35.00	4320.00	3078.55533
37.00	2135.00	2953.42455
36.00	2640.00	3015.98994
28.00	4560.00	3516.51308

图 11-18　SPSS 运用 11——预测值

三、用简单线性回归方程进行预测

1. 若需进行均值的置信区间估计和单值的预测区间估计,在选定因变量和自变量以后,点击右边的"保存"按钮,在随之出现的图中左边部分的"预测值"中勾选"平均值""单值",点击"继续"(如图 11-19 所示)。

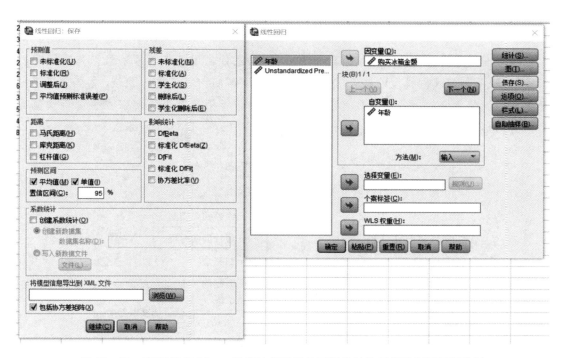

图 11-19　SPSS 运用 12——进行均值的置信区间估计和单值的预测区间估计

2. 点击"确定",输出的结果如图 11-20 所示。其中"LMCl_1""UMCl_1"分别为均值的置信区间估计的下限和上限,"LlCl_1""UlCl_1"分别为单值的预测区间估计的下限和上限。

年龄	购买冰箱金额	PRE_1	LMCl_1	UMCl_1	LlCl_1	UlCl_1
21.00	3100.00	3954.47082	3081.35537	4827.58628	1936.72172	5972.21993
22.00	4300.00	3891.90543	3085.17709	4698.63378	1901.98295	5881.82791
23.00	4210.00	3829.34004	3083.72927	4574.95081	1863.40101	5795.27907
21.00	3501.00	3954.47082	3081.35537	4827.58628	1936.72172	5972.21993
34.00	2604.00	3141.12072	2359.54337	3922.69808	1161.26113	5120.98032
25.00	3670.00	3704.20926	3059.13614	4349.28237	1774.15739	5634.26112
35.00	4320.00	3078.55533	2232.54987	3924.56079	1072.38832	5084.72235
37.00	2135.00	2953.42455	1965.80939	3941.03970	883.55389	5023.29521
36.00	2640.00	3015.98994	2100.98607	3930.99381	979.76477	5052.21511
28.00	4560.00	3516.51308	2940.98638	4092.03978	1608.57916	5424.44700

图 11-20　SPSS 运用 13——均值的置信区间估计和单值的预测区间估计结果图

> **探究与发现**
>
> 通过上述学习,你是否对"导入"所提出的问题进行了相关思考,能够回答上述问题并解决实际生活中的类似问题?

本 章 小 结

本章介绍了变量间的相关关系和相关系数,以及如何用最小二乘法求简单线性回归模型,讨论了如何评判模型的拟合优度,并用简单线性回归方程进行预测;重点介绍了自变量和因变量之间线性关系的显著性推断;最后介绍了用简单线性回归方程进行均值的置信区间估计和单值的预测区间估计。本章思维导图如图 11-21 所示。

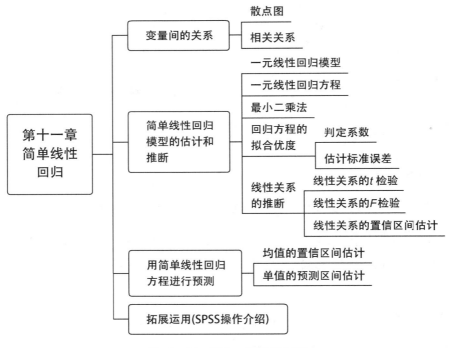

图 11-21 第十一章思维导图

本章练习题

一、概念梳理

1. 假设有 10 组观测值,相应的统计量为: $\sum_{i=1}^{n}(x-\bar{x})(y-\bar{y})=2\,250$, $s_x=10$, $\sum_{i=1}^{n}x=50$,

$\sum_{i=1}^{n} y = 75$，由最小二乘法求出来的简单线性回归方程的斜率和截距各是多少？

2. 已知一个回归方程截距为10，斜率为4，那么当 $x=2$ 时，
   (1) 实际的 y 值是多少？
   (2) 预测值是多少？

3. 已知 $SSE=60$，$SSR=140$，则判定系数是多少？

4. 已知用25组观测值得到一个线性回归方程，$SSR=118.68$，$SST=175$，此回归方程的估计标准误差是多少？

5. 已知回归方程 $\hat{y}_i = 1.48 + 1.63 x_i$ 的判定系数为0.81，则其相关系数为多少？

6. 已知相关系数为0.9，则 y 的变差中的百分之多少可以由 x 来进行解释？

7. 已知人的身高（记为 x，单位：cm）和体重（记为 y，单位：kg）之间存在相关关系，相应的回归方程为 $\hat{y}_i = 0.909 x_i - 94.773$，请对该回归方程的斜率进行解释。

8. 检验变量 x 和 y 之间是否存在显著的相关关系，给出的假设如下：

$$H_0: \beta_1 = 0$$

$$H_1: \beta_1 \neq 0$$

相应的一些统计量为：$n=10$，$\hat{\beta}_0 = -1.8$，$\hat{\beta}_1 = 2.45$，$s_{\hat{\beta}_1} = 1.20$，
   (1) 相应的 t 检验统计量为多少？
   (2) $\alpha = 0.05$，则相应的临界值是多少？

二、概念运用

1. 某店家想要了解2022年一年投入的广告费用与销售量之间的关系，以规划下一年的广告费用，从而得到更多的利润。现统计2022年各个月份投入的广告费用和对应的销售量，如表1所示。

表1　　　　　　　　　　　　　　2022年广告费用与销售量列表

月份	广告费用（元）	销售量（个）	月份	广告费用（元）	销售量（个）
1	11 500	233	7	14 870	392
2	10 850	206	8	12 100	296
3	14 300	384	9	13 500	371
4	12 500	330	10	13 100	358
5	11 900	265	11	11 000	213
6	12 000	280	12	11 700	249

任务：

(1) 画出广告费用与销售量之间的散点图。

(2) 根据散点图判断广告费用与销售量之间是否存在线性关系，若存在，请给出相应的简单线性回归方程。

(3) 计算判定系数和估计标准误差，并解释其意义。

(4) 在 0.05 的显著性水平下，检验投入的广告费用是否会显著影响销售量。

(5) 如果该店家的广告费用为 14 000 元，预测其销售量。

(6) 求该店家的广告费用为 14 000 元时，平均销量的 95% 的置信区间和销量的 95% 的预测区间。

2. 表 2 包含 8 名大学生在某课程上所花费的时间和该课程绩点，其中绩点是以四分制为基础的，在小数点后四舍五入到一位数。

表 2　　　　　　　　　　　学习耗时与绩点数据表

学生	学习耗时（小时）	绩　点	学生	学习耗时（小时）	绩　点
1	126	2.8	5	174	3.6
2	144	3.4	6	150	3.0
3	156	3.0	7	150	2.7
4	162	3.5	8	180	3.7

任务：

(1) 画出学习耗时与绩点之间的散点图。

(2) 根据散点图判断学习耗时与绩点之间是否存在线性关系，若存在，请给出相应的简单线性回归方程。

(3) 计算判定系数和估计标准误差，并解释其意义。

(4) 在 0.05 的显著性水平下，检验学习耗时是否会显著影响绩点。

(5) 如果某同学学习耗时为 160 小时，预测其绩点。

(6) 求某同学学习耗时为 160 小时时，平均绩点的 95% 的置信区间和绩点的 95% 的预测区间。

三、案例分析

随着科技的不断发展，现在的社会已经进入了互联网时代，而在这种时代下诞生了很多的新兴行业，如自媒体、电商等行业。电商就是一种新的营销方式，属于线上销售。近些年来，电商已经发展到了农村，越来越多的农民用电商来销售自己当地的农产品，解决了农产品滞销的问题,开拓了更大的市场,获得了极其可观的利润。因此,"线上销售"已成为消费扶贫的新引擎。2020 年 4 月以来,某省商务厅举办了一系列"携货"活动,为贫困地区农产品开拓市场。表 3 是观看农产品直播的人数和相应的在线总销售额,随机测量了 6 个数据。

表 3　　　　　　　　　　观看直播人数与销售额

观看直播人数(万人)	销售额(百万元)	观看直播人数(万人)	销售额(百万元)
10	57	11	59
12	71	16	63
9	49	10	61

任务:
(1) 画出观看直播人数与销售额之间的散点图。
(2) 根据散点图判断观看直播人数与销售额之间是否存在线性关系,若存在,请给出相应的简单线性回归方程。
(3) 计算判定系数和估计标准误差,并解释其意义。
(4) 在 0.05 的显著性水平下,检验观看直播人数是否会显著影响销售额。
(5) 如果观看直播人数为 13 万人,预测相应的销售额。
(6) 求观看直播人数为 13 万人时,平均销售额的 95% 的置信区间和销售额的 95% 的预测区间。

拓 展 学 习

为了调查车速和耗油量之间的关系,随机抽取了 7 组观测数据,如表 4 所示。

表 4　　　　　　　　　　车速与耗油量数据表

车速(千米/时)	耗油量(千米/升)	车速(千米/时)	耗油量(千米/升)
25	40	60	30
35	39	65	27
45	37	70	25
50	33		

任务：

（1）画出车速与耗油量之间的散点图。

（2）根据散点图判断车速与耗油量之间是否存在线性关系。若存在,请给出相应的简单线性回归方程。

（3）计算判定系数和估计标准误差,并解释其意义。

（4）在0.05的显著性水平下,检验车速是否会显著影响耗油量。

（5）如果某车的车速为40千米/时,预测其耗油量。

（6）如果某车的车速为40千米/时,求平均耗油量的95%的置信区间和耗油量的95%的预测区间。

练习题参考答案

第 一 章

一、概念梳理

1.（1）连续型数据　（2）离散型数据　（3）连续型数据

2. 总体；样本；参数；统计量

二、概念运用

1.（1）参数　（2）统计量　（3）参数　（4）统计量　（5）类别变量　（6）离散型变量　（7）离散型变量

2.（1）类别　（2）离散型数值　（3）连续型数值

三、案例分析

在这个例子中可以得到的数据有：数值型数据，如用户访问该电商平台的高峰期集中在中午12点和晚上9点两个时段，由此可以推断出，用户在午饭后和睡前更爱访问此电商平台。又如每周三是该电商平台成交流量的高峰时段，也是一周中平均登录人数和完成购物车结算最多的一天，由此可以推断出，很多用户喜欢周三在该电商平台上购买商品。再如在2020年，年收入超过百万元的该电商平台卖家达到43.7万位，其中，有2252位该电商平台卖家销售收入超亿元，由此可以推断出该电商平台2020年经营较好，有很多卖家与买家愿意使用此电商平台进行成交。类别数据，如目前消费的中坚力量为90后，而支付订单最爽快的群体是95后，由此可以推断出，目前使用该电商平台购买商品较多的为90后。通过这些数据，可以更好地了解用户对于该电商平台的使用情况和用户的一些消费习惯，从而更好地对该电商平台未来的发展进行规划。

拓展学习

1.（1）该次大规模生产中生产的全部零件　（2）抽取的800个零件　（3）生产的零件的次品率　（4）抽取的800个零件的次品率

第 二 章

一、概念梳理

1.（1）总结表　（2）频率分布表　（3）列联表

2.

电脑种类	频　　数	频　　率	百分比(%)
A	6	0.1000	10.00
B	8	0.1333	13.33

(续表)

电脑种类	频数	频率	百分比(%)
C	12	0.200 0	20.00
D	16	0.266 7	26.67
E	18	0.300 0	30.00
合计	60	1.000 0	100.00

电商平台电脑商品价位区间	频数	频率	百分比(%)
(2 000, 4 000]	3	0.083 3	8.33
(4 000, 6 000]	11	0.305 5	30.55
(6 000, 8 000]	14	0.388 9	38.89
(8 000, 10 000]	6	0.166 7	16.67
(10 000, 12 000]	1	0.027 8	2.78
(12 000, 14 000]	0	0.000 0	0.00
(14 000, 16 000]	1	0.027 8	2.78
合计	36	1.00	100.00

二、概念运用

1.

商品类别	频数	频率	百分比(%)
食品	35	0.35	35
服装	25	0.25	25
学习用品	18	0.18	18
生活用品	12	0.12	12
电器	3	0.03	3
娱乐用品	7	0.07	7
合计	100	1.00	100

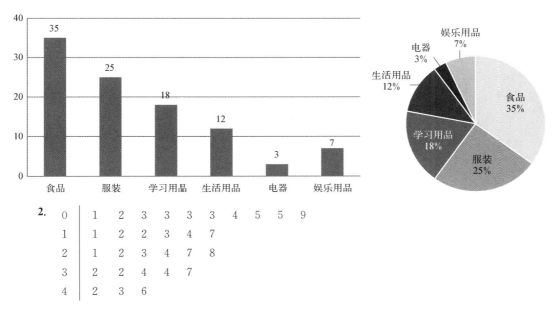

2.

0	1	2	3	3	3	3	4	5	5	9
1	1	2	2	3	4	7				
2	1	2	3	4	7	8				
3	2	2	4	4	7					
4	2	3	6							

3. 设科幻、悬疑类书籍为 A 类书籍，爱情、文艺类书籍为 B 类书籍，专业（包括艺术专业）类书籍为 C 类书籍，散文、诗集类书籍为 D 类书籍，家庭、生活类书籍为 E 类书籍。

条形图（左）和饼状图（右）如下：

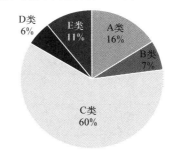

由条形图可以看出专业（包括艺术专业）类书籍在近半年内更受欢迎，在 300 位接受调查的会员中有多达 182 人选择专业（包括艺术专业）类书籍；相对而言散文、诗集类书籍则被选择的最少；由饼状图可以更加清晰地看到选择各类书籍的人数的百分比，由此可以粗略计算该地各种类书籍的需求量。

三、案例分析

（1）

191

由饼状图可以看出用户主要购买的盲盒种类以玩具公仔类盲盒居多。在抽取的 50 名盲盒用户中有大约 36% 的用户主要购买的盲盒种类为玩具公仔类,而旅游类、美妆类、食品类、文具类及其他类的占比相对较低且占比相近。

（2）

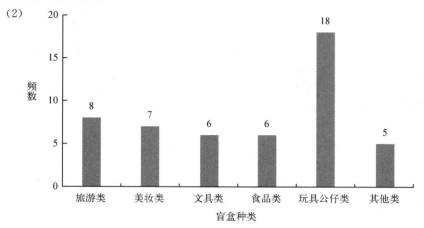

（3）

盲盒种类和用户性别列联表

盲盒种类	男性用户（名）	女性用户（名）	总计（名）
旅游类	4	4	8
美妆类	0	7	7
文具类	1	5	6
食品类	3	3	6
玩具公仔类	12	6	18
其他类	3	2	5
总　计	23	27	50

拓展学习

（1）

```
3 | 8 9
4 | 5 5 6 9
5 | 1 3 5 5 6 6 7 8
6 | 2 2 3 3 4 5 5 6 7 8 9
7 | 3 3 4 5 6 7 8 8
8 | 1 1 2 3 5
9 | 2 4
```

(2)

经济学课程测试成绩区间	向上累计频数	向上累计频率	向上累计百分比
(30, 40]	2	0.050	5.0%
(40, 50]	6	0.150	15.0%
(50, 60]	14	0.350	35.0%
(60, 70]	25	0.625	62.5%
(70, 80]	33	0.825	82.5%
(80, 90]	38	0.950	95.0%
(90, 100]	40	1.000	100.0%
合 计	40	1.000	100.0%

(3) 分数低于60分的比例是35%。
(4) 分数高于80分的比例是17.5%。

第 三 章

一、概念梳理

1. $\bar{x} = \dfrac{\sum_{i=1}^{10} x_i}{n} = 7.3 \quad s = \sqrt{\dfrac{\sum_{i=1}^{10}(x_i - \bar{x})^2}{n-1}} \approx 2.79$

2. $\bar{x} = \dfrac{\sum_{i=1}^{10} x_i}{n} = 5.7$

中位数 $= 6.5$

众数 $= 7$

因为均值＜中位数＜众数，所以为左偏分布。

3. 全距 $= X_{\max} - X_{\min} = 12 - 1 = 11$

$s^2 = \dfrac{\sum_{i=1}^{8}(x_i - \bar{x})^2}{n-1} \approx 11.14$

四分位间距 $= Q_3 - Q_1 = 9 - 4 = 5$

4. $Q_1 = 3 \quad Q_2 = 5 \quad Q_3 = 7$

四分位间距 $= Q_3 - Q_1 = 7 - 3 = 4$

$\bar{x} = \dfrac{\sum_{i=1}^{6} x_i}{n} \approx 5.83$

中位数 $= 5$

众数＝3

因为均值＞中位数＞众数，所以为右偏分布。

5. 全距 $= X_{\max} - X_{\min} = 9 - 4 = 5$

$$s^2 = \frac{\sum_{i=1}^{5}(x_i - \bar{x})^2}{n-1} = 3.5$$

$$s = \sqrt{\frac{\sum_{i=1}^{5}(x_i - \bar{x})^2}{n-1}} \approx 1.87$$

$$\bar{x} = \frac{\sum_{i=1}^{5} x_i}{n} = 7$$

$$CV = \left(\frac{s}{\bar{x}}\right) \times 100\% = \left(\frac{1.87}{7}\right) \times 100\% \approx 26.71\%$$

$$z = \frac{x - \bar{x}}{s}$$

$x = 7$ 时，$z = 0$

$x = 4$ 时，$z \approx -1.60$

$x = 9$ 时，$z \approx 1.07$

$x = 8$ 时，$z \approx 0.53$

z 均介于 -3 与 3 之间，无异常值。

二、概念运用

1. （1）$\bar{x} = \dfrac{\sum_{i=1}^{6} x_i}{6} \approx 262$　（2）中位数 $= \dfrac{242 + 262}{2} = 252$

（3）$s^2 = \dfrac{\sum_{i=1}^{6}(x_i - \bar{x})^2}{n-1} \approx 2\,007.5$　$s = \sqrt{\dfrac{\sum_{i=1}^{6}(x_i - \bar{x})^2}{5}} \approx 44.8$

2. （1）众数＝12

（2）

	热　量	含　糖　量
变异系数 $CV = \left(\dfrac{s}{\bar{x}}\right) \times 100\%$	17.1%	10.4%
全距	$336 - 217 = 119$	$46 - 34.2 = 11.8$
均值 $\bar{x} = \dfrac{\sum_{i=1}^{n} x_i}{n}$	262	41.8

3. (1) $\bar{x} = \dfrac{\sum_{i=1}^{13} x_i}{13} = 74$ 中位数$=74$

(2) 众数$=74$

(3) 中位数$=74$

(4) 排序：$56,58,65,67,73,78,84,85,86,89,93,93$

$\dfrac{1}{4} \times (12+1) = 3.25 \quad Q_1 = 65$

$\dfrac{3}{4} \times (12+1) = 9.75 \quad Q_3 = 89$

(5)

	"商务统计"	"财务会计"	"经济学"	"财务管理"
全距	$98-34=64$	$98-37=61$	$90-47=43$	$93-35=58$
四分位间距	$89-65=24$	$91-67.5=23.5$	$85-61.5=23.5$	$87.5-61.5=26$

(6)

	"商务统计"	"财务会计"	"经济学"	"财务管理"
方差 s^2	304.7	276.6	185.6	296.7

个体间分数差异最大的课程是"商务统计"。

4. 全距 $= X_{\max} - X_{\min} = 5\,748 - 58 = 5\,690$

$Q_1 = 479; Q_2 = \dfrac{1\,206 + 1\,208}{2} = 1\,207; Q_3 = 2\,040$

$Q_d = Q_3 - Q_1 = 1\,561$

$s^2 = \dfrac{\sum_{i=1}^{100}(x_i - \bar{x})^2}{100-1} \approx 1\,005\,668$

$s = \sqrt{\dfrac{\sum_{i=1}^{100}(x_i - \bar{x})^2}{100-1}} \approx 1\,002.83$

$CV = \left(\dfrac{s}{\bar{x}}\right) \times 100\% = \left(\dfrac{1\,002.83}{1\,344.48}\right) \times 100\% \approx 74.6\%$

三、案例分析

股票1的变异系数为：

$$CV_1 = \left(\dfrac{s_1}{\bar{x}_1}\right) \times 100\% = \dfrac{42.925\,8}{1\,399.011\,3} \times 100\% \approx 3.07\%$$

股票 2 的变异系数为：

$$CV_2 = \left(\frac{s_2}{\bar{x}_2}\right) \times 100\% = \frac{0.287\,8}{8.275\,3} \times 100\% \approx 3.48\%$$

股票 3 的变异系数为：

$$CV_3 = \left(\frac{s_3}{\bar{x}_3}\right) \times 100\% = \frac{0.352\,2}{11.678\,7} \times 100\% \approx 3.02\%$$

由上可知，$CV_2 > CV_1 > CV_3$，所以这 3 只股票按照波动性从高到低进行排序为股票 2、股票 1、股票 3。

因为 3 只股票的均值各不相同，所以不可以直接用它们的方差或者标准差来对波动性进行高低的判断。

拓展学习

1. (1) $\bar{x} = \dfrac{\sum_{i=1}^{n} x_i}{n} = \dfrac{10+12+\cdots+9}{10} = 10.1$（个）

所以这家玩具店过去 10 天玩具小汽车的平均销量为 10.1 个。

(2) 将这家玩具店过去 10 天玩具小汽车的销量从小到大进行排列：5,6,8,9,10,11,12,12,13,15，中位数为中间位置第五个和第六个位置上的两个数的均值，即 $\dfrac{10+11}{2} = 10.5$（个）。

所以这家玩具店过去 10 天玩具小汽车销量的中位数为 10.5 个。

(3) 这家玩具店过去 10 天玩具小汽车销量的众数为 12 个。

(4) 全距 $= X_{\max} - X_{\min} = 15 - 5 = 10$（个）

所以这家玩具店过去 10 天玩具小汽车销量的全距为 10 个。

(5) 首先对数据从小到大排序：5,6,8,9,10,11,12,12,13,15。

对位置进行计算：

$Q_1 = \dfrac{10+1}{4} = 2.75 \rightarrow$ 第三个位置上的数

$Q_2 = \dfrac{2 \times (10+1)}{4} = 5.5 \rightarrow$ 第五个和第六个位置上的两个数的均值

$Q_3 = \dfrac{3 \times (10+1)}{4} = 8.25 \rightarrow$ 第八个位置上的数

即 $Q_1 = 8$，$Q_2 = \dfrac{10+11}{2} = 10.5$，$Q_3 = 12$。

因此 $Q_d = Q_3 - Q_1 = 12 - 8 = 4$

所以这家玩具店过去 10 天玩具小汽车销量的四分位间距为 4 个。

(6) $s^2 = \dfrac{\sum_{i=1}^{n}(x_i - \bar{x})^2}{n-1} = \dfrac{(10-10.1)^2 + (12-10.1)^2 + \cdots + (9-10.1)^2}{10-1} \approx 9.877\,8$

$s = \sqrt{\dfrac{\sum_{i=1}^{n}(x_i - \bar{x})^2}{n-1}} = \sqrt{\dfrac{(10-10.1)^2 + (12-10.1)^2 + \cdots + (9-10.1)^2}{10-1}} \approx 3.142\,9$

所以这家玩具店过去 10 天玩具小汽车销量的方差为 9.877 8,标准差为 3.142 9 个。

(7) $CV = \left(\dfrac{s}{\bar{x}}\right) \times 100\% = \left(\dfrac{3.142\ 9}{10.1}\right) \times 100\% \approx 31.12\%$

所以这家玩具店铺过去 10 天玩具小汽车销量的变异系数为 31.12%。

(8) $\bar{x} = 10.1$　中位数 = 10.5　众数 = 12

因为均值＜中位数＜众数,所以这家玩具店过去 10 天玩具小汽车销量的分布形态呈左偏分布。

第 四 章

一、概念梳理

1. (1) $A\bar{B}\bar{C}$　　(2) $AB\bar{C} + A\bar{B}C + \bar{A}BC + ABC$　　(3) ABC

2. $P(\bar{A}\bar{C}) = 1 - P(AC) = 1 - 0.2 = 0.8$

$P(\bar{A}\bar{B}\bar{C}) = P(\bar{A}\bar{C}) - P(B) = 0.8 - 0.25 = 0.55$

$P(ABC\ \text{至少有一个发生}) = 1 - P(\bar{A}\bar{B}\bar{C}) = 1 - 0.55 = 0.45$

3. $P(\text{正品}) = \dfrac{1\ 000 - 400}{1\ 000} = 0.6$

因此正品的概率为 0.6。

4. 已知 $P(A) = 0.25, P(B \mid A) = 0.5, P(A \mid B) = 0.3$

可知 $P(AB) = P(A) \times P(B \mid A) = 0.25 \times 0.5 = 0.125$

因此 A 和 B 同时发生的概率为 0.125。

二、概念运用

1. (1) 简单(边际);联合　　(2) $P(B \mid A) = \dfrac{4}{15 - 1} = \dfrac{2}{7}$

2. 设选择礼盒装月饼为事件 A,独立包装月饼为事件 B

已知 $P(A) = 0.6, P(B) = 0.7, P(B \mid A) = 0.8$

因此 $P(\bar{B}) = 0.3, P(\bar{B} \mid A) = 0.2$

可以算出 $P(A \mid \bar{B}) = \dfrac{P(\bar{B} \mid A) \times P(A)}{P(\bar{B})} = \dfrac{0.2 \times 0.6}{0.3} = 0.4$

故没有购买独立包装月饼的学生购买了礼盒装月饼的概率为 0.4。

3. (1) 样本空间为:

{该用户购买的型号为 A 型}∪{该用户购买的型号为 B 型}∪{该用户购买的型号为 C 型}

(2) 互斥事件;完备事件

(3) 该事件的补集为:{该用户购买的型号为 B、C 中的一种}

4. 交集为:购买 1 本《商务统计》

并集为:购买 1 本《高等数学》、1 本《商务统计》、1 本《概率论》、2 本笔记本

5. (1)

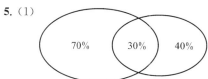

(2) 设双 11 进行消费为事件 A,双 12 进行消费为事件 B

已知 $P(A) = 0.7, P(B) = 0.4, P(AB) = 0.3$

$P(A \cup B) = P(A) + P(B) - P(AB) = 0.7 + 0.4 - 0.3 = 0.8$

因此，在双 11 或双 12 进行了消费的用户比例为 0.8。

6. 令某一笔交易成交并获得好评为事件 A，卖出的是 B 商品为事件 B

由已知，$P(B) = 0.3, P(A \mid B) = 0.8$

可以计算 $P(A) = 0.2 \times 0.9 + 0.3 \times 0.8 + 0.5 \times 0.7 = 0.77$

因此 $P(B \mid A) = \dfrac{P(A \mid B) \times P(B)}{P(A)} = \dfrac{0.8 \times 0.3}{0.77} \approx 0.31$

因此该获得好评的商品为 B 商品的概率为 0.31。

三、案例分析

设女性用户为 A，25 岁及以下用户为 B

已知 $P(A) = 0.57, P(B) = 0.39, P(A \mid B) = 0.6$

可以算出：$P(B \mid A) = \dfrac{P(A \mid B) \times P(B)}{P(A)} = \dfrac{0.6 \times 0.39}{0.57} \approx 0.41$

因此，在女性用户中，25 岁及以下的用户占比为 41%。

拓展学习

1. (1) 已知 $P(A_1) = 35\%, P(A_2) = 40\%, P(B \mid A_1) = 70\%, P(B \mid A_2) = 65\%, P(B \mid A_3) = 45\%$

因此 $P(A_3) = 1 - 35\% - 40\% = 25\%$

可以算出 $P(BA_1) = P(B \mid A_1) \times P(A_1) = 70\% \times 35\% = 24.5\%$

$P(BA_2) = P(B \mid A_2) \times P(A_2) = 65\% \times 40\% = 26\%$

$P(BA_3) = P(B \mid A_3) \times P(A_3) = 45\% \times 25\% = 11.25\%$

(2) 已知 $P(A_1) = 35\%, P(A_2) = 40\%, P(B \mid A_1) = 70\%, P(B \mid A_2) = 65\%, P(B \mid A_3) = 45\%$

因此 $P(A_3) = 1 - 35\% - 40\% = 25\%, P(\bar{B} \mid A_1) = 1 - 70\% = 30\%$,

$P(\bar{B} \mid A_2) = 1 - 65\% = 35\%, P(\bar{B} \mid A_3) = 1 - 45\% = 55\%$

可以算出 $P(\bar{B}A_1) = P(\bar{B} \mid A_1) \times P(A_1) = 30\% \times 35\% = 10.5\%$

$P(\bar{B}A_2) = P(\bar{B} \mid A_2) \times P(A_2) = 35\% \times 40\% = 14\%$

$P(\bar{B}A_3) = P(\bar{B} \mid A_3) \times P(A_3) = 55\% \times 25\% = 13.75\%$

(3) $P(B) = P(BA_1) + P(BA_2) + P(BA_3) = 24.5\% + 26\% + 11.25\% = 61.75\%$

(4) $P(\bar{B}) = 1 - P(B) = 1 - 61.75\% = 38.25\%$

(5) $P(A_1 \mid B) = \dfrac{P(A_1 B)}{P(B)} = \dfrac{24.5\%}{61.75\%} \approx 39.68\%$

(6) $P(A_2 \mid \bar{B}) = \dfrac{P(A_2 \bar{B})}{P(\bar{B})} = \dfrac{14\%}{38.25\%} \approx 36.60\%$

第 五 章

一、概念梳理

1. 0.406 0; 2; 2

2. $\mu = E(x) = \sum_{i=1}^{n} x_i p_i = 2 \times 0.4 + 10 \times 0.6 = 6.8$

因此，该大学食堂今年中秋节可获利 6.8 万元。

3. $\mu = E(x) = \sum_{i=1}^{n} x_i p_i = 1\,800 \times 0.1 + 1\,600 \times 0.2 + 1\,400 \times 0.3 + 1\,200 \times 0.4 = 1\,400$

$\sigma^2 = Var(X) = \sum_{i=1}^{N} [x_i - E(X)]^2 p_i$

$= (1\,800 - 1\,400)^2 \times 0.1 + \cdots + (1\,200 - 1\,400)^2 \times 0.4$

$= 40\,000$

4. $P(x=8) = \dfrac{n!}{x!(n-x)!} \pi^x (1-\pi)^{n-x} = \dfrac{10!}{8!2!} \times 0.7^8 \times 0.3^2 \approx 0.23$

二、概念运用

1. 平均 30 分钟卖出 10 份，即 1 小时卖出 20 份，$\lambda = 20$

$P(x=18) = \dfrac{e^{-\lambda}\lambda^x}{x!} = \dfrac{e^{-20}20^{18}}{18!} \approx 0.084\,4$

2. $\mu = E(x) = \sum_{i=1}^{n} x_i p_i$

$= 0 \times 0.05 + 1 \times 0.08 + 2 \times 0.07 + 3 \times 0.15 + 4 \times 0.25 + 5 \times 0.40$

$= 3.67$

因此，用户的平均满意度是 3.67 分。

3. 中标公司为 0 个：$P(x=0) = \dfrac{n!}{x!(n-x)!} \pi^x (1-\pi)^{n-x} = \dfrac{10!}{0!10!} \times 0.3^0 \times 0.7^{10} \approx 0.028\,2$

中标公司为 1 个：$P(x=1) = \dfrac{n!}{x!(n-x)!} \pi^x (1-\pi)^{n-x} = \dfrac{10!}{1!9!} \times 0.3^1 \times 0.7^9 \approx 0.121\,1$

中标公司为 2 个：$P(x=2) = \dfrac{n!}{x!(n-x)!} \pi^x (1-\pi)^{n-x} = \dfrac{10!}{2!8!} \times 0.3^2 \times 0.7^8 \approx 0.233\,5$

中标公司为 3 个：$P(x=3) = \dfrac{n!}{x!(n-x)!} \pi^x (1-\pi)^{n-x} = \dfrac{10!}{3!7!} \times 0.3^3 \times 0.7^7 \approx 0.266\,8$

中标公司为 4 个：$P(x=4) = \dfrac{n!}{x!(n-x)!} \pi^x (1-\pi)^{n-x} = \dfrac{10!}{4!6!} \times 0.3^4 \times 0.7^6 \approx 0.200\,1$

中标公司为 5 个：$P(x=5) = \dfrac{n!}{x!(n-x)!} \pi^x (1-\pi)^{n-x} = \dfrac{10!}{5!5!} \times 0.3^5 \times 0.7^5 \approx 0.102\,9$

中标公司为 6 个：$P(x=6) = \dfrac{n!}{x!(n-x)!} \pi^x (1-\pi)^{n-x} = \dfrac{10!}{6!4!} \times 0.3^6 \times 0.7^4 \approx 0.036\,8$

中标公司为 7 个：$P(x=7) = \dfrac{n!}{x!(n-x)!} \pi^x (1-\pi)^{n-x} = \dfrac{10!}{7!3!} \times 0.3^7 \times 0.7^3 \approx 0.009\,0$

中标公司为 8 个：$P(x=8) = \dfrac{n!}{x!(n-x)!} \pi^x (1-\pi)^{n-x} = \dfrac{10!}{8!2!} \times 0.3^8 \times 0.7^2 \approx 0.001\,4$

中标公司为 9 个：$P(x=9) = \dfrac{n!}{x!(n-x)!} \pi^x (1-\pi)^{n-x} = \dfrac{10!}{9!1!} \times 0.3^9 \times 0.7^1 \approx 0.000\,1$

中标公司为 10 个：$P(x=10) = \dfrac{n!}{x!(n-x)!} \pi^x (1-\pi)^{n-x} = \dfrac{10!}{10!0!} \times 0.3^{10} \times 0.7^0 \approx 5.9 \times 10^{-6}$

4. (1) $\lambda = 20$

发错订单数为 30 笔的概率

$$P(x=30) = \frac{e^{-\lambda}\lambda^x}{x!} = \frac{e^{-20}20^{30}}{30!} \approx 0.0083$$

(2) 发错订单数为 10 笔的概率

$$P(x=10) = \frac{e^{-\lambda}\lambda^x}{x!} = \frac{e^{-20}20^{10}}{10!} \approx 0.0058$$

三、案例分析

由于用户差评是一个伯努利事件,有着确定的结果,即差评和不差评,并且概率不会发生变化,则其服从一个二项分布。

根据二项分布的公式可知,均值为人数乘以其概率值,而方差则为人数乘以其概率值然后乘以其不成功的概率,因此

$$np = 30$$
$$np(1-p) = 21$$

最后可以算出 n 为 100,p 为 0.3。

拓展学习

(1) $\mu = E(X) = \sum_{i=1}^{n} x_i p_i = 1 \times 0.1 + 2 \times 0.15 + \cdots + 7 \times 0.08 = 3.81$

(2) $\sigma = \sqrt{\sigma^2} = \sqrt{\sum_{i=1}^{N}[x_i - E(X)]^2 p_i}$
$= \sqrt{(1-3.81)^2 \times 0.1 + (2-3.81)^2 \times 0.15 + \cdots + (7-3.81)^2 \times 0.08}$
≈ 1.7303

第 六 章

一、概念梳理

1. (1) $P(Z < -1.4) = 0.0808$

(2) $P(Z > -0.2) = 1 - P(Z \leqslant -0.2) = 1 - 0.4207 = 0.5793$

(3) $P(-1.34 \leqslant Z \leqslant -0.5) = P(Z \leqslant -0.5) - P(Z \leqslant -1.34) = 0.3085 - 0.0901 = 0.2184$

(4) $P(-2 < Z < -1) = P(Z < -1) - P(Z \leqslant -2) = 0.1587 - 0.0228 = 0.1359$

2. (1) $P(Z > 1.3) = 1 - P(Z \leqslant 1.3) = 1 - 0.9032 = 0.0968$

(2) $P(Z > -1.2) = 1 - P(Z \leqslant -1.2) = 1 - 0.1151 = 0.8849$

(3) $P(-1.3 \leqslant Z \leqslant 1.4) = P(Z \leqslant 1.4) - P(Z \leqslant -1.3) = 0.9192 - 0.0968 = 0.8224$

(4) $P(-1.2 \leqslant Z \leqslant 1.2) = P(Z \leqslant 1.2) - P(Z \leqslant -1.2) = 0.8849 - 0.1151 = 0.7598$

(5) $P(Z < -1.4) = 0.0808$

$P(Z > 1.2) = 1 - P(Z \leqslant 1.2) = 1 - 0.8849 = 0.1151$

$P(Z < -1.4) + P(Z > 1.2) = 0.1151 + 0.0808 = 0.1959$

3. (1) $P(X < 6) = P\left(\dfrac{X-\mu}{\sigma} < \dfrac{6-3}{2}\right) = P(Z < 1.5) = 0.9332$

(2) $P(X>1) = P\left(\dfrac{X-\mu}{\sigma} > \dfrac{1-3}{2}\right) = P(Z>-1) = 1 - P(Z \leqslant -1) = 1 - 0.158\,7 = 0.841\,3$

(3) $P(-2 \leqslant X \leqslant 3) = P\left(\dfrac{-2-3}{2} \leqslant \dfrac{X-\mu}{\sigma} \leqslant \dfrac{3-3}{2}\right)$

$\qquad = P(-2.5 \leqslant Z \leqslant 0)$

$\qquad = P(Z \leqslant 0) - P(Z < -2.5)$

$\qquad = 0.5 - 0.006\,2$

$\qquad = 0.493\,8$

(4) $P(X<-8) = P\left(\dfrac{X-\mu}{\sigma} < \dfrac{-8-3}{2}\right) = P(Z<-5.5) = 0.000\,000\,019$

$P(X>7) = P\left(\dfrac{X-\mu}{\sigma} > \dfrac{7-3}{2}\right) = P(Z>2) = 1 - P(Z \leqslant 2) = 1 - 0.977\,2 = 0.022\,8$

$P(X<-8) + P(X>7) = 0.000\,000\,019 + 0.022\,8 = 0.022\,800\,019$

(5) $P(X<3) = P\left(\dfrac{X-\mu}{\sigma} < \dfrac{3-3}{2}\right) = P(Z<0) = 0.5$

4. (1) $P(X<10) = P\left(\dfrac{X-\mu}{\sigma} < \dfrac{10-25}{4}\right) = P(Z<-3.75) = 0.000\,09$

(2) $P(X>28) = P\left(\dfrac{X-\mu}{\sigma} > \dfrac{28-25}{4}\right)$

$\qquad = P(Z>0.75)$

$\qquad = 1 - P(Z \leqslant 0.75)$

$\qquad = 1 - 0.773\,4$

$\qquad = 0.226\,6$

(3) $P(15 \leqslant X \leqslant 20) = P\left(\dfrac{15-25}{4} \leqslant \dfrac{X-\mu}{\sigma} \leqslant \dfrac{20-25}{4}\right)$

$\qquad = P(-2.5 \leqslant Z \leqslant -1.25)$

$\qquad = P(Z \leqslant -1.25) - P(Z<-2.5)$

$\qquad = 0.105\,6 - 0.006\,2$

$\qquad = 0.099\,4$

(4) $P(X<22) = P\left(\dfrac{X-\mu}{\sigma} < \dfrac{22-25}{4}\right) = P(Z<-0.75) = 0.226\,6$

$P(X>30) = P\left(\dfrac{X-\mu}{\sigma} > \dfrac{30-25}{4}\right)$

$\qquad = P(Z>1.25)$

$\qquad = 1 - P(Z \leqslant 1.25)$

$\qquad = 1 - 0.894\,4$

$\qquad = 0.105\,6$

$P(X<22) + P(X>30) = 0.226\,6 + 0.105\,6 = 0.332\,2$

(5) $P(X>25) = P\left(\dfrac{X-\mu}{\sigma} > \dfrac{25-25}{4}\right) = P(Z>0) = 1 - P(Z \leqslant 0) = 0.5$

5. (1) 查表可得，$P(Z<0.25) = 0.6$，所以 $Z = 0.25$

(2) $1 - 0.02 = 0.98$

查表可得，$P(Z \leqslant 2.05) = 0.98$，所以 $Z = 2.05$

(3) $\dfrac{1-0.58}{2} = 0.21$

查表可得，$P(Z \leqslant -0.81) = 0.21$，所以 $Z = \pm 0.81$

6. (1) 查表可得，$P(Z < 1.28) = 0.9$，所以 $Z = 1.28$

(2) $1 - 0.005 = 0.995$

查表可得，$P(Z \leqslant 2.57) = 0.9949$，$P(Z \leqslant 2.58) = 0.9951$

因为 0.9949 和 0.9951 与 0.995 是等距离地接近，所以取这两个概率值对应的 Z 值的均值，即 2.57 和 2.58 的均值 2.575，所以 $Z = 2.575$

(3) $\dfrac{1-0.72}{2} = 0.14$

查表可得，$P(Z \leqslant -1.08) = 0.14$，所以 $Z = \pm 1.08$

7. (1) 查表可得，$P(Z < 1.28) = 0.9$，所以 $X = \mu + Z\sigma = 25 + 1.28 \times 4 = 30.12$

(2) $1 - 0.005 = 0.995$

查表可得，$P(Z < 2.57) = 0.9949$，$P(Z \leqslant 2.58) = 0.9951$

因为 0.9949 和 0.9951 与 0.995 是等距离地接近，所以取这两个概率值对应的 Z 值的均值，即 2.57 和 2.58 的均值 2.575，因此

$X = \mu + Z\sigma = 25 + 2.575 \times 4 = 35.3$

(3) $\dfrac{1-0.72}{2} = 0.14$

查表可得，$P(Z < Z_1) = 0.14$，所以 $Z_1 = -1.08$

$P(Z \leqslant Z_2) = 0.86$，所以 $Z_2 = 1.08$

所以 $X_1 = \mu + Z_1\sigma = 25 - 1.08 \times 4 = 20.68$，

$X_2 = \mu + Z_2\sigma = 25 + 1.08 \times 4 = 29.32$

8. (1) 查表可得，$P(Z < 0.52) = 0.7$，所以 $X = \mu + Z\sigma = 12 + 0.52 \times 2 = 13.04$

(2) $1 - 0.2 = 0.8$

查表可得，$P(Z \leqslant 0.84) = 0.8$，所以 $X = \mu + Z\sigma = 12 + 0.84 \times 2 = 13.68$

(3) $\dfrac{1-0.64}{2} = 0.18$

查表可得，$P(Z < Z_1) = 0.18$，所以 $Z_1 = -0.92$

$P(Z \leqslant Z_2) = 0.82$，所以 $Z_2 = 0.92$

所以 $X_1 = \mu + Z_1\sigma = 12 - 0.92 \times 2 = 10.16$，

$X_2 = \mu + Z_2\sigma = 12 + 0.92 \times 2 = 13.84$

二、概念运用

1. (1) $f(x) = \dfrac{1}{\sqrt{2\pi}\sigma} e^{-\frac{(x-\mu)^2}{2\sigma^2}} = \dfrac{1}{10\sqrt{2\pi}} e^{-\frac{(x-50)^2}{200}}$

(2) ① $P(X < 35) = P\left(\dfrac{X-\mu}{\sigma} < \dfrac{35-50}{10}\right) = P(Z < -1.5) = 0.0668$

即买家购买价格低于 35 元的商品的概率为 0.0668。

② $P(40 \leqslant X \leqslant 60) = P\left(\dfrac{40-50}{10} \leqslant \dfrac{X-\mu}{\sigma} \leqslant \dfrac{60-50}{10}\right)$
$= P(-1 \leqslant Z \leqslant 1)$
$= P(Z \leqslant 1) - P(Z < -1)$
$= 0.8413 - 0.1587$
$= 0.6826$

即买家购买价格在 40~60 元区间的商品的概率为 0.6826。

③ $\dfrac{1-0.9}{2} = 0.05$

查表可得，$P(Z < Z_1) = 0.05$，所以 $Z_1 = -1.645$
$P(Z \leqslant Z_2) = 0.95$，所以 $Z_2 = 1.645$
所以 $X_1 = \mu + Z_1\sigma = 50 + 1.645 \times 10 = 33.55$，
$X_2 = \mu + Z_2\sigma = 50 + 1.645 \times 10 = 66.45$

即在 33.55~66.45 元之间买家购买商品的概率达到 90%。

2. (1) $f(x) = \dfrac{1}{\sqrt{2\pi}\sigma} e^{-\frac{(x-\mu)^2}{2\sigma^2}} = \dfrac{1}{100\sqrt{2\pi}} e^{-\frac{(x-4000)^2}{20000}}$

(2) $P(X < 3000) = P\left(\dfrac{X-\mu}{\sigma} < \dfrac{3000-4000}{100}\right) = P(Z < -10) \approx 0$

即该公司月营业收入低于 3000 万元的概率为 0。

(3) $1 - 0.8 = 0.2$

查表可得，$P(Z \leqslant -0.84) = 0.2$

所以 $X = \mu + Z\sigma = 4000 - 0.84 \times 100 = 3916$

即该公司月营业收入高于 3916 万元时的概率为 0.8。

3. (1) $P(X < 20) = P\left(\dfrac{X-\mu}{\sigma} < \dfrac{20-30}{\sqrt{10}}\right) \approx P(Z < -3.16) = 0.00079$

即工作人员安装宽带所用时间低于 20 分钟的概率为 0.00079。

(2) $P(30 \leqslant X \leqslant 35) = P\left(\dfrac{30-30}{\sqrt{10}} \leqslant \dfrac{X-\mu}{\sigma} \leqslant \dfrac{35-30}{\sqrt{10}}\right)$
$\approx P(0 \leqslant Z \leqslant 1.58)$
$= P(Z \leqslant 1.58) - P(Z < 0)$
$= 0.9429 - 0.5$
$= 0.4429$

即工作人员安装宽带所用时间在 30~35 分钟区间的概率为 0.4429。

(3) $\dfrac{1-0.85}{2} = 0.075$

查表可得，$P(Z < Z_1) = 0.075$，所以 $Z_1 = -1.44$
$P(Z \leqslant Z_2) = 0.925$，所以 $Z_2 = 1.44$
所以 $X_1 = \mu + Z_1\sigma = 30 - 1.44 \times \sqrt{10} \approx 25.4463$，
$X_2 = \mu + Z_2\sigma = 30 + 1.44 \times \sqrt{10} \approx 34.5537$

即工作人员安装宽带所用时间在 25.4463~34.5537 分钟区间的概率达到 85%。

4. (1) $f(x) = \dfrac{1}{\sqrt{2\pi}\sigma} e^{-\frac{(x-\mu)^2}{2\sigma^2}} = \dfrac{1}{\sqrt{30\pi}} e^{-\frac{(x-45)^2}{30}}$

(2) $P(X > 60) = P\left(\dfrac{X-\mu}{\sigma} < \dfrac{60-45}{\sqrt{15}}\right)$

$\approx P(Z > 3.87)$
$= 1 - P(Z \leqslant 3.87)$
$= 1 - 0.99995$
$= 0.00005$

即客户周末在该餐厅就餐等位时间超过 1 小时的概率为 0.00005。

(3) 查表可得, $P(Z < 0.84) = 0.8$, 所以 $X = \mu + Z\sigma = 45 + 0.84 \times \sqrt{15} \approx 48.2533$

即客户周末在该餐厅就餐等位时间少于 48.2533 分钟的概率为 80%。

三、案例分析

$P(8000 \times 30 \times X \geqslant 1000000) = P(X > 4.17)$

$= P\left(\dfrac{X-\mu}{\sigma} > \dfrac{4.17-4}{2}\right)$
$\approx P(Z > 0.09)$
$= 1 - P(Z \leqslant 0.09)$
$= 1 - 0.5359$
$= 0.4641$

因此,该 4S 店不需要加大对市场的投入。

拓展学习

(1) $P(8500 \leqslant X \leqslant 9500) = P\left(\dfrac{8500-9000}{2000} \leqslant \dfrac{X-\mu}{\sigma} \leqslant \dfrac{9500-9000}{2000}\right)$

$= P(-0.25 \leqslant Z \leqslant 0.25)$
$= P(Z \leqslant 0.25) - P(Z < -0.25)$
$= 0.5987 - 0.4013$
$= 0.1974$

即该大学商学院毕业生起薪在 8500~9500 元区间的概率为 0.1974。

(2) $P(X > 13000) = P\left(\dfrac{X-\mu}{\sigma} > \dfrac{13000-9000}{2000}\right)$

$= P(Z > 2)$
$= 1 - P(Z \leqslant 2)$
$= 1 - 0.9772$
$= 0.0228$

即该大学商学院毕业生起薪超过 13000 元的概率为 0.0228。

(3) $1 - 0.7 = 0.3$

由查表可得, $P(Z \leqslant -0.52) = 0.3$

所以 $X = \mu + Z\sigma = 9000 - 0.52 \times 2000 = 7960$

即该大学商学院毕业生起薪高于 7960 元时的概率为 0.7。

第 七 章

一、概念梳理

1. 因为 $n = 35 > 30$，所以 $\bar{x} \sim N(\mu_{\bar{x}}, \sigma_{\bar{x}}^2)$，即 $\bar{x} \sim N\left(\mu, \left(\dfrac{\sigma}{\sqrt{n}}\right)^2\right)$。

又已知 $\mu = 4, \sigma^2 = 4$，因此：

$$\begin{aligned}
P(\bar{x} > 6) &= P\left(\dfrac{\bar{x} - \mu}{\dfrac{\sigma}{\sqrt{n}}} > \dfrac{6 - 4}{\dfrac{\sqrt{4}}{\sqrt{35}}}\right) \\
&\approx P(Z > 5.92) \\
&= 1 - P(Z \leqslant 5.92) \\
&= 1 - 1 \\
&= 0
\end{aligned}$$

所以样本均值大于 6 的概率为 0。

2. 因为 $n = 40 > 30$，所以 $\bar{x} \sim N(\mu_{\bar{x}}, \sigma_{\bar{x}}^2)$，即 $\bar{x} \sim N\left(\mu, \left(\dfrac{\sigma}{\sqrt{n}}\right)^2\right)$。

又已知 $\mu = 5, \sigma^2 = 9$，因此：

$$\begin{aligned}
P(5 < \bar{x} < 8) &= P\left(\dfrac{5 - 5}{\dfrac{\sqrt{9}}{\sqrt{40}}} < \dfrac{\bar{x} - \mu}{\dfrac{\sigma}{\sqrt{n}}} < \dfrac{8 - 5}{\dfrac{\sqrt{9}}{\sqrt{40}}}\right) \\
&\approx P(0 < Z < 6.32) \\
&= P(Z < 6.32) - P(Z \leqslant 0) \\
&= 1 - 0.5 \\
&= 0.5
\end{aligned}$$

所以，样本均值大于 5 小于 8 的概率为 0.5。

3. （1）因为 $n\pi = 21.6 > 5$，$n(1 - \pi) = 14.4 > 5$，

所以样本比例服从正态分布，即：$\bar{p} \sim N(\mu_{\bar{p}}, \sigma_{\bar{p}}^2)$。

其中，$\mu_{\bar{p}} = \pi = 0.6$

$$\sigma_{\bar{p}} = \sqrt{\dfrac{\pi(1-\pi)}{n}} = \sqrt{\dfrac{0.6 \times (1 - 0.6)}{36}} \approx 0.081\,6$$

即：$\bar{p} \sim N(0.6,\ 0.081\,6^2)$

（2）$P(\bar{p} > 0.65) = P\left(\dfrac{\bar{p} - \pi}{\sqrt{\dfrac{\pi(1-\pi)}{n}}} > \dfrac{0.65 - 0.6}{\sqrt{\dfrac{0.6 \times (1 - 0.6)}{36}}}\right)$

$$\begin{aligned}
&\approx P(Z > 0.61) \\
&= 1 - P(Z \leqslant 0.61) \\
&= 1 - 0.729\,1 \\
&= 0.270\,9
\end{aligned}$$

所以，样本比例超过 65% 的概率是 0.270 9。

4. (1) 因为 $n = 100 > 30$，所以样本均值服从正态分布，即：$\bar{x} \sim N(\mu_{\bar{x}}, \sigma_{\bar{x}}^2)$。

其中，$\mu_{\bar{x}} = \mu = 200$

$$\sigma_{\bar{x}} = \frac{\sigma}{\sqrt{n}} = \frac{50}{\sqrt{100}} = 5$$

即：$\bar{x} \sim N(200, 5^2)$

(2) $P(\bar{x} > 220) = P\left(\dfrac{\bar{x} - \mu}{\dfrac{\sigma}{\sqrt{n}}} > \dfrac{220 - 200}{\dfrac{50}{\sqrt{100}}} \right)$

$\qquad\qquad\quad = P(Z > 4)$

$\qquad\qquad\quad = 1 - P(Z \leqslant 4)$

$\qquad\qquad\quad = 1 - 1$

$\qquad\qquad\quad = 0$

所以当 $\bar{x}$ 超过 220 的概率是 0。

(3) 查表可得，$P(Z < -0.25) = 40\%$，所以 $Z = -0.25$

因此：

$$\begin{aligned}\bar{x} &= \mu_{\bar{x}} + Z\sigma_{\bar{x}} \\ &= 200 - 0.25 \times 5 \\ &= 198.75\end{aligned}$$

所以当 $\bar{x}$ 小于 198.75 时的概率是 40%。

5. 因为 $\sigma = 25$，

所以当 $n = 50$ 时，$\sigma_{\bar{x}} = \dfrac{\sigma}{\sqrt{n}} = \dfrac{25}{\sqrt{50}} \approx 3.54$

当 $n = 100$ 时，$\sigma_{\bar{x}} = \dfrac{\sigma}{\sqrt{n}} = \dfrac{25}{\sqrt{100}} = 2.50$

当 $n = 150$ 时，$\sigma_{\bar{x}} = \dfrac{\sigma}{\sqrt{n}} = \dfrac{25}{\sqrt{150}} \approx 2.04$

当 $n = 200$ 时，$\sigma_{\bar{x}} = \dfrac{\sigma}{\sqrt{n}} = \dfrac{25}{\sqrt{200}} \approx 1.77$

样本均值的标准误差随着样本容量的增加逐渐减小。

二、概念运用

1. (1) 因为 $n = 36 > 30$，所以 $\bar{x} \sim N(\mu_{\bar{x}}, \sigma_{\bar{x}}^2)$，即 $\bar{x} \sim N\left(\mu, \left(\dfrac{\sigma}{\sqrt{n}}\right)^2\right)$。

又已知 $\mu = 3.10$，$\sigma = 0.40$，因此：

$$P(\bar{x} \geqslant 3) = P\left(\dfrac{\bar{x} - \mu}{\dfrac{\sigma}{\sqrt{n}}} \geqslant \dfrac{3 - 3.10}{\dfrac{0.40}{\sqrt{36}}} \right)$$

$\qquad\qquad = P(Z \geqslant -1.50)$

$\qquad\qquad = 1 - P(Z < -1.50)$

$$= 1 - 0.066\,8$$
$$= 0.933\,2$$

所以,银行客户经理接待每位顾客所花费的平均时间至少为 3 分钟的概率是 0.933 2。

(2) 查表可得,$P(Z < 1.04) = 85\%$,所以 $Z = 1.04$

因此:

$$\bar{x} = \mu_{\bar{x}} + Z\sigma_{\bar{x}}$$
$$= \mu + Z\frac{\sigma}{\sqrt{n}}$$
$$= 3.10 + 1.04 \times \frac{0.40}{\sqrt{36}}$$
$$\approx 3.17$$

所以,银行客户经理接待每位顾客所花费的平均时间不超过 3.17 分钟的概率是 85%。

2. (1) 因为 $n = 50 > 30$,所以样本均值服从正态分布,即:$\bar{x} \sim N(\mu_{\bar{x}}, \sigma_{\bar{x}}^2)$。

其中,$\mu_{\bar{x}} = \mu = 175$

$$\sigma_{\bar{x}} = \frac{\sigma}{\sqrt{n}} = \frac{4}{\sqrt{50}} \approx 0.565\,7$$

即:$\bar{x} \sim N(175, 0.565\,7^2)$

(2) $P(175 \leqslant \bar{x} \leqslant 176) = P\left[\dfrac{174-175}{\dfrac{4}{\sqrt{50}}} \leqslant \dfrac{\bar{x}-\mu}{\dfrac{\sigma}{\sqrt{n}}} \leqslant \dfrac{176-175}{\dfrac{4}{\sqrt{50}}}\right]$

$$\approx P(-1.77 \leqslant Z \leqslant 1.77)$$
$$= P(Z \leqslant 1.77) - P(Z < -1.77)$$
$$= 0.961\,6 - 0.038\,4$$
$$= 0.923\,2$$

所以,这 50 名失业人员的平均失业时间落在总体均值前后各一周时间的概率是 0.923 2。

3. 因为 $n = 50 > 30$,所以 $\bar{x} \sim N(\mu_{\bar{x}}, \sigma_{\bar{x}}^2)$,即 $\bar{x} \sim N\left(\mu, \left(\dfrac{\sigma}{\sqrt{n}}\right)^2\right)$。

又已知 $\mu = 18$,$\sigma = 2$,因此:

$$P(17.5 \leqslant \bar{x} \leqslant 19.5) = P\left(\dfrac{17.5-18}{\dfrac{2}{\sqrt{50}}} \leqslant \dfrac{\bar{x}-\mu}{\dfrac{\sigma}{\sqrt{n}}} \leqslant \dfrac{19.5-18}{\dfrac{2}{\sqrt{50}}}\right)$$
$$\approx P(-1.77 \leqslant Z \leqslant 5.30)$$
$$= P(Z \leqslant 5.30) - P(Z < -1.77)$$
$$= 1 - 0.038\,4$$
$$= 0.961\,6$$

所以,抽取的 50 位用户的平均年龄位于 17.5~19.5 岁之间的概率是 0.961 6。

4. 因为 $n = 100 > 30$,所以 $\bar{x} \sim N(\mu_{\bar{x}}, \sigma_{\bar{x}}^2)$,即 $\bar{x} \sim N\left(\mu, \left(\dfrac{\sigma}{\sqrt{n}}\right)^2\right)$。

又已知 $\mu = 8\,000$,$\sigma = 100$,因此:

$$P(7\,900 \leqslant \bar{x} \leqslant 8\,100) = P\left(\frac{7\,900 - 8\,000}{\frac{500}{\sqrt{100}}} \leqslant \frac{\bar{x} - \mu}{\frac{\sigma}{\sqrt{n}}} \leqslant \frac{8\,100 - 8\,000}{\frac{500}{\sqrt{100}}}\right)$$

$$= P(-2 \leqslant Z \leqslant 2)$$
$$= P(Z \leqslant 2) - P(Z < -2)$$
$$= 0.977\,2 - 0.022\,8$$
$$= 0.954\,4$$

所以,该样本人均工资从 7 900~8 100 元的概率是 0.954 4。

5. 因为 $n = 49 > 30$,所以 $\bar{x} \sim N(\mu_{\bar{x}}, \sigma_{\bar{x}}^2)$,即 $\bar{x} \sim N\left(\mu, \frac{\sigma^2}{n}\right)$。

查表可得,$P(Z < 1.28) = 90\%$,所以 $Z = 1.28$
又已知 $\mu = 120$,$\sigma^2 = 10$,因此:

$$\bar{x} = \mu_{\bar{x}} + Z\sigma_{\bar{x}}$$
$$= \mu + Z\frac{\sigma}{\sqrt{n}}$$
$$= 120 + 1.28 \times \frac{\sqrt{10}}{\sqrt{49}}$$
$$\approx 120.58$$

所以,该文具代理商平均收入不少于 120.58 万元的概率为 90%。

6. 因为 $n\pi = 12 > 5$,$n(1-\pi) = 8 > 5$,

所以 $\bar{p} \sim N(\mu_{\bar{p}}, \sigma_{\bar{p}}^2)$,即:$\bar{p} \sim N\left(\pi, \left(\sqrt{\frac{\pi(1-\pi)}{n}}\right)^2\right)$。

因此:

$$P(\bar{p} > 0.7) = P\left(\frac{\bar{p} - \pi}{\sqrt{\frac{\pi(1-\pi)}{n}}} > \frac{0.7 - 0.6}{\sqrt{\frac{0.6 \times (1-0.6)}{20}}}\right)$$

$$\approx P(Z > 0.91)$$
$$= 1 - P(Z \leqslant 0.91)$$
$$= 1 - 0.818\,6$$
$$= 0.181\,4$$

所以,该样本中高档酒的占比超过 70% 的概率为 0.181 4。

7. 因为 $n\pi = 59.5 > 5$,$n(1-\pi) = 25.5 > 5$,

所以 $\bar{p} \sim N(\mu_{\bar{p}}, \sigma_{\bar{p}}^2)$,即:$\bar{p} \sim N\left(\pi, \left(\sqrt{\frac{\pi(1-\pi)}{n}}\right)^2\right)$。

因此:

$$P\left(\bar{p} > \frac{60}{85}\right) = P\left(\frac{\bar{p} - \pi}{\sqrt{\frac{\pi(1-\pi)}{n}}} > \frac{\frac{60}{85} - 0.7}{\sqrt{\frac{0.7 \times (1-0.7)}{85}}}\right)$$

$$\approx P(Z > 0.12)$$
$$= 1 - P(Z \leqslant 0.12)$$
$$= 1 - 0.547\,8$$
$$= 0.452\,2$$

所以,抽取的 85 名学生中超过 60 名学生用平板电脑记笔记的概率是 0.452 2。

三、案例分析

(1) 因为 $n\pi = 60 > 5$, $n(1-\pi) = 40 > 5$,

所以 $\bar{p} \sim N(\mu_{\bar{p}}, \sigma_{\bar{p}}^2)$,即: $\bar{p} \sim N\left(\pi, \left(\sqrt{\dfrac{\pi(1-\pi)}{n}}\right)^2\right)$。

查表可得,$P(Z < 1.645) = 95\%$,所以 $Z = 1.645$,

因此:
$$\bar{p} = \pi + Z\sigma_{\bar{p}}$$
$$= \pi + Z\sqrt{\dfrac{\pi(1-\pi)}{n}}$$
$$= 0.6 + 1.645 \times \sqrt{\dfrac{0.6 \times (1-0.6)}{100}}$$
$$\approx 0.680\,6$$

所以,在市场中随机抽取 100 名喜欢观看短视频的用户,其中用该短视频 APP 的用户占比超过 0.680 6 的概率为 95%。

(2) 因为 $n = 64 > 30$,所以 $\bar{x} \sim N(\mu_{\bar{x}}, \sigma_{\bar{x}}^2)$,即 $\bar{x} \sim N\left(\mu, \left(\dfrac{\sigma}{\sqrt{n}}\right)^2\right)$。

又已知 $\mu = 50$,$\sigma = 20$,因此:
$$P(45 \leqslant \bar{x} \leqslant 55) = P\left(\dfrac{45-50}{\dfrac{20}{\sqrt{64}}} \leqslant \dfrac{\bar{x}-\mu}{\dfrac{\sigma}{\sqrt{n}}} \leqslant \dfrac{55-50}{\dfrac{20}{\sqrt{64}}}\right)$$
$$= P(-2 \leqslant Z \leqslant 2)$$
$$= P(Z \leqslant 2) - P(Z < -2)$$
$$= 0.977\,2 - 0.022\,8$$
$$= 0.954\,4$$

所以,抽取的 64 名该视频 APP 用户平均每天观看短视频时长介于 45~55 分钟之间的概率是 0.954 4。

拓展学习

(1) 因为 $n\pi = 432 > 5$,$n(1-\pi) = 168 > 5$,

所以,样本比例服从正态分布,即: $\bar{p} \sim N(\mu_{\bar{p}}, \sigma_{\bar{p}}^2)$。

其中,$\mu_{\bar{p}} = \pi = 0.72$

$$\sigma_{\bar{p}} = \sqrt{\dfrac{\pi(1-\pi)}{n}} = \sqrt{\dfrac{0.72 \times (1-0.72)}{600}} \approx 0.018\,3$$

即：$\bar{p} \sim N(0.72, 0.018\ 3^2)$

(2) $P(0.68 \leqslant \bar{p} \leqslant 0.76) = P\left(\dfrac{0.68-0.72}{\sqrt{\dfrac{0.72\times(1-0.72)}{600}}} \leqslant \dfrac{\bar{p}-\pi}{\sqrt{\dfrac{\pi(1-\pi)}{n}}} \leqslant \dfrac{0.76-0.72}{\sqrt{\dfrac{0.72\times(1-0.72)}{600}}}\right)$

$\approx P(-2.19 \leqslant Z \leqslant 2.19)$

$= P(Z \leqslant 2.19) - P(Z < -2.19)$

$= 0.985\ 7 - 0.014\ 3$

$= 0.971\ 4$

所以该样本年龄在 25 岁以下的顾客所占比例在 68%～76%之间的概率是 0.971 4。

第 八 章

一、概念梳理

1. (1) $z = \pm 1.96$ (2) $z = \pm 2.575$ (3) $z = \pm 1.645$

2. (1) $t = \pm 2.201\ 0$ (2) $t = \pm 3.249\ 8$ (3) $t = \pm 2.079\ 6$ (4) $t = \pm 2.032\ 2$ (5) $t = \pm 1.671\ 1$

3. (1) 先求样本均值 $\bar{x}$，$\bar{x} = \dfrac{\sum\limits_{i=1}^{n} x_i}{n} = \dfrac{17+16+24+23+27+19}{6} = 21$

由于 σ 已知，则用公式 $\bar{x} \pm z_{\alpha/2} \dfrac{\sigma}{\sqrt{n}}$

在 95% 的置信度下，$z = \pm 1.96$

$\bar{x} \pm z_{\alpha/2} \dfrac{\sigma}{\sqrt{n}} = 21 \pm 1.96 \times \dfrac{5}{\sqrt{6}} \approx 21 \pm 4.00$

所以 $\mu \in [17, 25]$

(2) 同上，查表可得在 90% 的置信度下，$z = \pm 1.645$，

$\bar{x} \pm z_{\alpha/2} \dfrac{\sigma}{\sqrt{n}} = 21 \pm 1.645 \times \dfrac{4}{\sqrt{6}} \approx 21 \pm 2.69$

所以 $\mu \in [18.31, 23.69]$

4. (1) 先求样本均值 $\bar{x}$，$\bar{x} = \dfrac{\sum\limits_{i=1}^{n} x_i}{n} = \dfrac{30+45+10+9+42+12+26+32}{8} = 25.75$

由于 σ 已知，则用公式 $\bar{x} \pm z_{\alpha/2} \dfrac{\sigma}{\sqrt{n}}$

在 95% 的置信度下，$z = \pm 1.96$

$\bar{x} \pm z_{\alpha/2} \dfrac{\sigma}{\sqrt{n}} = 25.75 \pm 1.96 \times \dfrac{15}{\sqrt{8}} \approx 25.75 \pm 10.39$

所以 $\mu \in [15.36, 36.14]$

(2) 同上，查表可得在 90% 的置信度下，$z = \pm 1.645$，

$\bar{x} \pm z_{\alpha/2} \dfrac{\sigma}{\sqrt{n}} = 25.75 \pm 1.645 \times \dfrac{10}{\sqrt{8}} \approx 25.75 \pm 5.82$

所以 $\mu \in [19.93, 31.57]$

5. (1) 先求样本均值 $\bar{x}$,$\bar{x} = \dfrac{\sum\limits_{i=1}^{n} x_i}{n} = \dfrac{50+55+45+42+60+47}{6} = 49.83$,

再求样本标准差

$$s = \sqrt{\dfrac{\sum\limits_{i=1}^{n}(x_i - \bar{x})^2}{n-1}}$$

$$= \sqrt{\dfrac{(50-49.83)^2 + (55-49.83)^2 + \cdots + (47-49.83)^2}{6-1}}$$

$$\approx 6.676$$

由于 σ 未知,则用公式 $\bar{x} \pm t_{\alpha/2, n-1} \dfrac{s}{\sqrt{n}}$

在 95% 的置信度下,$t_{\alpha/2, n-1} = t_{0.025, 5} = \pm 2.5706$

$\bar{x} \pm t_{\alpha/2, n-1} \dfrac{s}{\sqrt{n}} = 49.83 \pm 2.5706 \times \dfrac{6.676}{\sqrt{6}} \approx 49.83 \pm 7.00$

所以 $\mu \in [42.83, 56.83]$

(2) 同上,查表可得在 90% 的置信度下,$t_{\alpha/2, n-1} = t_{0.05, 5} = \pm 2.015$。

$\bar{x} \pm t_{\alpha/2, n-1} \dfrac{s}{\sqrt{n}} = 49.83 \pm 2.015 \times \dfrac{6.676}{\sqrt{6}} \approx 49.83 \pm 5.49$

所以 $\mu \in [44.34, 55.32]$

6. (1) 先求样本均值 $\bar{x}$,$\bar{x} = \dfrac{\sum\limits_{i=1}^{n} x_i}{n} = \dfrac{20+22+31+19+26+17+30}{7} = 23.57$,

再求样本标准差

$$s = \sqrt{\dfrac{\sum\limits_{i=1}^{n}(x_i - \bar{x})^2}{n-1}}$$

$$= \sqrt{\dfrac{(20-23.57)^2 + (22-23.57)^2 + \cdots + (30-23.57)^2}{7-1}}$$

$$\approx 5.503$$

由于 σ 未知,则用公式 $\bar{x} \pm t_{\alpha/2, n-1} \dfrac{s}{\sqrt{n}}$

在 95% 的置信度下,$t_{\alpha/2, n-1} = t_{0.025, 6} = \pm 2.4469$

$\bar{x} \pm t_{\alpha/2, n-1} \dfrac{s}{\sqrt{n}} = 23.57 \pm 2.4469 \times \dfrac{5.503}{\sqrt{7}} \approx 23.57 \pm 5.09$

所以 $\mu \in [18.48, 28.66]$

(2) 同上,查表可得在 90% 的置信度下,$t_{\alpha/2, n-1} = t_{0.05, 6} = \pm 1.9432$

$\bar{x} \pm t_{\alpha/2, n-1} \dfrac{s}{\sqrt{n}} = 23.57 \pm 1.9432 \times \dfrac{5.503}{\sqrt{7}} \approx 23.57 \pm 4.04$

所以 $\mu \in [19.53, 27.61]$

7. 由题意可得 $\bar{p} = \dfrac{30}{100} = 0.3$,

在 95% 的置信度下, $z = \pm 1.96$

$\bar{p} \pm z_{\alpha/2} \sqrt{\dfrac{\bar{p}(1-\bar{p})}{n}} = 0.3 \pm 1.96 \times \sqrt{\dfrac{0.3 \times 0.7}{100}} \approx 0.3 \pm 0.089\,8$

所以 $\pi \in [0.210\,2, 0.389\,8]$

8. 由题意可得 $\bar{p} = \dfrac{50}{500} = 0.1$,

在 99% 的置信度下, $z = \pm 2.575$

$\bar{p} \pm z_{\alpha/2} \sqrt{\dfrac{\bar{p}(1-\bar{p})}{n}} = 0.1 \pm 2.575 \times \sqrt{\dfrac{0.1 \times 0.9}{500}} \approx 0.1 \pm 0.034\,5$

所以 $\pi \in [0.065\,5, 0.134\,5]$

二、概念运用

1. (1) 由于 σ 已知, 则用公式 $\bar{x} \pm z_{\alpha/2} \dfrac{\sigma}{\sqrt{n}}$

在 90% 的置信度下, $z = \pm 1.645$

$\bar{x} \pm z_{\alpha/2} \dfrac{\sigma}{\sqrt{n}} = 3\,486 \pm 1.645 \times \dfrac{650}{\sqrt{120}} \approx 3\,486 \pm 97.61$

所以 $\mu \in [3\,388.39, 3\,583.61]$

在 90% 的置信度下, 该市辅助生活设施的月租金的总体均值在 3 388.39~3 583.61 元之间。

(2) 同上, 查表可得在 95% 的置信度下, $z = \pm 1.96$,

$\bar{x} \pm z_{\alpha/2} \dfrac{\sigma}{\sqrt{n}} = 3\,486 \pm 1.96 \times \dfrac{650}{\sqrt{120}} \approx 3\,486 \pm 116.30$

所以 $\mu \in [3\,369.70, 3\,602.30]$

在 95% 的置信度下, 该市辅助生活设施的月租金的总体均值在 3 369.70~3 602.30 元之间。

(3) 同上, 查表可得在 99% 的置信度下, $z = \pm 2.575$,

$\bar{x} \pm z_{\alpha/2} \dfrac{\sigma}{\sqrt{n}} = 3\,486 \pm 2.575 \times \dfrac{650}{\sqrt{120}} \approx 3\,486 \pm 152.79$

所以 $\mu \in [3\,333.21, 3\,638.79]$

在 99% 的置信度下, 该市辅助生活设施的月租金的总体均值在 3 333.21~3 638.79 元之间。

(4) 当置信水平增大时, 置信区间的宽度增大。

合理, 因为置信区间的长度是由边际误差(在本题中即 $z_{\alpha/2} \dfrac{\sigma}{\sqrt{n}}$)决定的, 由于在该题中 σ 是固定的, n 也是固定的, 所以这个宽度仅由 z 决定, 当置信度逐渐增大时, z 值也逐渐增大, 因而宽度也逐渐增大。

2. 由于 σ 未知, 则用公式 $\bar{x} \pm t_{\alpha/2,\,n-1} \dfrac{s}{\sqrt{n}}$

在 95% 的置信度下, $t_{\alpha/2,\,n-1} = t_{0.025,\,24} = \pm 2.063\,9$

$\bar{x} \pm t_{\alpha/2,\,n-1} \dfrac{s}{\sqrt{n}} = 50 \pm 2.063\,9 \times \dfrac{3.5}{\sqrt{25}} \approx 50 \pm 1.44$

所以 $\mu \in [48.56, 51.44]$

在 95% 的置信度下，当日该款小包装零食的平均重量在 48.56～51.44 g 之间。

3. 由题意可得 $\bar{p} = \dfrac{67}{100} = 0.67$，

在 90% 的置信度下，$z = \pm 1.645$

$\bar{p} \pm z_{\alpha/2} \sqrt{\dfrac{\bar{p}(1-\bar{p})}{n}} = 0.67 \pm 1.645 \times \sqrt{\dfrac{0.67 \times 0.33}{100}} \approx 0.67 \pm 0.0773$

所以 $\pi \in [0.5927, 0.7473]$

在 90% 的置信度下，所有在该店消费过的用户使用电子支付的比例在 59.27%～74.73% 之间。

4. 由题意可得 $\bar{p} = \dfrac{180}{200} = 0.9$，

在 95% 的置信度下，$z = \pm 1.96$

$\bar{p} \pm z_{\alpha/2} \sqrt{\dfrac{\bar{p}(1-\bar{p})}{n}} = 0.9 \pm 1.96 \times \sqrt{\dfrac{0.9 \times 0.1}{200}} \approx 0.9 \pm 0.0416$

所以 $\pi \in [0.8584, 0.9416]$

在 95% 的置信度下，所有在该乐园进行过商品消费的游客占比在 85.84%～94.16% 之间。

5. 由于 σ 未知，则用公式 $\bar{x} \pm t_{\alpha/2, n-1} \dfrac{s}{\sqrt{n}}$

在 90% 的置信度下，$t_{\alpha/2, n-1} = t_{0.05, 99} = \pm 1.6604$

$\bar{x} \pm t_{\alpha/2, n-1} \dfrac{s}{\sqrt{n}} = 490 \pm 1.6604 \times \dfrac{100}{\sqrt{100}} \approx 490 \pm 16.60$

所以 $\mu \in [473.40, 506.60]$

在 90% 的置信度下，当日全部游客平均饮食消费能力在 473.40～506.60 元之间。

三、案例分析

由于 σ 已知，则用公式 $\bar{x} \pm z_{\alpha/2} \dfrac{\sigma}{\sqrt{n}}$

在 99% 的置信度下，$z = \pm 2.575$

$\bar{x} \pm z_{\alpha/2} \dfrac{\sigma}{\sqrt{n}} = 10 \pm 2.575 \times \dfrac{2}{\sqrt{64}} \approx 10 \pm 0.64$

所以 $\mu \in [9.36, 10.64]$

在 99% 的置信度下，客户购买 M 公司产品平均数目在 9.36～10.64 款之间。

拓展学习

由题意可得 $\bar{p} = 0.75$，

在 95% 的置信度下，$z = \pm 1.96$

$\bar{p} \pm z_{\alpha/2} \sqrt{\dfrac{\bar{p}(1-\bar{p})}{n}} = 0.75 \pm 1.96 \times \sqrt{\dfrac{0.75 \times 0.25}{100}} \approx 0.75 \pm 0.0849$

所以 $\pi \in [0.6651, 0.8349]$

在 95% 的置信度下，用户对该公司研发的新型 CPU 的认可度在 66.51%～83.49% 之间。

第 九 章

一、概念梳理

1. (1) 不正确。原假设与备择假设不互斥。 (2) 不正确。带有等号的条件应在原假设中出现。 (3) 不正确。原假设与备择假设不完备。

2. (1) ± 1.645 (2) ± 1.96 (3) ± 2.33

3. (1) 1.28 (2) 1.645 (3) 2.05

4. (1) -1.28 (2) -1.645 (3) -2.33

5. $H_0: \mu = 1\,000$
$H_1: \mu \neq 1\,000$

6. $H_0: \mu \geqslant 75$
$H_1: \mu < 75$

7. (1) 因为 σ 已知,所以使用 z 检验统计量

$$z = \frac{\bar{x} - \mu}{\frac{\sigma}{\sqrt{n}}} = \frac{78.5 - 80}{\frac{12}{\sqrt{100}}} = -1.25$$

因为此假设检验为左侧的,所以 -1.25 以左的区域的概率即为 p 值,为 $0.105\,6$。
因为 p 值 $= 0.105\,6 > 0.01 = \alpha$,所以不拒绝 H_0。

(2) 因为 σ 已知,所以使用 z 检验统计量

$$z = \frac{\bar{x} - \mu}{\frac{\sigma}{\sqrt{n}}} = \frac{77 - 80}{\frac{12}{\sqrt{100}}} = -2.5$$

因为此假设检验为左侧的,所以 -2.5 以左的区域的概率即为 p 值,为 $0.006\,2$。
因为 p 值 $= 0.006\,2 < 0.01 = \alpha$,所以拒绝 H_0。

(3) 因为 σ 已知,所以使用 z 检验统计量

$$z = \frac{\bar{x} - \mu}{\frac{\sigma}{\sqrt{n}}} = \frac{75.5 - 80}{\frac{12}{\sqrt{100}}} = -3.75$$

因为此假设检验为左侧的,所以 -3.75 以左的区域的概率即为 p 值,为 $0.000\,09$。
因为 p 值 $= 0.000\,09 < 0.01 = \alpha$,所以拒绝 H_0。

(4) 因为 σ 已知,所以使用 z 检验统计量

$$z = \frac{\bar{x} - \mu}{\frac{\sigma}{\sqrt{n}}} = \frac{81 - 80}{\frac{12}{\sqrt{100}}} \approx 0.83$$

因为此假设检验为左侧的,所以 0.83 以左的区域的概率即为 p 值,为 $0.796\,7$。
因为 p 值 $= 0.796\,7 > 0.01 = \alpha$,所以不拒绝 H_0。

二、概念运用

1. (1) $H_0: \mu \leqslant 135$
$H_1: \mu > 135$

（2）在这种情况下，第一类错误是某品牌橙汁饮料瓶上的标签注明其热量不超过 135 cal 是真的，但检验结果却认为某品牌饮料热量超过 135 cal。

（3）在这种情况下，第二类错误是某品牌橙汁饮料瓶上的标签注明其热量不超过 135 cal 是假的，但检验结果却认为某品牌饮料热量不超过 135 cal。

2.（1）临界值法：

由题意可知，假设为

$$H_0: \mu \leqslant 3\,173$$
$$H_1: \mu > 3\,173$$

因为 σ 已知，所以使用 z 检验统计量

$$z = \frac{\bar{x} - \mu}{\frac{\sigma}{\sqrt{n}}} = \frac{3\,325 - 3\,173}{\frac{1\,000}{\sqrt{1\,600}}} = 6.08$$

因为 $\alpha = 0.05$，且此假设检验为右侧的，查 z 表可得临界值为 1.645。

因为 $6.08 > 1.645$，所以拒绝 H_0。

因而 2021 年大学生使用信用卡进行消费的平均金额与报告的数值相比持续增大。

p 值法：

由题意可知，假设为

$$H_0: \mu \leqslant 3\,173$$
$$H_1: \mu > 3\,173$$

因为 σ 已知，所以使用 z 检验统计量

$$z = \frac{\bar{x} - \mu}{\frac{\sigma}{\sqrt{n}}} = \frac{3\,325 - 3\,173}{\frac{1\,000}{\sqrt{1\,600}}} = 6.08$$

因为此假设检验为右侧的，所以 6.08 以右的区域的概率即为 p 值，为 0。

因为 p 值 $= 0 < 0.05 = \alpha$，所以拒绝 H_0。

因而 2021 年大学生使用信用卡进行消费的平均金额与报告的数值相比持续增大。

（2）临界值法：

由题意可知，假设为

$$H_0: \pi \leqslant 44\%$$
$$H_1: \pi > 44\%$$

$$z = \frac{\bar{p} - \pi}{\sqrt{\frac{\pi(1-\pi)}{n}}} = \frac{46\% - 44\%}{\sqrt{\frac{44\% \times (1 - 44\%)}{1\,600}}} \approx 1.61$$

因为 $\alpha = 0.05$，且此假设检验为右侧的，查 z 表可得临界值为 1.645。

因为 $1.61 < 1.645$，所以不拒绝 H_0。

因而 2021 年大学生使用信用卡进行消费的平均金额与 5 年前相比增长的比例没有超过 44%。

p 值法：

由题意可知，假设为

$$H_0: \pi \leqslant 44\%$$
$$H_1: \pi > 44\%$$

$$z = \frac{\bar{p} - \pi}{\sqrt{\frac{\pi(1-\pi)}{n}}} = \frac{46\% - 44\%}{\sqrt{\frac{44\% \times (1-44\%)}{1\,600}}} \approx 1.61$$

因为此假设检验为右侧的,所以 1.61 以右的区域的概率即为 p 值,为 0.053 7。

因为 p 值 $= 0.053\,7 > 0.05 = \alpha$,所以不拒绝 H_0。

因而 2021 年大学生使用信用卡进行消费的平均金额与 5 年前相比增长的比例没有超过 44%。

3. 临界值法:

由题意可知,假设为

$$H_0: \mu \leqslant 6$$
$$H_1: \mu > 6$$

因为 σ 未知,所以使用 t 检验统计量

$$t = \frac{\bar{x} - \mu}{\frac{s}{\sqrt{n}}} = \frac{7-6}{\frac{1.5}{\sqrt{200}}} \approx 9.43$$

因为 $\alpha = 0.01$, $df = n - 1 = 200 - 1 = 199$,且此假设检验为右侧的,查 t 表可得临界值为 2.326 3 (因为 t 表显示的最大精确自由度为 120,因此应该查自由度为 ∞ 这一行;因为此时自由度非常大, t 分布已经非常接近标准正态分布了,因此也可以直接查累积标准正态分布表)。

因为 $9.43 > 2.326\,3$,所以拒绝 H_0。

因而有足够的证据表明该电脑公司生产的 X 系列笔记本电脑平均寿命超过了 6 年。

p 值法:

由题意可知,假设为

$$H_0: \mu \leqslant 6$$
$$H_1: \mu > 6$$

因为 σ 未知,所以使用 t 检验统计量

$$t = \frac{\bar{x} - \mu}{\frac{s}{\sqrt{n}}} = \frac{7-6}{\frac{1.5}{\sqrt{200}}} \approx 9.43$$

$df = n - 1 = 200 - 1 = 199$,且此假设检验为右侧的,所以 9.43 以右的区域的概率即为 p 值,但是 t 表中自由度为 ∞ 这一行找不到 9.43,所以无法求出精确的 p 值,可是可以给出 p 值的范围。自由度为 ∞ 那一行最大的 t 值为 2.575 8,因为 $9.43 > 2.575\,8$,所以 9.43 以右的区域的概率就小于 2.575 8 以右的区域的概率,又已知 2.575 8 以右的区域的概率为 0.005,所以 p 值 < 0.005。

因为 p 值 $< 0.005 < 0.01 = \alpha$,所以拒绝 H_0。

因而有足够的证据表明该电脑公司生产的 X 系列笔记本电脑平均寿命超过了 6 年。

4. 临界值法:

由题意可知,假设为

$$H_0: \pi \geqslant 64\%$$
$$H_1: \pi < 64\%$$

由样本数据计算可得，

$$\bar{p} = \frac{52}{100} = 52\%$$

所以，

$$z = \frac{\bar{p} - \pi}{\sqrt{\frac{\pi(1-\pi)}{n}}} = \frac{52\% - 64\%}{\sqrt{\frac{64\% \times (1-64\%)}{100}}} = -2.5$$

因为 $\alpha = 0.05$，且此假设检验为左侧的，查 z 表可得临界值为 -1.645。
因为 $-2.5 < -1.645$，所以拒绝 H_0。
因而有足够的证据表明超市购物者中认为超市自有品牌与国家著名品牌的番茄酱在质量上并无显著差异的比例少于 64%。

p 值法：
由题意可知，假设为

$$H_0: \pi \geqslant 64\%$$
$$H_1: \pi < 64\%$$

由样本数据计算可得，

$$\bar{p} = \frac{52}{100} = 52\%$$

所以，

$$z = \frac{\bar{p} - \pi}{\sqrt{\frac{\pi(1-\pi)}{n}}} = \frac{52\% - 64\%}{\sqrt{\frac{64\% \times (1-64\%)}{100}}} = -2.5$$

因为此假设检验为左侧的，所以 -2.5 以左的区域的概率即为 p 值，为 $0.006\,2$。
因为 p 值 $= 0.006\,2 < 0.05 = \alpha$，所以拒绝 H_0。
因而有足够的证据表明超市购物者中认为超市自有品牌与该著名品牌的番茄酱在质量上并无显著差异的比例少于 64%。

三、案例分析

（1）临界值法：
由题意可知，假设为

$$H_0: \mu \leqslant 169.7$$
$$H_1: \mu > 169.7$$

因为 σ 未知，所以使用 t 检验统计量

$$t = \frac{\bar{x} - \mu}{\frac{s}{\sqrt{n}}} = \frac{172 - 169.7}{\frac{6}{\sqrt{1\,000}}} \approx 12.12$$

因为 $\alpha = 0.05$，$df = n - 1 = 1\,000 - 1 = 999$，且此假设检验为右侧的，查 t 表可得临界值为 $1.644\,9$

(因为 t 表显示的最大精确自由度为 120，因此应该查自由度为 ∞ 这一行；因为此时自由度非常大，t 分布已经非常接近标准正态分布了，因此也可以直接查累积标准正态分布表）。

因为 $12.12 > 1.6449$，所以拒绝 H_0。

因而有足够的证据表明我国 18~44 岁的男性居民平均身高是高于 169.7 cm 的。

p 值法：

由题意可知，假设为

$$H_0: \mu \leqslant 169.7$$
$$H_1: \mu > 169.7$$

因为 σ 未知，所以使用 t 检验统计量

$$t = \frac{\bar{x} - \mu}{\frac{s}{\sqrt{n}}} = \frac{172 - 169.7}{\frac{6}{\sqrt{1\,000}}} \approx 12.12$$

$df = n - 1 = 1\,000 - 1 = 999$，且此假设检验为右侧的，所以 12.12 以右的区域的概率即为 p 值，但是 t 表中自由度为 ∞ 这一行找不到 12.12，所以无法求出精确的 p 值，可是可以给出 p 值的范围。自由度为 ∞ 那一行最大的 t 值为 2.5758，因为 $12.12 > 2.5758$，所以 12.12 以右的区域的概率就小于 2.5758 以右的区域的概率，又已知 2.5758 以右的区域的概率为 0.005，所以 p 值 < 0.005。

因为 p 值 $< 0.005 < 0.01 = \alpha$，所以拒绝 H_0。

因而有足够的证据表明我国 18~44 岁的男性居民平均身高是高于 169.7 cm 的。

（2）临界值法：

由题意可知，假设为

$$H_0: \mu = 158$$
$$H_1: \mu \neq 158$$

因为 σ 已知，所以使用 z 检验统计量

$$z = \frac{\bar{x} - \mu}{\frac{\sigma}{\sqrt{n}}} = \frac{160 - 158}{\frac{5.2}{\sqrt{1\,000}}} \approx 12.16$$

因为 $\alpha = 0.01$，且此假设检验为双侧的，查 z 表可得临界值为 ± 2.575。

因为 $12.63 > 2.575$，所以拒绝 H_0。

因而没有足够的证据表明我国 18~44 岁的女性居民平均身高是 158 cm。

p 值法：

由题意可知，假设为

$$H_0: \mu = 158$$
$$H_1: \mu \neq 158$$

因为 σ 已知，所以使用 z 检验统计量

$$z = \frac{\bar{x} - \mu}{\frac{\sigma}{\sqrt{n}}} = \frac{160 - 158}{\frac{5.2}{\sqrt{1\,000}}} \approx 12.16$$

因为此假设检验为双侧的,而 z 值只有一个且为正数,所以只能查 12.16 以右的区域的概率,为 0,即 $\frac{1}{2}p$ 值 $=0$,所以 p 值 $=0$。

因为 p 值 $= 0 < 0.01 = \alpha$,所以拒绝 H_0。

因而没有足够的证据表明我国 18～44 岁的女性居民平均身高是 158 cm。

(3) 临界值法:

由题意可知,假设为

$$H_0: \pi \geqslant 34.3\%$$
$$H_1: \pi < 34.3\%$$

由样本数据计算可得,

$$\bar{p} = \frac{384}{1\,000} = 38.4\%$$

所以,

$$z = \frac{\bar{p} - \pi}{\sqrt{\frac{\pi(1-\pi)}{n}}} = \frac{38.4\% - 34.3\%}{\sqrt{\frac{34.3\% \times (1-34.3\%)}{1\,000}}} \approx 2.73$$

因为 $\alpha = 0.1$,且此假设检验为左侧的,查 z 表可得临界值为 -1.28。

因为 $2.73 > -1.28$,所以不拒绝 H_0。

因而没有足够的证据表明我国 18 岁及以上的居民的超重率是低于 34.3% 的。

p 值法:

由题意可知,假设为

$$H_0: \pi \geqslant 34.3\%$$
$$H_1: \pi < 34.3\%$$

由样本数据计算可得,

$$\bar{p} = \frac{384}{1\,000} = 38.4\%$$

所以,

$$z = \frac{\bar{p} - \pi}{\sqrt{\frac{\pi(1-\pi)}{n}}} = \frac{38.4\% - 34.3\%}{\sqrt{\frac{34.3\% \times (1-34.3\%)}{1\,000}}} \approx 2.73$$

因为此假设检验为左侧的,所以 2.73 以左的区域的概率即为 p 值,为 0.996 8。

因为 p 值 $= 0.996\,8 > 0.1 = \alpha$,所以不拒绝 H_0。

因而没有足够的证据表明我国 18 岁及以上的居民的超重率是低于 34.3% 的。

拓展学习

临界值法:

由题意可知,假设为

$$H_0: \mu = 12$$
$$H_1: \mu \neq 12$$

因为 σ 未知,所以使用 t 检验统计量

$$t = \frac{\bar{x} - \mu}{\frac{s}{\sqrt{n}}} = \frac{13.2 - 12}{\frac{1}{\sqrt{1\,600}}} = 48$$

因为 $\alpha = 0.05$, $df = n - 1 = 1\,600 - 1 = 1\,599$,且此假设检验为双侧的,查 t 表可得临界值为 $\pm 1.960\,0$(因为 t 表显示的最大精确自由度为 120,因此应该查自由度为 ∞ 这一行;因为此时自由度非常大,t 分布已经非常接近标准正态分布了,因此也可以直接查累积标准正态分布表)。

因为 $48 > 1.960\,0$,所以拒绝 H_0。

因而该物流服务商的说法不属实。

p 值法:

由题意可知,假设为

$$H_0: \mu = 12$$
$$H_1: \mu \neq 12$$

因为 σ 未知,所以使用 t 检验统计量

$$t = \frac{\bar{x} - \mu}{\frac{s}{\sqrt{n}}} = \frac{13.2 - 12}{\frac{1}{\sqrt{1\,600}}} = 48$$

$df = n - 1 = 1\,600 - 1 = 1\,599$,且此假设检验为双侧的,所以 48 以右的区域的概率即为 $\frac{1}{2} p$ 值,但是 t 表中自由度为 ∞ 这一行找不到 48,所以无法求出精确的 p 值,可是可以给出 p 值的范围。自由度为 ∞ 那一行最大的 t 值为 $2.575\,8$,因为 $48 > 2.575\,8$,所以 48 以右的区域的概率就小于 $2.575\,8$ 以右的区域的概率,又已知 $2.575\,8$ 以右的区域的概率为 0.005,所以 $\frac{1}{2} p$ 值 < 0.005,因而 p 值 < 0.01。

因为 p 值 $< 0.01 < 0.05 = \alpha$,所以拒绝 H_0。

因而该物流服务商的说法不属实。

第 十 章

一、概念梳理

1. (1) 由题意可设 $d_i = x_{2i} - x_{1i}$, $i = 1, \cdots, 5$,具体的差异值 d_i 可见下表最后一列:

机 器	新工艺	旧工艺	差异值 $d =$ 新工艺 $-$ 旧工艺
1	10 776	10 623	153
2	10 707	10 581	126
3	10 670	10 557	113
4	10 668	10 554	114
5	10 666	10 512	154

因此可知假设为

$$H_0: \mu_d \leqslant 0$$
$$H_1: \mu_d > 0$$

(2) 由差异值的样本数据计算可得,

$$\bar{d} = \frac{\sum_{i=1}^{n} d_i}{n} = \frac{153 + 126 + \cdots + 154}{5} = 132$$

$$s_d = \sqrt{\frac{\sum_{i=1}^{n} (d_i - \bar{d})^2}{n-1}} = \sqrt{\frac{(153-132)^2 + (126-132)^2 + \cdots + (154-132)^2}{5-1}} \approx 20.2355$$

所以,

$$t = \frac{\bar{d} - \mu_d}{\frac{s_d}{\sqrt{n}}} = \frac{132 - 0}{\frac{20.2855}{\sqrt{5}}} \approx 14.5503$$

(3) 因为 $\alpha = 0.01$, $df = n - 1 = 5 - 1 = 4$, 且此假设检验为右侧的,查 t 表可得临界值为 3.7469。

2. (1) 设 μ_1=甲品牌轿车的平均首次故障里程数,μ_2=乙品牌轿车的平均首次故障里程数,则假设如下:

$$H_0: \mu_1 - \mu_2 = 0$$
$$H_1: \mu_1 - \mu_2 \neq 0$$

(2) 因为 σ_1 和 σ_2 虽然未知但相等,所以使用同方差 t 检验统计量。由样本数据计算可得,

$$\bar{x}_1 = \frac{\sum_{i=1}^{n_1} x_{1i}}{n_1} = \frac{1\,200 + 1\,400 + \cdots + 1\,900}{5} = 1\,556$$

$$\bar{x}_2 = \frac{\sum_{i=1}^{n_2} x_{2i}}{n_2} = \frac{1\,100 + 1\,300 + \cdots + 2\,400}{6} \approx 1\,733.3333$$

$$s_1^2 = \frac{\sum_{i=1}^{n_1} (x_{1i} - \bar{x}_1)^2}{n_1 - 1}$$
$$= \frac{(1\,200 - 1\,556)^2 + (1\,400 - 1\,556)^2 + \cdots + (1\,900 - 1\,556)^2}{5 - 1}$$
$$= 72\,680$$

$$s_2^2 = \frac{\sum_{i=1}^{n_2} (x_{2i} - \bar{x}_2)^2}{n_2 - 1}$$
$$= \frac{(1\,100 - 1\,733.3333)^2 + (1\,300 - 1\,733.3333)^2 + \cdots + (2\,400 - 1\,733.3333)^2}{6 - 1}$$
$$\approx 222\,666.6667$$

$$s_p^2 = \frac{(n_1-1)s_1^2 + (n_2-1)s_2^2}{(n_1-1)+(n_2-1)} = \frac{(5-1)\times 72\,680 + (6-1)\times 222\,666.666\,7}{(5-1)+(6-1)} = 156\,005.925\,9$$

可得同方差 t 检验统计量如下：

$$t = \frac{(\bar{x}_1-\bar{x}_2)-(\mu_1-\mu_2)}{\sqrt{s_p^2\left(\frac{1}{n_1}+\frac{1}{n_2}\right)}} = \frac{(1\,556-1\,733.333\,3)-0}{\sqrt{156\,005.925\,9\times\left(\frac{1}{5}+\frac{1}{6}\right)}} \approx -0.74$$

（3）因为 $\alpha=0.05$，$df=n_1+n_2-2=5+6-2=9$，且此假设检验为双侧的，查 t 表可得临界值为 $\pm 2.262\,2$。

3.

统计量	备择假设	拒绝域
$z = \dfrac{\bar{p}_1 - \bar{p}_2}{\sqrt{\bar{p}(1-\bar{p})\left(\dfrac{1}{n_1}+\dfrac{1}{n_2}\right)}}$	$\pi_1 \neq \pi_2$	双侧
	$\pi_1 > \pi_2$	右侧
	$\pi_1 < \pi_2$	左侧

二、概念运用

1.（1）临界值法：

设 $\mu_1=$ 第一批白砂糖的平均重量，$\mu_2=$ 第二批白砂糖的平均重量，则假设如下：

$$H_0: \mu_1-\mu_2=0$$
$$H_1: \mu_1-\mu_2\neq 0$$

因为 σ_1 和 σ_2 均已知，所以使用 z 检验统计量：

$$z = \frac{(\bar{x}_1-\bar{x}_2)-(\mu_1-\mu_2)}{\sqrt{\frac{\sigma_1^2}{n_1}+\frac{\sigma_2^2}{n_2}}} = \frac{(520-525)-0}{\sqrt{\frac{15^2}{35}+\frac{20^2}{40}}} \approx -1.23$$

因为 $\alpha=0.05$，且此假设检验为双侧的，查 z 表可得临界值为 ± 1.96。

因为 $-1.96 < -1.23 < 1.96$，所以不拒绝 H_0。

因而没有足够的证据表明这两批白砂糖的平均重量存在差异。

p 值法：

设 $\mu_1=$ 第一批白砂糖的平均重量，$\mu_2=$ 第二批白砂糖的平均重量，则假设如下：

$$H_0: \mu_1-\mu_2=0$$
$$H_1: \mu_1-\mu_2\neq 0$$

因为 σ_1 和 σ_2 均已知，所以使用 z 检验统计量：

$$z = \frac{(\bar{x}_1-\bar{x}_2)-(\mu_1-\mu_2)}{\sqrt{\frac{\sigma_1^2}{n_1}+\frac{\sigma_2^2}{n_2}}} = \frac{(520-525)-0}{\sqrt{\frac{15^2}{35}+\frac{20^2}{40}}} \approx -1.23$$

因为此假设检验为双侧的,而 z 值只有一个且为负数,所以只能查 -1.23 以左的区域的概率,为 0.1093,即 $\frac{1}{2}p$ 值 $=0.1093$,所以 p 值 $=0.2186$。

因为 p 值 $=0.2186>0.05=\alpha$,所以不拒绝 H_0。

因而没有足够的证据表明这两批白砂糖的平均重量存在差异。

(2) 临界值法:

设 $\mu_1=$ 第一批白砂糖的平均重量,$\mu_2=$ 第二批白砂糖的平均重量,则假设如下:

$$H_0: \mu_1-\mu_2 \leqslant 0$$
$$H_1: \mu_1-\mu_2 > 0$$

因为 σ_1 和 σ_2 虽然未知但相等,所以使用同方差 t 检验统计量。由样本数据计算可得,

$$s_p^2=\frac{(n_1-1)s_1^2+(n_2-1)s_2^2}{(n_1-1)+(n_2-1)}=\frac{(35-1)\times 10^2+(40-1)\times 15^2}{(35-1)+(40-1)}\approx 166.7808$$

可得同方差 t 检验统计量如下:

$$t=\frac{(\bar{x}_1-\bar{x}_2)-(\mu_1-\mu_2)}{\sqrt{s_p^2\left(\frac{1}{n_1}+\frac{1}{n_2}\right)}}=\frac{(520-525)-0}{\sqrt{166.7808\times\left(\frac{1}{35}+\frac{1}{40}\right)}}\approx -1.6727$$

因为 $\alpha=0.05$,$df=n_1+n_2-2=35+40-2=73$,且此假设检验为右侧的,查 t 表可得临界值为 1.6660。

因为 $-1.6727<1.6660$,所以不拒绝 H_0。

因而没有足够的证据表明第一批白砂糖的平均重量高于第二批白砂糖的平均重量。

p 值法:

设 $\mu_1=$ 第一批白砂糖的平均重量,$\mu_2=$ 第二批白砂糖的平均重量,则假设如下:

$$H_0: \mu_1-\mu_2 \leqslant 0$$
$$H_1: \mu_1-\mu_2 > 0$$

因为 σ_1 和 σ_2 虽然未知但相等,所以使用同方差 t 检验统计量。由样本数据计算可得,

$$s_p^2=\frac{(n_1-1)s_1^2+(n_2-1)s_2^2}{(n_1-1)+(n_2-1)}=\frac{(35-1)\times 10^2+(40-1)\times 15^2}{(35-1)+(40-1)}\approx 166.7808$$

可得同方差 t 检验统计量如下:

$$t=\frac{(\bar{x}_1-\bar{x}_2)-(\mu_1-\mu_2)}{\sqrt{s_p^2\left(\frac{1}{n_1}+\frac{1}{n_2}\right)}}=\frac{(520-525)-0}{\sqrt{166.7808\times\left(\frac{1}{35}+\frac{1}{40}\right)}}\approx -1.6727$$

$df=n_1+n_2-2=35+40-2=73$,且此假设检验为右侧的,所以 -1.6727 以右的区域的概率即为 p 值,由于 0 以右的区域的概率为 0.5,所以 p 值一定是大于 0.5 的。

因为 p 值 $>0.5>0.05=\alpha$,所以不拒绝 H_0。

因而没有足够的证据表明第一批白砂糖的平均重量高于第二批白砂糖的平均重量。

(3) 临界值法:

设 $\mu_1=$ 第一批白砂糖的平均重量,$\mu_2=$ 第二批白砂糖的平均重量,则假设如下:

$$H_0: \mu_1 - \mu_2 \geqslant 0$$
$$H_1: \mu_1 - \mu_2 < 0$$

因为 σ_1 和 σ_2 未知且不等,所以使用 t 检验统计量:

$$t = \frac{(\bar{x}_1 - \bar{x}_2) - (\mu_1 - \mu_2)}{\sqrt{\frac{s_1^2}{n_1} + \frac{s_2^2}{n_2}}}$$

$$= \frac{(520 - 525) - 0}{\sqrt{\frac{10^2}{35} + \frac{15^2}{40}}}$$

$$\approx -1.716\,8$$

其中

$$df = \frac{\left(\frac{s_1^2}{n_1} + \frac{s_2^2}{n_2}\right)^2}{\frac{1}{n_1-1}\left(\frac{s_1^2}{n_1}\right)^2 + \frac{1}{n_2-1}\left(\frac{s_2^2}{n_2}\right)^2}$$

$$= \frac{\left(\frac{10^2}{35} + \frac{15^2}{40}\right)^2}{\frac{1}{35-1} \times \left(\frac{10^2}{35}\right)^2 + \frac{1}{40-1} \times \left(\frac{15^2}{40}\right)^2}$$

$$\approx 68.429\,9$$

$$\approx 68$$

因为 $\alpha = 0.05$,$df = 68$,且此假设检验为左侧的,查 t 表可得临界值为 $-1.667\,6$。
因为 $-1.716\,8 < -1.667\,6$,所以拒绝 H_0。
因而有足够的证据表明第一批白砂糖的平均重量低于第二批白砂糖的平均重量。

p 值法:

设 $\mu_1 = $ 第一批白砂糖的平均重量,$\mu_2 = $ 第二批白砂糖的平均重量,则假设如下:

$$H_0: \mu_1 - \mu_2 \geqslant 0$$
$$H_1: \mu_1 - \mu_2 < 0$$

因为 σ_1 和 σ_2 未知且不等,所以使用 t 检验统计量:

$$t = \frac{(\bar{x}_1 - \bar{x}_2) - (\mu_1 - \mu_2)}{\sqrt{\frac{s_1^2}{n_1} + \frac{s_2^2}{n_2}}}$$

$$= \frac{(520 - 525) - 0}{\sqrt{\frac{10^2}{35} + \frac{15^2}{40}}}$$

$$\approx -1.716\,8$$

其中

$$df = \frac{\left(\dfrac{s_1^2}{n_1} + \dfrac{s_2^2}{n_2}\right)^2}{\dfrac{1}{n_1-1}\left(\dfrac{s_1^2}{n_1}\right)^2 + \dfrac{1}{n_2-1}\left(\dfrac{s_2^2}{n_2}\right)^2}$$

$$= \frac{\left(\dfrac{10^2}{35} + \dfrac{15^2}{40}\right)^2}{\dfrac{1}{35-1}\times\left(\dfrac{10^2}{35}\right)^2 + \dfrac{1}{40-1}\times\left(\dfrac{15^2}{40}\right)^2}$$

$$\approx 68.429\,9$$
$$\approx 68$$

$df=68$,且此假设检验为左侧的,而 t 值只有一个且为负数,所以 $-1.716\,8$ 以左的区域的概率即为 p 值,由于 t 表只能查某个 t 值(仅限正值)以右的区域,而得到的 t 检验统计量的值 $-1.716\,8$ 为负数,所以要找 $1.716\,8$ 以右的区域的概率,也为 p 值,可得 $0.025 < p$ 值 0.05。

因为 p 值 $< 0.05 = \alpha$,所以拒绝 H_0。

因而有足够的证据表明第一批白砂糖的平均重量低于第二批白砂糖的平均重量。

(4) 因为两个总体标准差未知且不等,所以用

$$(\bar{x}_1 - \bar{x}_2) \pm t_{\alpha/2}\sqrt{\dfrac{s_1^2}{n_1} + \dfrac{s_2^2}{n_2}}$$

$$df = \frac{\left(\dfrac{s_1^2}{n_1} + \dfrac{s_2^2}{n_2}\right)^2}{\dfrac{1}{n_1-1}\left(\dfrac{s_1^2}{n_1}\right)^2 + \dfrac{1}{n_2-1}\left(\dfrac{s_2^2}{n_2}\right)^2}$$

$$= \frac{\left(\dfrac{10^2}{35} + \dfrac{15^2}{40}\right)^2}{\dfrac{1}{35-1}\times\left(\dfrac{10^2}{35}\right)^2 + \dfrac{1}{40-1}\times\left(\dfrac{15^2}{40}\right)^2}$$

$$\approx 68.429\,9$$
$$\approx 68$$

在 95% 的置信度下,$df=68$,所以 $t_{\alpha/2} = \pm 1.995\,5$。

所以,

$$(\bar{x}_1 - \bar{x}_2) \pm t_{\alpha/2}\sqrt{\dfrac{s_1^2}{n_1} + \dfrac{s_2^2}{n_2}}$$

$$= (520-525) \pm 1.995\,5 \times \sqrt{\dfrac{10^2}{35} + \dfrac{15^2}{40}}$$

$$\approx -5 \pm 5.811\,7$$

故

$$-10.811\,7 \leqslant \mu_1 - \mu_2 \leqslant 0.811\,7$$

在 95% 的置信度下,这两批白砂糖的平均重量差异性的置信区间估计为 $-10.811\,7 \sim 0.811\,7$ g。

2. (1) 临界值法:

由题意可设 $d_i = x_{2i} - x_{1i}$，$i = 1, \cdots, 4$，具体的差异值 d_i 可见下表最后一列：

超市	视频展示之前的订购意向	视频展示之后的订购意向	差异值 $d = $ 后 $-$ 前
A	15	25	10
B	10	15	5
C	30	45	15
D	20	22	2

由题意可知假设为

$$H_0 : \mu_d \leqslant 0$$
$$H_1 : \mu_d > 0$$

由差异值的样本数据计算可得，

$$\bar{d} = \frac{\sum_{i=1}^{n} d_i}{n} = \frac{10 + 5 + 15 + 2}{4} = 8$$

$$s_d = \sqrt{\frac{\sum_{i=1}^{n}(d_i - \bar{d})^2}{n-1}} = \sqrt{\frac{(10-8)^2 + (5-8)^2 + (15-8)^2 + (2-8)^2}{4-1}} \approx 5.715\,5$$

所以，

$$t = \frac{\bar{d} - \mu_d}{\frac{s_d}{\sqrt{n}}} = \frac{8 - 0}{\frac{5.715\,5}{\sqrt{4}}} \approx 2.799\,4$$

因为 $\alpha = 0.1$，$df = n - 1 = 4 - 1 = 3$，且此假设检验为右侧的，查 t 表可得临界值为 $1.637\,7$。因为 $2.799\,4 > 1.637\,7$，所以拒绝 H_0。

因而有足够的证据表明视频展示后的超市订购量显著高于视频展示前的超市订购量。

p 值法：

由题意可设 $d_i = x_{2i} - x_{1i}$，$i = 1, \cdots, 4$，具体的差异值 d_i 可见下表最后一列：

超市	视频展示之前的订购意向	视频展示之后的订购意向	差异值 $d = $ 后 $-$ 前
A	15	25	10
B	10	15	5
C	30	45	15
D	20	22	2

由题意可知假设为

$$H_0: \mu_d \leqslant 0$$
$$H_1: \mu_d > 0$$

由差异值的样本数据计算可得，

$$\bar{d} = \frac{\sum_{i=1}^{n} d_i}{n} = \frac{10+5+15+2}{4} = 8$$

$$s_d = \sqrt{\frac{\sum_{i=1}^{n}(d_i - \bar{d})^2}{n-1}} = \sqrt{\frac{(10-8)^2+(5-8)^2+(15-8)^2+(2-8)^2}{4-1}} \approx 5.7155$$

所以，

$$t = \frac{\bar{d} - \mu_d}{\frac{s_d}{\sqrt{n}}} = \frac{8-0}{\frac{5.7155}{\sqrt{4}}} \approx 2.7994$$

$df = n-1 = 4-1 = 3$，且此假设检验为右侧的，所以 2.7994 以右的区域的概率即为 p 值，因此 $0.025 < p$ 值 < 0.05。

因为 p 值 $< 0.05 < 0.1 = \alpha$，所以拒绝 H_0。

因而有足够的证据表明视频展示后的超市订购量显著高于视频展示前的超市订购量。

(2) 由题意可设 $d_i = x_{2i} - x_{1i}$，$i = 1, \cdots, 4$，具体的差异值 d_i 可见下表最后一列：

超市	视频展示之前的订购意向	视频展示之后的订购意向	差异值 d = 后 − 前
A	15	25	10
B	10	15	5
C	30	45	15
D	20	22	2

由差异值的样本数据计算可得，

$$\bar{d} = \frac{\sum_{i=1}^{n} d_i}{n} = \frac{10+5+15+2}{4} = 8$$

$$s_d = \sqrt{\frac{\sum_{i=1}^{n}(d_i - \bar{d})^2}{n-1}} = \sqrt{\frac{(10-8)^2+(5-8)^2+(15-8)^2+(2-8)^2}{4-1}} \approx 5.7155$$

在 95% 的置信度下，$df = 4-1 = 3$，所以 $t_{\alpha/2, n-1} = \pm 3.1824$。

所以

$$\bar{d} \pm t_{a/2,\, n-1} \frac{s_d}{\sqrt{n}}$$

$$= 8 \pm 3.182\,4 \times \frac{5.715\,5}{\sqrt{4}}$$

$$\approx 8 \pm 9.094\,5$$

故

$$-1.094\,5 \leqslant \mu_d \leqslant 17.094\,5$$

在 95% 的置信度下,视频展示前后超市订购量差异性的置信区间估计为 −1.094 5 千瓶～17.094 5 千瓶。

3. (1) 临界值法:

设 π_1 = 男性用户中有意向购买的人数比例,π_2 = 女性用户中有意向购买的人数比例,则假设如下:

$$H_0: \pi_1 - \pi_2 \geqslant 0$$
$$H_1: \pi_1 - \pi_2 < 0$$

由样本数据可知,

$$\bar{p}_1 = \frac{17}{30} \approx 0.566\,7,\quad \bar{p}_2 = \frac{55}{70} \approx 0.785\,7$$

$$\bar{p} = \frac{x_1 + x_2}{n_1 + n_2} = \frac{17 + 55}{30 + 70} = 0.72$$

由上可得检验统计量为:

$$z = \frac{\bar{p}_1 - \bar{p}_2}{\sqrt{\bar{p}(1-\bar{p})\left(\frac{1}{n_1} + \frac{1}{n_2}\right)}} = \frac{0.566\,7 - 0.785\,7}{\sqrt{0.72 \times (1-0.72) \times \left(\frac{1}{30} + \frac{1}{70}\right)}} \approx -2.24$$

因为 $\alpha = 0.05$,且此假设检验为左侧的,查 z 表可得临界值为 −1.645。

因为 −2.24 < −1.645,所以拒绝 H_0。

因而没有足够的证据表明男性用户中有意向购买的人数比例不低于女性用户中有意向购买的人数比例。

p 值法:

设 π_1 = 男性用户中有意向购买的人数比例,π_2 = 女性用户中有意向购买的人数比例,则假设如下:

$$H_0: \pi_1 - \pi_2 \geqslant 0$$
$$H_1: \pi_1 - \pi_2 < 0$$

由样本数据可知,

$$\bar{p}_1 = \frac{17}{30} \approx 0.566\,7,\quad \bar{p}_2 = \frac{55}{70} \approx 0.785\,7$$

$$\bar{p} = \frac{x_1 + x_2}{n_1 + n_2} = \frac{17 + 55}{30 + 70} = 0.72$$

由上可得检验统计量为:

$$z = \frac{\bar{p}_1 - \bar{p}_2}{\sqrt{\bar{p}(1-\bar{p})\left(\dfrac{1}{n_1} + \dfrac{1}{n_2}\right)}} = \frac{0.566\,7 - 0.785\,7}{\sqrt{0.72 \times (1-0.72) \times \left(\dfrac{1}{30} + \dfrac{1}{70}\right)}} \approx -2.24$$

因为此假设检验为左侧的,而 z 值只有一个且为负数,所以只能查 -2.24 以左的区域的概率,为 $0.012\,5$,所以 p 值 $=0.012\,5$。

因为 p 值 $= 0.012\,5 < 0.05 = \alpha$,所以拒绝 H_0。

因而没有足够的证据表明男性用户中有意向购买的人数比例不低于女性用户中有意向购买的人数比例。

(2) 在 95% 的置信度下,$z = \pm 1.96$。

设 $\pi_1 =$ 男性用户中有意向购买的人数比例,$\pi_2 =$ 女性用户中有意向购买的人数比例,则由样本数据可知,

$$\bar{p}_1 = \frac{17}{30} \approx 0.566\,7, \bar{p}_2 = \frac{55}{70} \approx 0.785\,7$$

所以,

$$(\bar{p}_1 - \bar{p}_2) \pm z\sqrt{\frac{\bar{p}_1(1-\bar{p}_1)}{n_1} + \frac{\bar{p}_2(1-\bar{p}_2)}{n_2}}$$
$$= (0.566\,7 - 0.785\,7) \pm 1.96 \times \sqrt{\frac{0.566\,7 \times (1-0.566\,7)}{30} + \frac{0.785\,7 \times (1-0.785\,7)}{70}}$$
$$\approx -0.219 \pm 0.201\,7$$

故

$$-0.420\,7 \leqslant \pi_1 - \pi_2 \leqslant -0.017\,3$$

在 95% 的置信度下,男性用户中有意向购买的人数比例与女性用户中有意向购买的人数比例差异性的置信区间估计为 $-0.420\,7 \sim -0.017\,3$。

三、案例分析

临界值法:

设 $\pi_1 =$ 总销售额低于 100 万元的女企业家将销售/利润定义为成功的比率,$\pi_2 =$ 总销售额在 100 万元~500 万元的女企业家将销售/利润定义为成功的比率,则假设如下:

$$H_0: \pi_1 - \pi_2 = 0$$
$$H_1: \pi_1 - \pi_2 \neq 0$$

由样本数据可知,

$$\bar{p}_1 = \frac{24}{100} = 0.24, \bar{p}_2 = \frac{39}{95} \approx 0.410\,5$$

$$\bar{p} = \frac{x_1 + x_2}{n_1 + n_2} = \frac{24 + 39}{100 + 95} \approx 0.323\,1$$

由上可得检验统计量为:

$$z = \frac{\bar{p}_1 - \bar{p}_2}{\sqrt{\bar{p}(1-\bar{p})\left(\dfrac{1}{n_1} + \dfrac{1}{n_2}\right)}} = \frac{0.24 - 0.410\,5}{\sqrt{0.323\,1 \times (1-0.323\,1) \times \left(\dfrac{1}{100} + \dfrac{1}{95}\right)}} \approx -2.54$$

因为 $\alpha = 0.01$，且此假设检验为双侧的，查 z 表可得临界值为 ± 2.575。

因为 $-2.575 < -2.54 < 2.575$，所以不拒绝 H_0。

因而没有足够的证据表明两组女企业家将销售/利润定义为成功的比率存在显著性差异。

p 值法：

设 $\pi_1 =$ 总销售额低于 100 万元的女企业家将销售/利润定义为成功的比率，$\pi_2 =$ 总销售额在 100 万～500 万元的女企业家将销售/利润定义为成功的比率，则假设如下：

$$H_0: \pi_1 - \pi_2 = 0$$
$$H_1: \pi_1 - \pi_2 \neq 0$$

由样本数据可知，

$$\bar{p}_1 = \frac{24}{100} = 0.24, \quad \bar{p}_2 = \frac{39}{95} \approx 0.4105$$

$$\bar{p} = \frac{x_1 + x_2}{n_1 + n_2} = \frac{24 + 39}{100 + 95} \approx 0.3231$$

由上可得检验统计量为：

$$z = \frac{\bar{p}_1 - \bar{p}_2}{\sqrt{\bar{p}(1-\bar{p})\left(\frac{1}{n_1} + \frac{1}{n_2}\right)}} = \frac{0.24 - 0.4105}{\sqrt{0.3231 \times (1-0.3231) \times \left(\frac{1}{100} + \frac{1}{95}\right)}} \approx -2.54$$

因为此假设检验为双侧的，而 z 值只有一个且为负数，所以只能查 -2.54 以左的区域的概率，为 0.0055，即 $\frac{1}{2} p$ 值 $= 0.0055$，所以 p 值 $= 0.011$。

因为 p 值 $= 0.011 > 0.01 = \alpha$，所以不拒绝 H_0。

因而没有足够的证据表明两组女企业家将销售/利润定义为成功的比率存在显著性差异。

拓展学习

（1）临界值法：

由题意可设 $d_i = x_{2i} - x_{1i}$，$i = 1, \cdots, 5$，具体的差异值 d_i 可见下表最后一列：

业务人员	参加培训前收到的客户投诉数量	参加培训后收到的客户投诉数量	差异值 $d =$ 后－前
1	12	8	-4
2	9	4	-5
3	8	5	-3
4	10	6	-4
5	11	7	-4

由题意可知假设为

$$H_0: \mu_d \geqslant 0$$
$$H_1: \mu_d < 0$$

由差异值的样本数据计算可得，

$$\bar{d} = \frac{\sum_{i=1}^{n} d_i}{n} = \frac{-4 + (-5) + \cdots + (-4)}{5} = -4$$

$$s_d = \sqrt{\frac{\sum_{i=1}^{n}(d_i - \bar{d})^2}{n-1}} = \sqrt{\frac{[-4-(-4)]^2 + [-5-(-4)]^2 + \cdots + [-4-(-4)]^2}{5-1}} \approx 0.7071$$

所以，

$$t = \frac{\bar{d} - \mu_d}{\frac{s_d}{\sqrt{n}}} = \frac{-4 - 0}{\frac{0.0701}{\sqrt{5}}} \approx -12.6492$$

因为 $\alpha = 0.1$，$df = n - 1 = 5 - 1 = 4$，且此假设检验为左侧的，查 t 表可得临界值为 -1.5332。因为 $-12.6492 < -1.5332$，所以拒绝 H_0。

因而有足够的证据表明业务人员参加培训后收到的客户投诉数量少于参加培训前收到的客户投诉数量。

p 值法：

由题意可设 $d_i = x_{2i} - x_{1i}$，$i = 1, \cdots, 5$，具体的差异值 d_i 可见下表最后一列：

业务人员	参加培训前收到的客户投诉数量	参加培训后收到的客户投诉数量	差异值 d = 后 - 前
1	12	8	-4
2	9	4	-5
3	8	5	-3
4	10	6	-4
5	11	7	-4

由题意可知假设为

$$H_0: \mu_d \geqslant 0$$
$$H_1: \mu_d < 0$$

由差异值的样本数据计算可得，

$$\bar{d} = \frac{\sum_{i=1}^{n} d_i}{n} = \frac{-4 + (-5) + \cdots + (-4)}{5} = -4$$

$$s_d = \sqrt{\frac{\sum_{i=1}^{n}(d_i - \bar{d})^2}{n-1}} = \sqrt{\frac{[-4-(-4)]^2 + [-5-(-4)]^2 + \cdots + [-4-(-4)]^2}{5-1}} \approx 0.7071$$

所以,

$$t = \frac{\bar{d} - \mu_d}{\frac{s_d}{\sqrt{n}}} = \frac{-4 - 0}{\frac{0.0701}{\sqrt{5}}} \approx -12.6492$$

$df = n - 1 = 5 - 1 = 4$,且此假设检验为左侧的,而 t 值只有一个且为负数,所以 -12.6492 以左的区域的概率即为 p 值,由于 t 表只能查某个 t 值(仅限正值)以右的区域,而得到的 t 检验统计量的值 -12.6492 为负数,所以根据对称性 12.6492 以右的区域的概率,也为 p 值,可得 p 值约等于 0。

因为 p 值 $\approx 0 < 0.1 = \alpha$,所以拒绝 H_0。

因而有足够的证据表明业务人员参加培训后收到的客户投诉数量少于参加培训前收到的客户投诉数量。

(2) 由题意可设 $d_i = x_{2i} - x_{1i}$,$i = 1, \cdots, 5$,具体的差异值 d_i 可见下表最后一列:

业务人员	参加培训前收到的客户投诉数量	参加培训后收到的客户投诉数量	差异值 $d = $ 后 $-$ 前
1	12	8	-4
2	9	4	-5
3	8	5	-3
4	10	6	-4
5	11	7	-4

由差异值的样本数据计算可得,

$$\bar{d} = \frac{\sum_{i=1}^{n} d_i}{n} = \frac{-4 + (-5) + \cdots + (-4)}{5} = -4$$

$$s_d = \sqrt{\frac{\sum_{i=1}^{n}(d_i - \bar{d})^2}{n-1}} = \sqrt{\frac{[-4-(-4)]^2 + [-5-(-4)]^2 + \cdots + [-4-(-4)]^2}{5-1}} \approx 0.7071$$

在 90% 的置信度下,$df = 5 - 1 = 4$,所以 $t_{\alpha/2, n-1} = \pm 2.1318$。

所以

$$\bar{d} \pm t_{\alpha/2, n-1} \frac{s_d}{\sqrt{n}}$$

$$\approx -4 \pm 2.131\,8 \times \frac{0.707\,1}{\sqrt{5}}$$

$$\approx -4 \pm 0.674\,1$$

故

$$-4.674\,1 \leqslant \mu_d \leqslant -3.325\,9$$

在 90% 的置信度下，业务人员参加培训前后收到客户投诉数量差异性的置信区间估计为 $-4.674\,1 \sim -3.325\,9$ 人次。

第十一章

一、概念梳理

1. $\sum_{i=1}^{n}(x_i - \bar{x})^2 = s_x^2 \times (n-1) = 10^2 \times (10-1) = 900$

$$\hat{\beta}_1 = \frac{\sum_{i=1}^{n}(x_i - \bar{x})(y_i - \bar{y})}{\sum_{i=1}^{n}(x_i - \bar{x})^2} = \frac{2\,250}{900} = 2.5$$

$$\bar{x} = \frac{\sum_{i=1}^{n} x_i}{n} = \frac{50}{10} = 5$$

$$\bar{y} = \frac{\sum_{i=1}^{n} y_i}{n} = \frac{75}{10} = 7.5$$

$$\hat{\beta}_0 = \bar{y} - \hat{\beta}_1 \bar{x} = 7.5 - 2.5 \times 5 = -5$$

2. (1) 不知道，因为本题并没有显示实际的 y 值。

(2) $\hat{y}_i = 10 + 4x_i = 10 + 4 \times 2 = 18$

3. $SST = SSR + SSE = 60 + 140 = 200$

$R^2 = \frac{SSR}{SST} = \frac{140}{200} = 0.7$

4. $SSE = SST - SSR = 175 - 118.68 = 56.32$

$s_e = \sqrt{\frac{SSE}{n-2}} = \sqrt{\frac{56.32}{25-2}} \approx 1.564\,8$

5. 由题可知，相关系数必为正数，则 $r = \sqrt{R^2} = \sqrt{0.81} = 0.9$。

6. $R^2 = 0.9^2 = 0.81$，因而 y 的变差中的 81% 可以由 x 来进行解释。

7. 当人的身高每增长 1 cm，其体重会增长 0.909 kg。

8. (1) $t = \frac{\hat{\beta}_1}{s_{\hat{\beta}_1}} = \frac{2.45}{1.20} \approx 2.04$

(2) $df = n - 2 = 10 - 2 = 8$，$\alpha = 0.05$，则相应的临界值为 $\pm 2.306\,0$。

二、概念运用

1. (1)

销售量(个) vs 广告费用(千元) 散点图

(2) 从散点图可以看出，随着广告费用的增加，销售量也随之增加，两个变量的数据点分布在一条直线的周围，所以两者之间具有正线性相关关系。

设 x 为广告费用，y 为销售量。

$$\bar{x} = \frac{\sum_{i=1}^{n} x_i}{n} = \frac{11\,500 + 10\,850 + \cdots + 11\,700}{12} \approx 12\,443.333\,3$$

$$\bar{y} = \frac{\sum_{i=1}^{n} y_i}{n} = \frac{233 + 206 + \cdots + 249}{12} \approx 298.083\,3$$

$$\hat{\beta}_1 = \frac{\sum_{i=1}^{n}(x_i - \bar{x})(y_i - \bar{y})}{\sum_{i=1}^{n}(x_i - \bar{x})^2}$$

$$= \frac{(11\,500 - 12\,443.333\,3) \times (233 - 298.083\,3) + \cdots + (11\,700 - 12\,443.333\,3) \times (5.2 - 5.8)}{(11\,500 - 12\,443.333\,3)^2 + \cdots + (11\,700 - 12\,443.333\,3)^2}$$

$$\approx 0.051$$

$$\hat{\beta}_0 = \bar{y} - \hat{\beta}_1 \bar{x} = 298.083\,3 - 0.051 \times 12\,443.333\,3 \approx -339.455$$

所以广告费用与销售量的简单线性回归方程为 $\hat{y}_i = -339.455 + 0.051 x_i$。

(3)

月份	广告费用 x(元)	销售量 y(个)	$\hat{y}$	$\hat{y} - \bar{y}$	$y - \bar{y}$
1	11 500	233	247.045	−51.038 3	−65.083 3
2	10 850	206	213.895	−84.188 3	−92.083 3
3	14 300	384	389.845	91.761 7	85.916 7

(续表)

月份	广告费用 x(元)	销售量 y(个)	$\hat{y}$	$\hat{y}-\bar{y}$	$y-\bar{y}$
4	12 500	330	298.045	−0.038 3	31.916 7
5	11 900	265	267.445	−30.638 3	−33.083 3
6	12 000	280	272.545	−25.538 3	−18.083 3
7	14 870	392	418.915	120.831 7	93.916 7
8	12 100	296	277.645	−20.438 3	−2.083 3
9	13 500	371	349.045	50.961 7	72.916 7
10	13 100	358	328.645	30.561 7	59.916 7
11	11 000	213	221.545	−76.538 3	−85.083 3
12	11 700	249	257.245	−40.838 3	−49.083 3

$$R^2 = \frac{SSR}{SST} = \frac{\sum_{i=1}^{n}(\hat{y}_i - \bar{y})^2}{\sum_{i=1}^{n}(y_i - \bar{y})^2} = \frac{(-51.038\ 3)^2 + \cdots + (-40.838\ 3)^2}{(-65.083\ 3)^2 + \cdots + (-49.083\ 3)^2} \approx \frac{45\ 778.713\ 5}{49\ 916.916\ 7} \approx 0.917\ 1$$

其意义是:该店家销售量中的 91.71% 可以由投入的广告费用来决定。

月份	广告费用(元)	销售量(个)	$\hat{y}$	$y-\hat{y}$
1	11 500	233	247.045	−14.045
2	10 850	206	213.895	−7.895
3	14 300	384	389.845	−5.845
4	12 500	330	298.045	31.955
5	11 900	265	267.445	−2.445
6	12 000	280	272.545	7.455
7	14 870	392	418.915	−26.915
8	12 100	296	277.645	18.355
9	13 500	371	349.045	21.955
10	13 100	358	328.645	29.355

(续表)

月份	广告费用(元)	销售量(个)	$\hat{y}$	$y-\hat{y}$
11	11 000	213	221.545	−8.545
12	11 700	249	257.245	−8.245

$$s_e = \sqrt{\frac{\sum_{i=1}^{n}(y_i-\hat{y}_i)^2}{n-2}} = \sqrt{\frac{SSE}{n-2}} = \sqrt{\frac{(-14.045)^2+\cdots+(-8.245)^2}{12-2}} \approx \sqrt{\frac{3\,922.492\,5}{10}} \approx 19.81$$

其意义是：根据广告费用来预测销售量时，平均的预测误差为 19.81 元。

(4) t 检验：

$$H_0: \beta_1 = 0$$
$$H_1: \beta_1 \neq 0$$

由(3)可知，$s_e = 19.81$，且由样本数据可得

$$\bar{x} = \frac{\sum_{i=1}^{n}x_i}{n} = \frac{11\,500+10\,850+\cdots+11\,700}{12} \approx 12\,443.333\,3$$

所以，

$$SSX = \sum_{i=1}^{n}(x_i-\bar{x})^2$$
$$= (11\,500-12\,443.333\,3)^2+\cdots+(11\,700-12\,443.333\,3)^2$$
$$\approx 17\,560\,866.67$$

$$s_{\hat{\beta}_1} = \frac{s_e}{\sqrt{SSX}} = \frac{19.81}{\sqrt{17\,560\,866.67}} \approx 0.005$$

因而，

$$t = \frac{\hat{\beta}_1}{s_{\hat{\beta}_1}} = \frac{0.051}{0.005} = 10.2$$

因为 $\alpha = 0.05, df = 10$，且此假设检验为双侧的，查 t 表可得临界值为 $\pm 2.228\,1$。
因为 $10.2 > 2.228\,1$，所以拒绝 H_0。
因而有足够的证据表明投入的广告费用会显著影响销售量。

F 检验：

$$H_0: \beta_1 = 0$$
$$H_1: \beta_1 \neq 0$$

由(3)的计算可知，$SSR = 45\,778.713\,5, SST = 49\,916.916\,7, SSE = 4\,138.203\,2$
所以，

$$F = \frac{SSR/1}{SSE/(n-2)} = \frac{MSR}{MSE} = \frac{45\,778.713\,5}{4\,138.203\,2/(12-2)} \approx 110.625$$

由于 $\alpha = 0.05$,$df_1 = 1$,$df_2 = 10$,查表得,临界值 $F_U = F_{0.05,1,10} = 4.96$。

因为 $F = 110.625 > 4.96 = F_U$,所以拒绝 H_0。

因而有足够的证据表明投入的广告费用会显著影响销售量。

(5) $\hat{y}_i = -339.455 + 0.051 \times 14\,000 = 374.545$

则该店家的销售量为 374.545 个。

(6) 在 95% 的置信度下,$t_{\alpha/2, n-2} = \pm 2.2281$

由(2)可知,广告费用与销售量的简单线性回归方程为 $\hat{y}_i = -339.455 + 0.051 x_i$,则当 $x_0 = 14\,000$ 时,$\hat{y}_0 = 374.545$。

由(3)可知,$s_e = 19.8053$

由样本数据可得,

$$\bar{x} = \frac{\sum_{i=1}^{n} x_i}{n} = \frac{11\,500 + 10\,850 + \cdots + 11\,700}{12} \approx 12\,443.3333$$

所以,

$$\begin{aligned} SSX &= \sum_{i=1}^{n}(x_i - \bar{x})^2 \\ &= (11\,500 - 12\,443.3333)^2 + \cdots + (11\,700 - 12\,443.3333)^2 \\ &\approx 17\,560\,866.67 \end{aligned}$$

因而,

$$\hat{y}_0 \pm t_{\alpha/2, n-2} s_e \sqrt{\frac{1}{n} + \frac{(x_0 - \bar{x})^2}{SSX}} = 374.545 \pm 2.2281 \times 19.8053 \times \sqrt{\frac{1}{12} + \frac{(14\,000 - 12\,443.3333)^2}{17\,560\,866.67}}$$

$$\approx 374.545 \pm 20.7601$$

故

$$353.7849 \leqslant E(y_0) \leqslant 395.3051$$

在 95% 的置信度下,$E(y_0)$ 的置信区间估计为 353.7849~395.3051,即当广告费用为 14 000 元时,该店家的平均销量的置信区间估计为 353.7849~395.3051 个。

又

$$\hat{y}_0 \pm t_{\alpha/2, n-2} s_e \sqrt{1 + \frac{1}{n} + \frac{(x_0 - \bar{x})^2}{SSX}}$$

$$= 374.545 \pm 2.2281 \times 19.8053 \times \sqrt{1 + \frac{1}{12} + \frac{(14\,000 - 12\,443.3333)^2}{17\,560\,866.67}}$$

$$\approx 374.545 \pm 48.7676$$

故

$$325.7774 \leqslant y_0 \leqslant 423.3126$$

在 95% 的置信度下,y_0 的预测区间估计为 325.7774~423.3126,即当广告费用为 14 000 元时,该店家销量的预测区间估计为 325.7774~423.3126 个。

2. (1)

(2) 从散点图可以看出,随着学习耗时的增加,绩点也随之增加,两个变量的数据点分布在一条直线的周围,所以两者之间具有正线性相关关系。

设 x 为学习耗时,y 为绩点。

$$\bar{x} = \frac{\sum_{i=1}^{n} x_i}{n} = \frac{126+133+\cdots+180}{8} \approx 155.25$$

$$\bar{y} = \frac{\sum_{i=1}^{n} y_i}{n} = \frac{2.8+3.4+\cdots+3.7}{8} \approx 3.2125$$

$$\hat{\beta}_1 = \frac{\sum_{i=1}^{n}(x_i-\bar{x})(y_i-\bar{y})}{\sum_{i=1}^{n}(x_i-\bar{x})^2}$$

$$= \frac{(126-155.25)\times(2.8-3.2125)+\cdots+(180-155.25)\times(3.7-3.2125)}{(126-155.25)^2+\cdots+(180-155.25)^2}$$

$$\approx 0.017$$

$$\hat{\beta}_0 = \bar{y} - \hat{\beta}_1 \bar{x} = 3.2125 - 0.017 \times 155.25 \approx 0.568$$

所以学习耗时与绩点的简单线性回归方程为 $\hat{y}_i = 0.568 + 0.017 x_i$。

(3)

学 生	学习耗时 x(小时)	绩点 y	$\hat{y}$	$\hat{y} - \bar{y}$	$y - \bar{y}$
1	126	2.8	2.710	−0.5025	−0.4125
2	144	3.4	3.016	−0.1965	0.1875
3	156	3.0	3.220	0.0075	−0.2125

(续表)

学 生	学习耗时 x（小时）	绩点 y	$\hat{y}$	$\hat{y}-\bar{y}$	$y-\bar{y}$
4	162	3.5	3.322	0.109 5	0.287 5
5	174	3.6	3.526	0.313 5	0.387 5
6	150	3.0	3.118	−0.094 5	−0.212 5
7	150	2.7	3.118	−0.094 5	−0.512 5
8	180	3.7	3.628	0.415 5	0.487 5

$$R^2 = \frac{SSR}{SST} = \frac{\sum_{i=1}^{n}(\hat{y}_i - \bar{y})^2}{\sum_{i=1}^{n}(y_i - \bar{y})^2} = \frac{(-0.502\,5)^2 + \cdots + (0.415\,5)^2}{(-0.412\,5)^2 + \cdots + (0.487\,5)^2} \approx \frac{0.591\,9}{1.028\,8} \approx 0.575\,3$$

其意义是：某课程绩点中的 57.53% 可以由在该课程上所花费的时间来决定。

学 生	学习耗时 x（小时）	绩点 y	$\hat{y}$	$y-\hat{y}$
1	126	2.8	2.710	0.090
2	144	3.4	3.016	0.384
3	156	3.0	3.220	−0.220
4	162	3.5	3.322	0.178
5	174	3.6	3.526	0.074
6	150	3.0	3.118	−0.118
7	150	2.7	3.118	−0.418
8	180	3.7	3.628	0.072

$$s_e = \sqrt{\frac{\sum_{i=1}^{n}(y_i - \hat{y}_i)^2}{n-2}} = \sqrt{\frac{SSE}{n-2}} = \sqrt{\frac{0.090^2 + \cdots + 0.072^2}{8-2}} \approx \sqrt{\frac{0.434\,9}{6}} \approx 0.269\,2$$

其意义是：根据学习耗时来预测绩点时，平均的预测误差为 0.269 2。

(4) t 检验：

$$H_0: \beta_1 = 0$$
$$H_1: \beta_1 \neq 0$$

由(3)可知，$s_e = 0.269\,2$，且由样本数据可得

$$\bar{x} = \frac{\sum_{i=1}^{n} x_i}{n} = \frac{126 + 133 + \cdots + 180}{8} \approx 155.25$$

所以,

$$SSX = \sum_{i=1}^{n}(x_i - \bar{x})^2$$
$$= (126 - 155.25)^2 + \cdots + (180 - 155.25)^2$$
$$\approx 2\,047.5$$

$$s_{\hat{\beta}_1} = \frac{s_e}{\sqrt{SSX}} = \frac{0.269\,2}{\sqrt{2\,047.5}} \approx 0.006$$

因而,

$$t = \frac{\hat{\beta}_1}{s_{\hat{\beta}_1}} = \frac{0.017}{0.006} \approx 2.833\,3$$

因为 $\alpha = 0.05$,$df = 6$,且此假设检验为双侧的,查 t 表可得临界值为 $\pm 2.446\,9$。
因为 $2.833\,3 > 2.446\,9$,所以拒绝 H_0。
因而有足够的证据表明学习耗时会显著影响绩点。
F 检验:

$$H_0: \beta_1 = 0$$
$$H_1: \beta_1 \neq 0$$

由(3)的计算可知,$SSR = 0.591\,9$,$SST = 1.028\,8$,$SSE = 0.436\,9$。
所以,

$$F = \frac{SSR/1}{SSE/(n-2)} = \frac{MSR}{MSE} = \frac{0.591\,9/1}{0.436\,9/(8-2)} \approx 8.129$$

由于 $\alpha = 0.05$,$df_1 = 1$,$df_2 = 6$,查表得,临界值 $F_U = F_{0.05, 1, 6} = 5.99$。
因为 $F = 8.193 > 5.99 = F_U$,所以拒绝 H_0。
因而有足够的证据表明学习耗时会显著影响绩点。
(5) $\hat{y}_i = 0.568 + 0.017 \times 160 = 3.288$
则该课程的绩点为 3.288。
(6) 在 95% 的置信度下,$t_{\alpha/2, n-2} = \pm 2.446\,9$
由(2)可知,学习耗时与绩点的简单线性回归方程为 $\hat{y}_i = 0.568 + 0.017 x_i$,则当 $x_0 = 160$ 时,$\hat{y}_0 = 3.288$。
由(3)可知,$s_e = 0.269\,2$
由样本数据可得,

$$\bar{x} = \frac{\sum_{i=1}^{n} x_i}{n} = \frac{126 + 133 + \cdots + 180}{8} = 155.25$$

所以,

$$SSX = \sum_{i=1}^{n}(x_i - \bar{x})^2$$
$$= (126 - 155.25)^2 + \cdots + (180 - 155.25)^2$$
$$\approx 2\,047.5$$

因而，

$$\hat{y}_0 \pm t_{a/2,\,n-2} s_e \sqrt{\frac{1}{n} + \frac{(x_0 - \bar{x})^2}{SSX}} = 3.288 \pm 2.446\,9 \times 0.269\,2 \times \sqrt{\frac{1}{8} + \frac{(160 - 155.25)^2}{2\,047.5}}$$
$$\approx 3.288 \pm 0.242\,9$$

故

$$3.045\,1 \leqslant E(y_0) \leqslant 3.530\,9$$

在 95% 的置信度下，$E(y_0)$ 的置信区间估计为 3.045 1～3.530 9，即当某同学学习耗时为 160 小时时，该同学的平均绩点的置信区间估计为 3.045 1～3.530 9。

又

$$\hat{y}_0 \pm t_{a/2,\,n-2} s_e \sqrt{1 + \frac{1}{n} + \frac{(x_0 - \bar{x})^2}{SSX}}$$
$$= 3.288 \pm 2.446\,9 \times 0.269\,2 \times \sqrt{1 + \frac{1}{8} + \frac{(160 - 155.25)^2}{2\,047.5}}$$
$$\approx 3.288 \pm 0.702\,1$$

故

$$2.585\,9 \leqslant y_0 \leqslant 3.990\,1$$

在 95% 的置信度下，y_0 的预测区间估计为 2.585 9～3.990 1，即当某同学学习耗时为 160 小时时，该同学绩点的预测区间估计为 2.585 9～3.990 1。

三、案例分析

（1）
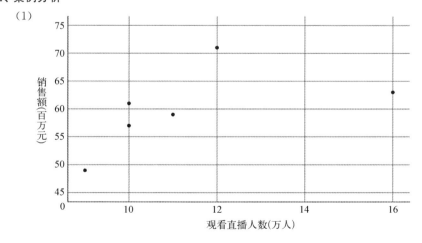

（2）从散点图可以看出，随着观看直播人数的增加，销售额也随之增加，两个变量的数据点分布在一条直线的周围，所以两者之间具有正线性相关关系。

设 x 为观看直播人数，y 为销售额。

$$\bar{x} = \frac{\sum_{i=1}^{n} x_i}{n} = \frac{10+12+\cdots+10}{6} \approx 11.3333$$

$$\bar{y} = \frac{\sum_{i=1}^{n} y_i}{n} = \frac{57+71+\cdots+61}{6} = 60$$

$$\hat{\beta}_1 = \frac{\sum_{i=1}^{n}(x_i-\bar{x})(y_i-\bar{y})}{\sum_{i=1}^{n}(x_i-\bar{x})^2}$$

$$= \frac{(10-11.3333)\times(57-60)+\cdots+(10-11.3333)\times(61-60)}{(10-11.3333)^2+\cdots+(10-11.3333)^2}$$

$$\approx 1.596$$

$$\hat{\beta}_0 = \bar{y} - \hat{\beta}_1\bar{x} = 60 - 1.596\times 11.3333 \approx 41.912$$

所以观看直播人数与销售额的简单线性回归方程为 $\hat{y}_i = 41.912 + 1.596x_i$。

(3)

观看直播人数 x（万人）	销售额 y（百万元）	$\hat{y}$	$\hat{y}-\bar{y}$	$y-\bar{y}$
10	57	57.872	−2.128	−3
12	71	61.064	1.064	11
9	49	56.276	−3.724	−11
11	59	59.468	−0.532	−1
16	63	67.448	7.448	3
10	61	57.872	−2.128	1

$$R^2 = \frac{SSR}{SST} = \frac{\sum_{i=1}^{n}(\hat{y}_i-\bar{y})^2}{\sum_{i=1}^{n}(y_i-\bar{y})^2} = \frac{(-2.125)^2+\cdots+(-2.125)^2}{(-3)^2+\cdots+1^2} \approx \frac{79.8128}{262} \approx 0.3046$$

其意义是：该农产品直播在线总销售额中的 30.46% 可以由观看直播人数来决定。

观看直播人数 x（万人）	销售额 y（百万元）	$\hat{y}$	$y-\hat{y}$
10	57	57.872	−0.872
12	71	61.064	9.936

(续表)

观看直播人数 x(万人)	销售额 y(百万元)	$\hat{y}$	$y - \hat{y}$
9	49	56.276	-7.276
11	59	59.468	-0.468
16	63	67.448	-4.448
10	61	57.872	3.128

$$s_e = \sqrt{\frac{\sum_{i=1}^{n}(y_i - \hat{y}_i)^2}{n-2}} = \sqrt{\frac{SSE}{n-2}} = \sqrt{\frac{(-0.875)^2 + \cdots + 3.125^2}{6-2}} \approx \sqrt{\frac{182.2128}{4}} \approx 6.749$$

其意义是：根据观看直播人数来预测销售额时，平均的预测误差为 6.749 百万元。

(4) t 检验：

$$H_0: \beta_1 = 0$$
$$H_1: \beta_1 \neq 0$$

由(3)可知，$s_e = 6.749$，且由样本数据可得

$$\bar{x} = \frac{\sum_{i=1}^{n} x_i}{n} = \frac{10 + 12 + \cdots + 10}{6} = 11.3333$$

所以

$$SSX = \sum_{i=1}^{n}(x_i - \bar{x})^2$$
$$= (10 - 11.3333)^2 + \cdots + (10 - 11.3333)^2$$
$$\approx 31.3333$$

$$s_{\hat{\beta}_1} = \frac{s_e}{\sqrt{SSX}} = \frac{6.749}{\sqrt{31.3333}} \approx 1.206$$

因而

$$t = \frac{\hat{\beta}_1}{s_{\hat{\beta}_1}} = \frac{1.596}{1.206} \approx 1.3234$$

因为 $\alpha = 0.05$，$df = 4$，且此假设检验为双侧的，查 t 表可得临界值为 ± 2.7764。
因为 $-2.7764 < 1.3234 < 2.7764$，所以不拒绝 H_0。
因而没有足够的证据表明观看直播人数会显著影响销售额。

F 检验：

$$H_0: \beta_1 = 0$$
$$H_1: \beta_1 \neq 0$$

由(3)的计算可知，$SSR = 79.8128$，$SST = 262$，$SSE = 182.1872$
所以
$$F = \frac{SSR/1}{SSE/(n-2)} = \frac{MSR}{MSE} = \frac{79.8128/1}{182.1872/(6-2)} \approx 1.752$$

由于 $\alpha = 0.05$，$df_1 = 1$，$df_2 = 4$，查表得，临界值 $F_U = F_{0.05, 1, 4} = 7.71$。

因为 $F = 1.752 < 7.71 = F_U$，所以不拒绝 H_0。

因而没有足够的证据表明观看直播人数会显著影响销售额。

(5) $\hat{y}_i = 41.912 + 1.596 \times 13 = 62.66$

则该农产品直播的在线总销售额为 62.66 百万元。

(6) 在 95% 的置信度下，$t_{\alpha/2, n-2} = \pm 2.7764$

由(2)可知，观看直播人数与销售额的简单线性回归方程为 $\hat{y}_i = 41.912 + 1.596 x_i$，则当 $x_0 = 13$ 时，$\hat{y}_0 = 62.66$。

由(3)可知，$s_e = 6.749$

由样本数据可得，

$$\bar{x} = \frac{\sum_{i=1}^{n} x_i}{n} = \frac{10 + 12 + \cdots + 10}{6} \approx 11.3333$$

所以，

$$SSX = \sum_{i=1}^{n}(x_i - \bar{x})^2$$
$$= (10 - 11.3333)^2 + \cdots + (10 - 11.3333)^2$$
$$\approx 31.3333$$

因而，

$$\hat{y}_0 \pm t_{\alpha/2, n-2} s_e \sqrt{\frac{1}{n} + \frac{(x_0 - \bar{x})^2}{SSX}} = 62.66 \pm 2.7764 \times 6.749 \times \sqrt{\frac{1}{6} + \frac{(13 - 11.3333)^2}{31.3333}}$$
$$\approx 62.66 \pm 9.4682$$

故

$$53.1918 \leqslant E(y_0) \leqslant 72.1282$$

在 95% 的置信度下，$E(y_0)$ 的置信区间估计为 53.1918～72.1282，即当观看直播人数为 13 万时，该农产品直播的平均销售额的置信区间估计为 53.1918 百万元～72.1282 百万元。

又

$$\hat{y}_0 \pm t_{\alpha/2, n-2} s_e \sqrt{1 + \frac{1}{n} + \frac{(x_0 - \bar{x})^2}{SSX}}$$
$$= 62.66 \pm 2.7764 \times 6.749 \times \sqrt{1 + \frac{1}{6} + \frac{(13 - 11.3333)^2}{31.3333}}$$
$$\approx 62.66 \pm 20.9942$$

故
$$41.665\,8 \leqslant y_0 \leqslant 83.654\,2$$

在95%的置信度下，y_0 的预测区间估计为 41.665 8~83.654 2，即当观看直播人数为 13 万时，该农产品直播销售额的预测区间估计为 41.665 8 百万元~83.654 2 百万元。

拓展学习

（1）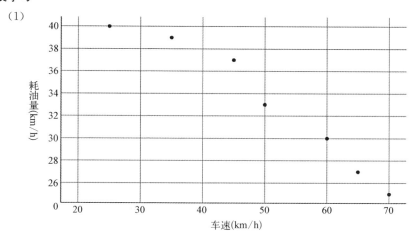

（2）从散点图可以看出，随着车速的增加，耗油量随之减少，两个变量的数据点分布在一条直线的周围，所以两者之间具有负线性相关关系。

设 x 为车速，y 为耗油量。

$$\bar{x} = \frac{\sum_{i=1}^{n} x_i}{n} = \frac{25+35+\cdots+70}{7} = 50$$

$$\bar{y} = \frac{\sum_{i=1}^{n} y_i}{n} = \frac{40+39+\cdots+25}{7} = 33$$

$$\hat{\beta}_1 = \frac{\sum_{i=1}^{n}(x_i-\bar{x})(y_i-\bar{y})}{\sum_{i=1}^{n}(x_i-\bar{x})^2}$$

$$= \frac{(25-50)\times(40-33)+\cdots+(70-50)\times(25-33)}{(25-50)^2+\cdots+(70-50)^2}$$

$$\approx -0.353$$

$$\hat{\beta}_0 = \bar{y} - \hat{\beta}_1 \bar{x} = 33 - (-0.353)\times 50 = 50.65$$

所以车速与耗油量的简单线性回归方程为 $\hat{y}_i = 50.65 - 0.353 x_i$。

(3)

车速 x	耗油量 y	$\hat{y}$	$\hat{y}-\bar{y}$	$y-\bar{y}$
25	40	41.825	8.825	7
35	39	38.295	5.295	6
45	37	34.765	1.765	4
50	33	33.000	0.000	0
60	30	29.470	−3.530	−3
65	27	27.705	−5.295	−6
70	25	25.940	−7.060	−8

$$R^2 = \frac{SSR}{SST} = \frac{\sum_{i=1}^{n}(\hat{y}_i - \bar{y})^2}{\sum_{i=1}^{n}(y_i - \bar{y})^2} = \frac{8.825^2 + \cdots + (-7.060)^2}{7^2 + \cdots + (-8)^2} \approx \frac{199.3744}{210} \approx 0.9494$$

其意义是：耗油量中的 94.94% 可以由车速来决定。

车速 x	耗油量 y	$\hat{y}$	$y-\hat{y}$
25	40	41.825	−1.825
35	39	38.295	0.705
45	37	34.765	2.235
50	33	33.000	0.000
60	30	29.470	0.530
65	27	27.705	−0.705
70	25	25.940	−0.940

$$s_e = \sqrt{\frac{\sum_{i=1}^{n}(y_i - \hat{y}_i)^2}{n-2}} = \sqrt{\frac{SSE}{n-2}} = \sqrt{\frac{(-1.825)^2 + \cdots + (-0.940)^2}{7-2}} \approx \sqrt{\frac{10.4844}{5}} \approx 1.448$$

其意义是：根据车速来预测耗油量时，平均的预测误差为 1.448 千米/升。

(4) t 检验：

$$H_0: \beta_1 = 0$$
$$H_1: \beta_1 \neq 0$$

由(3)可知,$s_e = 1.448$,且由样本数据可得,

$$\bar{x} = \frac{\sum_{i=1}^{n} x_i}{n} = \frac{25 + 35 + \cdots + 70}{7} = 50$$

所以,

$$\begin{aligned} SSX &= \sum_{i=1}^{n}(x_i - \bar{x})^2 \\ &= (25-50)^2 + \cdots + (70-50)^2 \\ &= 1\,600 \end{aligned}$$

$$s_{\hat{\beta}_1} = \frac{s_e}{\sqrt{SSX}} = \frac{1.448}{\sqrt{1\,600}} \approx 0.036$$

因而,

$$t = \frac{\hat{\beta}_1}{s_{\hat{\beta}_1}} = \frac{-0.353}{0.036} \approx -9.805\,6$$

因为 $\alpha = 0.05$,$df = 5$,且此假设检验为双侧的,查 t 表可得临界值为 $\pm 2.570\,6$。
因为 $-9.805\,6 < -2.570\,6$,所以拒绝 H_0。
因而有足够的证据表明车速会显著影响耗油量。
F 检验:

$$H_0: \beta_1 = 0$$
$$H_1: \beta_1 \neq 0$$

由(3)的计算可知,$SSR = 199.374\,4$,$SST = 210$,$SSE = 10.625\,6$
所以

$$F = \frac{SSR/1}{SSE/(n-2)} = \frac{MSR}{MSE} = \frac{199.374\,4/1}{10.625\,6/(7-2)} \approx 93.818$$

由于 $\alpha = 0.05$,$df_1 = 1$,$df_2 = 5$,查表得,临界值 $F_U = F_{0.05,1,5} = 6.61$。
因为 $F = 93.818 > 6.61 = F_U$,所以拒绝 H_0。
因而有足够的证据表明车速会显著影响耗油量。
(5) $\hat{y}_i = 50.65 - 0.353 \times 40 = 36.53$
则耗油量为 36.53 千米/升。
(6) 在 95% 的置信度下,$t_{\alpha/2, n-2} = \pm 2.570\,6$
由(2)可知,车速与耗油量的简单线性回归方程为 $\hat{y}_i = 50.65 - 0.353x_i$,则当 $x_0 = 40$ 时,$\hat{y}_0 = 36.53$。
由(3)可知,$s_e = 1.448$
由样本数据可得,

$$\bar{x} = \frac{\sum_{i=1}^{n} x_i}{n} = \frac{25 + 35 + \cdots + 70}{7} = 50$$

所以,

$$SSX = \sum_{i=1}^{n}(x_i - \bar{x})^2$$
$$= (25-50)^2 + \cdots + (70-50)^2$$
$$= 1\,600$$

因而,

$$\hat{y}_0 \pm t_{\alpha/2,\,n-2} s_e \sqrt{\frac{1}{n} + \frac{(x_0 + \bar{x})^2}{SSX}} = 36.53 \pm 2.570\,6 \times 1.448 \times \sqrt{\frac{1}{7} + \frac{(40-50)^2}{1\,600}}$$
$$\approx 36.53 \pm 1.686\,8$$

故

$$34.843\,2 \leqslant E(y_0) \leqslant 38.216\,8$$

在 95% 的置信度下,$E(y_0)$ 的置信区间估计为 34.843 2～38.216 8,即当车速为 40 千米/时时,平均耗油量的置信区间估计为 34.843 2～38.216 8 千米/升。

又

$$\hat{y}_0 \pm t_{\alpha/2,\,n-2} s_e \sqrt{1 + \frac{1}{n} + \frac{(x_0 - \bar{x})^2}{SSX}}$$
$$= 36.53 \pm 2.570\,6 \times 1.448 \times \sqrt{1 + \frac{1}{7} + \frac{(40-50)^2}{1\,600}}$$
$$\approx 36.53 \pm 4.086\,6$$

故

$$32.443\,4 \leqslant y_0 \leqslant 40.616\,6$$

在 95% 的置信度下,y_0 的预测区间估计为 32.443 4～40.616 6,即当车速为 40 千米/时时,耗油量的预测区间估计为 32.443 4～40.616 6 千米/升。

附表 1 二项分布表

对于给定的 n 值和 π 值的组合,表中条目表示得到的 X 特定值的概率。如何找准表中各项:如果 π 值小于 0.50,在左边找到 n,X 值与之对应;如果 π 值大于 0.50,在右边找到 n,X 值与之对应。

n	X	0.01	0.02	0.03	0.04	0.05	0.06	0.07	0.08	0.09	0.10	0.15	0.20	0.25	0.30	0.35	0.40	0.45	0.50	X	n
2	0	0.9801	0.9604	0.9409	0.9216	0.9025	0.8836	0.8649	0.8464	0.8281	0.8100	0.7225	0.6400	0.5625	0.4900	0.4225	0.3600	0.3025	0.2500	2	2
	1	0.0198	0.0392	0.0582	0.0768	0.0950	0.1128	0.1302	0.1472	0.1638	0.1800	0.2550	0.3200	0.3750	0.4200	0.4550	0.4800	0.4950	0.5000	1	
	2	0.0001	0.0004	0.0009	0.0016	0.0025	0.0036	0.0049	0.0064	0.0081	0.0100	0.0225	0.0400	0.0625	0.0900	0.1225	0.1600	0.2025	0.2500	0	
3	0	0.9703	0.9412	0.9127	0.8847	0.8574	0.8306	0.8044	0.7787	0.7536	0.7290	0.6141	0.5120	0.4219	0.3430	0.2746	0.2160	0.1664	0.1250	3	3
	1	0.0294	0.0576	0.0847	0.1106	0.1354	0.1590	0.1816	0.2031	0.2236	0.2430	0.3251	0.3840	0.4219	0.4410	0.4436	0.4320	0.4084	0.3750	2	
	2	0.0003	0.0012	0.0026	0.0046	0.0071	0.0102	0.0137	0.0177	0.0221	0.0270	0.0574	0.0960	0.1406	0.1890	0.2389	0.2880	0.3341	0.3750	1	
	3	0.0000	0.0000	0.0000	0.0001	0.0001	0.0002	0.0003	0.0005	0.0007	0.0010	0.0034	0.0080	0.0156	0.0270	0.0429	0.0640	0.0911	0.1250	0	
4	0	0.9606	0.9224	0.8853	0.8493	0.8145	0.7807	0.7481	0.7164	0.6857	0.6561	0.5220	0.4096	0.3164	0.2401	0.1785	0.1296	0.0915	0.0625	4	4
	1	0.0388	0.0753	0.1095	0.1416	0.1715	0.1993	0.2252	0.2492	0.2713	0.2916	0.3685	0.4096	0.4219	0.4116	0.3845	0.3456	0.2995	0.2500	3	
	2	0.0006	0.0023	0.0051	0.0088	0.0135	0.0191	0.0254	0.0325	0.0402	0.0486	0.0975	0.1536	0.2109	0.2646	0.3105	0.3456	0.3675	0.3750	2	
	3	0.0000	0.0000	0.0001	0.0002	0.0005	0.0008	0.0013	0.0019	0.0027	0.0036	0.0115	0.0256	0.0469	0.0756	0.1115	0.1536	0.2005	0.2500	1	
	4		0.0000	0.0000	0.0000	0.0000	0.0000	0.0000	0.0000	0.0001	0.0001	0.0005	0.0016	0.0039	0.0081	0.0150	0.0256	0.0410	0.0625	0	
5	0	0.9510	0.9039	0.8587	0.8154	0.7738	0.7339	0.6957	0.6591	0.6240	0.5905	0.4437	0.3277	0.2373	0.1681	0.1160	0.0778	0.0503	0.0312	5	5
	1	0.0480	0.0922	0.1328	0.1699	0.2036	0.2342	0.2618	0.2866	0.3086	0.3281	0.3915	0.4096	0.3955	0.3601	0.3124	0.2592	0.2059	0.1562	4	
	2	0.0010	0.0038	0.0082	0.0142	0.0214	0.0299	0.0394	0.0498	0.0610	0.0729	0.1382	0.2048	0.2637	0.3087	0.3364	0.3456	0.3369	0.3125	3	
	3	0.0000	0.0001	0.0003	0.0006	0.0011	0.0019	0.0030	0.0043	0.0060	0.0081	0.0244	0.0512	0.0879	0.1323	0.1811	0.2304	0.2757	0.3125	2	
	4		0.0000	0.0000	0.0000	0.0000	0.0001	0.0001	0.0002	0.0003	0.0004	0.0022	0.0064	0.0146	0.0283	0.0488	0.0768	0.1128	0.1562	1	
	5					—	0.0000	0.0000	0.0000	0.0000	0.0000	0.0001	0.0003	0.0010	0.0024	0.0053	0.0102	0.0185	0.0312	0	
6	0	0.9415	0.8858	0.8330	0.7828	0.7351	0.6899	0.6470	0.6064	0.5679	0.5314	0.3771	0.2621	0.1780	0.1176	0.0754	0.0467	0.0277	0.0156	6	6
	1	0.0571	0.1085	0.1546	0.1957	0.2321	0.2642	0.2922	0.3164	0.3370	0.3543	0.3993	0.3932	0.3560	0.3025	0.2437	0.1866	0.1359	0.0937	5	
	2	0.0014	0.0055	0.0120	0.0204	0.0305	0.0422	0.0550	0.0688	0.0833	0.0984	0.1762	0.2458	0.2966	0.3241	0.3280	0.3110	0.2780	0.2344	4	
	3	0.0000	0.0002	0.0005	0.0011	0.0021	0.0036	0.0055	0.0080	0.0110	0.0146	0.0415	0.0819	0.1318	0.1852	0.2355	0.2765	0.3032	0.3125	3	
	4		0.0000	0.0000	0.0000	0.0001	0.0002	0.0003	0.0005	0.0008	0.0012	0.0055	0.0154	0.0330	0.0595	0.0951	0.1372	0.1861	0.2344	2	
	5					0.0000	0.0000	0.0000	0.0000	0.0000	0.0001	0.0004	0.0015	0.0044	0.0102	0.0205	0.0369	0.0609	0.0937	1	
	6									—	0.0000	0.0000	0.0001	0.0002	0.0007	0.0018	0.0041	0.0083	0.0156	0	

(续表)

n	X	\(\pi\) 0.01	0.02	0.03	0.04	0.05	0.06	0.07	0.08	0.09	0.10	0.15	0.20	0.25	0.30	0.35	0.40	0.45	0.50	X	n
7	0	0.9321	0.8681	0.8080	0.7514	0.6983	0.6485	0.6017	0.5578	0.5168	0.4783	0.3206	0.2097	0.1335	0.0824	0.0490	0.0280	0.0152	0.0078	7	7
	1	0.0659	0.1240	0.1749	0.2192	0.2573	0.2897	0.3170	0.3396	0.3578	0.3720	0.3960	0.3670	0.3115	0.2471	0.1848	0.1306	0.0872	0.0547	6	
	2	0.0020	0.0076	0.0162	0.0274	0.0406	0.0555	0.0716	0.0886	0.1061	0.1240	0.2097	0.2753	0.3115	0.3177	0.2985	0.2613	0.2140	0.1641	5	
	3	0.0000	0.0003	0.0008	0.0019	0.0036	0.0059	0.0090	0.0128	0.0175	0.0230	0.0617	0.1147	0.1730	0.2269	0.2679	0.2903	0.2918	0.2734	4	
	4		0.0000	0.0000	0.0001	0.0002	0.0004	0.0007	0.0011	0.0017	0.0026	0.0109	0.0287	0.0577	0.0972	0.1442	0.1935	0.2388	0.2734	3	
	5				0.0000	0.0000	0.0000	0.0000	0.0001	0.0001	0.0002	0.0012	0.0043	0.0115	0.0250	0.0466	0.0774	0.1172	0.1641	2	
	6								0.0000	0.0000	0.0000	0.0001	0.0004	0.0013	0.0036	0.0084	0.0172	0.0320	0.0547	1	
	7											0.0000	0.0000	0.0001	0.0002	0.0006	0.0016	0.0037	0.0078	0	
8	0	0.9227	0.8508	0.7837	0.7214	0.6634	0.6096	0.5596	0.5132	0.4703	0.4305	0.2725	0.1678	0.1001	0.0576	0.0319	0.0168	0.0084	0.0039	8	8
	1	0.0746	0.1389	0.1939	0.2405	0.2793	0.3113	0.3370	0.3570	0.3721	0.3826	0.3847	0.3355	0.2670	0.1977	0.1373	0.0896	0.0548	0.0312	7	
	2	0.0026	0.0099	0.0210	0.0351	0.0515	0.0695	0.0888	0.1087	0.1288	0.1488	0.2376	0.2936	0.3115	0.2965	0.2587	0.2090	0.1569	0.1094	6	
	3	0.0001	0.0004	0.0013	0.0029	0.0054	0.0089	0.0134	0.0189	0.0255	0.0331	0.0839	0.1468	0.2076	0.2541	0.2786	0.2787	0.2568	0.2187	5	
	4	0.0000	0.0000	0.0001	0.0002	0.0004	0.0009	0.0013	0.0021	0.0031	0.0046	0.0185	0.0459	0.0865	0.1361	0.1875	0.2322	0.2627	0.2734	4	
	5		0.0000	0.0000	0.0000	0.0000	0.0001	0.0001	0.0001	0.0002	0.0004	0.0026	0.0092	0.0231	0.0467	0.0808	0.1239	0.1719	0.2187	3	
	6						0.0000	0.0000	0.0000	0.0000	0.0000	0.0002	0.0011	0.0038	0.0100	0.0217	0.0413	0.0703	0.1094	2	
	7											0.0000	0.0001	0.0004	0.0012	0.0033	0.0079	0.0164	0.0312	1	
	8												0.0000	0.0000	0.0001	0.0002	0.0007	0.0017	0.0039	0	
9	0	0.9135	0.8337	0.7602	0.6925	0.6302	0.5730	0.5204	0.4722	0.4279	0.3874	0.2316	0.1342	0.0751	0.0404	0.0207	0.0101	0.0046	0.0020	9	9
	1	0.0830	0.1531	0.2116	0.2597	0.2985	0.3292	0.3525	0.3695	0.3809	0.3874	0.3679	0.3020	0.2253	0.1556	0.1004	0.0605	0.0339	0.0176	8	
	2	0.0034	0.0125	0.0262	0.0433	0.0629	0.0840	0.1061	0.1285	0.1507	0.1722	0.2597	0.3020	0.3003	0.2668	0.2162	0.1612	0.1110	0.0703	7	
	3	0.0001	0.0006	0.0019	0.0042	0.0077	0.0125	0.0186	0.0261	0.0348	0.0446	0.1069	0.1762	0.2336	0.2668	0.2716	0.2508	0.2119	0.1641	6	
	4	0.0000	0.0000	0.0001	0.0004	0.0006	0.0012	0.0021	0.0034	0.0052	0.0074	0.0283	0.0661	0.1168	0.1715	0.2194	0.2508	0.2600	0.2461	5	
	5		0.0000	0.0000	0.0000	0.0000	0.0001	0.0002	0.0003	0.0005	0.0008	0.0050	0.0165	0.0389	0.0735	0.1181	0.1672	0.2128	0.2461	4	
	6						0.0000	0.0000	0.0000	0.0000	0.0001	0.0006	0.0028	0.0087	0.0210	0.0424	0.0743	0.1160	0.1641	3	
	7								0.0000	0.0000	0.0000	0.0000	0.0003	0.0012	0.0039	0.0098	0.0212	0.0407	0.0703	2	
	8											0.0000	0.0000	0.0001	0.0004	0.0013	0.0035	0.0083	0.0176	1	
	9												0.0000	0.0000	0.0000	0.0001	0.0003	0.0008	0.0020	0	
10	0	0.9044	0.8171	0.7374	0.6648	0.5987	0.5386	0.4840	0.4344	0.3894	0.3487	0.1969	0.1074	0.0563	0.0282	0.0135	0.0060	0.0025	0.0010	10	10
	1	0.0914	0.1667	0.2281	0.2770	0.3151	0.3438	0.3643	0.3777	0.3851	0.3874	0.3474	0.2684	0.1877	0.1211	0.0725	0.0403	0.0207	0.0098	9	
	2	0.0042	0.0153	0.0317	0.0519	0.0746	0.0988	0.1234	0.1478	0.1714	0.1937	0.2759	0.3020	0.2816	0.2335	0.1757	0.1209	0.0763	0.0439	8	

(续表)

n	X	0.01	0.02	0.03	0.04	0.05	0.06	0.07	0.08	0.09	0.10	0.15	0.20	0.25	0.30	0.35	0.40	0.45	0.50	X	n
10	3	0.000 1	0.000 8	0.002 6	0.005 8	0.010 5	0.016 8	0.024 8	0.034 3	0.045 2	0.057 4	0.129 8	0.201 3	0.250 3	0.266 8	0.252 2	0.215 0	0.166 5	0.117 2	7	
	4	0.000 0	0.000 0	0.000 1	0.000 4	0.001 0	0.001 9	0.003 3	0.005 2	0.007 8	0.011 2	0.040 1	0.088 1	0.146 0	0.200 1	0.237 7	0.250 8	0.238 4	0.205 1	6	
	5	—	—	0.000 0	0.000 0	0.000 1	0.000 1	0.000 3	0.000 5	0.000 9	0.001 5	0.008 5	0.026 4	0.058 4	0.102 9	0.153 6	0.200 7	0.234 0	0.246 1	5	
	6	—	—	—	—	0.000 0	0.000 0	0.000 0	0.000 0	0.000 1	0.000 1	0.001 2	0.005 5	0.016 2	0.036 8	0.068 9	0.111 5	0.159 6	0.205 1	4	
	7	—	—	—	—	—	—	—	—	0.000 0	0.000 0	0.000 1	0.000 8	0.003 1	0.009 0	0.021 2	0.042 5	0.074 6	0.117 2	3	
	8	—	—	—	—	—	—	—	—	—	—	0.000 0	0.000 1	0.000 4	0.001 4	0.004 3	0.010 6	0.022 9	0.043 9	2	
	9	—	—	—	—	—	—	—	—	—	—	—	0.000 0	0.000 0	0.000 1	0.000 5	0.001 6	0.004 2	0.009 8	1	
	10	—	—	—	—	—	—	—	—	—	—	—	—	—	0.000 0	0.000 0	0.000 1	0.000 3	0.001 0	0	10
20	0	0.817 9	0.667 6	0.543 8	0.442 0	0.358 5	0.290 1	0.234 2	0.188 7	0.151 6	0.121 6	0.038 8	0.011 5	0.003 2	0.000 8	0.000 2	0.000 0	0.000 0	—	20	
	1	0.165 2	0.272 5	0.336 4	0.368 3	0.377 4	0.370 3	0.352 6	0.328 2	0.300 0	0.270 2	0.136 8	0.057 6	0.021 1	0.006 8	0.002 0	0.000 5	0.000 1	0.000 0	19	
	2	0.015 9	0.052 8	0.098 8	0.145 8	0.188 7	0.224 6	0.252 1	0.271 1	0.281 8	0.285 2	0.229 3	0.136 9	0.069 9	0.027 8	0.010 0	0.003 1	0.000 8	0.000 2	18	
	3	0.001 0	0.006 5	0.018 3	0.036 4	0.059 6	0.086 0	0.113 9	0.141 4	0.167 2	0.190 1	0.242 8	0.205 4	0.133 9	0.071 6	0.032 3	0.012 3	0.004 0	0.001 1	17	
	4	0.000 0	0.000 6	0.002 4	0.006 5	0.013 3	0.023 3	0.036 4	0.052 3	0.070 3	0.089 8	0.182 1	0.218 2	0.189 7	0.130 4	0.073 8	0.035 0	0.013 9	0.004 6	16	
	5	—	0.000 0	0.000 2	0.000 9	0.002 2	0.004 8	0.008 8	0.014 5	0.022 2	0.031 9	0.102 8	0.174 6	0.202 3	0.178 9	0.127 2	0.074 6	0.036 5	0.014 8	15	
	6	—	—	0.000 0	0.000 1	0.000 3	0.000 8	0.001 7	0.003 2	0.005 5	0.008 9	0.045 4	0.109 1	0.168 6	0.191 6	0.171 2	0.124 4	0.074 6	0.037 0	14	
	7	—	—	—	0.000 0	0.000 0	0.000 1	0.000 2	0.000 5	0.001 1	0.002 0	0.016 0	0.054 5	0.112 4	0.164 3	0.184 4	0.165 9	0.122 1	0.073 9	13	
	8	—	—	—	0.000 0	0.000 0	0.000 0	0.000 0	0.000 1	0.000 2	0.000 4	0.004 6	0.022 2	0.060 9	0.114 4	0.161 4	0.179 7	0.162 3	0.120 1	12	
	9	—	—	—	—	—	0.000 0	0.000 0	0.000 0	0.000 0	0.000 1	0.001 1	0.007 4	0.027 1	0.065 4	0.115 8	0.159 7	0.177 1	0.160 2	11	
	10	—	—	—	—	—	—	0.000 0	0.000 0	0.000 0	0.000 0	0.000 2	0.002 0	0.009 9	0.030 8	0.068 6	0.117 1	0.159 3	0.176 2	10	
	11	—	—	—	—	—	—	—	—	—	0.000 0	0.000 0	0.000 5	0.003 0	0.012 0	0.033 6	0.071 0	0.118 5	0.160 2	9	
	12	—	—	—	—	—	—	—	—	—	—	0.000 0	0.000 1	0.000 8	0.003 9	0.013 6	0.035 5	0.072 7	0.120 1	8	
	13	—	—	—	—	—	—	—	—	—	—	—	0.000 0	0.000 2	0.001 0	0.004 5	0.014 6	0.036 6	0.073 9	7	
	14	—	—	—	—	—	—	—	—	—	—	—	0.000 0	0.000 0	0.000 2	0.001 2	0.004 9	0.015 0	0.037 0	6	
	15	—	—	—	—	—	—	—	—	—	—	—	—	0.000 0	0.000 0	0.000 3	0.001 3	0.004 9	0.014 8	5	
	16	—	—	—	—	—	—	—	—	—	—	—	—	—	0.000 0	0.000 0	0.000 3	0.001 3	0.004 6	4	
	17	—	—	—	—	—	—	—	—	—	—	—	—	—	—	0.000 0	0.000 0	0.000 2	0.001 1	3	
	18	—	—	—	—	—	—	—	—	—	—	—	—	—	—	—	—	0.000 0	0.000 2	2	
	19	—	—	—	—	—	—	—	—	—	—	—	—	—	—	—	—	—	0.000 0	1	
	20	—	—	—	—	—	—	—	—	—	—	—	—	—	—	—	—	—	—	0	20
n	X	0.99	0.98	0.97	0.96	0.95	0.94	0.93	0.92	0.91	0.90	0.85	0.80	0.75	0.70	0.65	0.60	0.55	0.50	X	n

附表2 泊松分布表

对于给定的 λ 的值，表中条目表示特定 X 值的概率

X	λ									
	0.1	0.2	0.3	0.4	0.5	0.6	0.7	0.8	0.9	1.0
0	0.904 8	0.818 7	0.740 8	0.670 3	0.606 5	0.548 8	0.496 6	0.449 3	0.406 6	0.367 9
1	0.090 5	0.163 7	0.222 2	0.268 1	0.303 3	0.329 3	0.347 6	0.359 5	0.365 9	0.367 9
2	0.004 5	0.016 4	0.033 3	0.053 6	0.075 8	0.098 8	0.121 7	0.143 8	0.164 7	0.183 9
3	0.000 2	0.001 1	0.003 3	0.007 2	0.012 6	0.019 8	0.028 4	0.038 3	0.049 4	0.061 3
4	0.000 0	0.000 1	0.000 3	0.000 7	0.001 6	0.003 0	0.005 0	0.007 7	0.011 1	0.015 3
5	0.000 0	0.000 0	0.000 0	0.000 1	0.000 2	0.000 4	0.000 7	0.001 2	0.002 0	0.003 1
6	0.000 0	0.000 0	0.000 0	0.000 0	0.000 0	0.000 0	0.000 1	0.000 2	0.000 3	0.000 5
7	0.000 0	0.000 0	0.000 0	0.000 0	0.000 0	0.000 0	0.000 0	0.000 0	0.000 0	0.000 1

X	λ									
	1.1	1.2	1.3	1.4	1.5	1.6	1.7	1.8	1.9	2.0
0	0.332 9	0.301 2	0.272 5	0.246 6	0.223 1	0.201 9	0.182 7	0.165 3	0.149 6	0.135 3
1	0.366 2	0.361 4	0.354 3	0.345 2	0.334 7	0.323 0	0.310 6	0.297 5	0.284 2	0.270 7
2	0.201 4	0.216 9	0.230 3	0.241 7	0.251 0	0.258 4	0.264 0	0.267 8	0.270 0	0.270 7
3	0.073 8	0.086 7	0.099 8	0.112 8	0.125 5	0.137 8	0.149 6	0.160 7	0.171 0	0.180 4
4	0.020 3	0.026 0	0.032 4	0.039 5	0.047 1	0.055 1	0.063 6	0.072 3	0.081 2	0.090 2
5	0.004 5	0.006 2	0.008 4	0.011 1	0.014 1	0.017 6	0.021 6	0.026 0	0.030 9	0.036 1
6	0.000 8	0.001 2	0.001 8	0.002 6	0.003 5	0.004 7	0.006 1	0.007 8	0.009 8	0.012 0
7	0.000 1	0.000 2	0.000 3	0.000 5	0.000 8	0.001 1	0.001 5	0.002 0	0.002 7	0.003 4
8	0.000 0	0.000 0	0.000 1	0.000 1	0.000 1	0.000 2	0.000 3	0.000 5	0.000 6	0.000 9
9	0.000 0	0.000 0	0.000 0	0.000 0	0.000 0	0.000 0	0.000 1	0.000 1	0.000 1	0.000 2

X	λ									
	2.1	2.2	2.3	2.4	2.5	2.6	2.7	2.8	2.9	3.0
0	0.122 5	0.110 8	0.100 3	0.090 7	0.082 1	0.074 3	0.067 2	0.060 8	0.055 0	0.049 8
1	0.257 2	0.243 8	0.230 6	0.217 7	0.205 2	0.193 1	0.181 5	0.170 3	0.159 6	0.149 4
2	0.270 0	0.268 1	0.265 2	0.261 3	0.256 5	0.251 0	0.245 0	0.238 4	0.231 4	0.224 0
3	0.189 0	0.196 6	0.203 3	0.209 1	0.213 8	0.217 6	0.220 4	0.222 5	0.223 7	0.224 0
4	0.099 2	0.108 2	0.116 9	0.125 4	0.133 6	0.141 4	0.148 8	0.155 7	0.162 2	0.168 0
5	0.041 7	0.047 6	0.053 8	0.060 2	0.066 8	0.073 5	0.080 4	0.087 2	0.094 0	0.100 8

(续表)

X	λ									
	2.1	2.2	2.3	2.4	2.5	2.6	2.7	2.8	2.9	3.0
6	0.014 6	0.017 4	0.020 6	0.024 1	0.027 8	0.031 9	0.036 2	0.040 7	0.045 5	0.050 4
7	0.004 4	0.005 5	0.006 8	0.008 3	0.009 9	0.011 8	0.013 9	0.016 3	0.018 8	0.021 6
8	0.001 1	0.001 5	0.001 9	0.002 5	0.003 1	0.003 8	0.004 7	0.005 7	0.006 8	0.008 1
9	0.000 3	0.000 4	0.000 5	0.000 7	0.000 9	0.001 1	0.001 4	0.001 8	0.002 2	0.002 7
10	0.000 1	0.000 1	0.000 1	0.000 2	0.000 2	0.000 3	0.000 4	0.000 5	0.000 6	0.000 8
11	0.000 0	0.000 0	0.000 0	0.000 0	0.000 0	0.000 1	0.000 1	0.000 1	0.000 1	0.000 2
12	0.000 0	0.000 0	0.000 0	0.000 0	0.000 0	0.000 0	0.000 0	0.000 0	0.000 0	0.000 1

X	λ									
	3.1	3.2	3.3	3.4	3.5	3.6	3.7	3.8	3.9	4.0
0	0.045 0	0.040 8	0.036 9	0.033 4	0.030 2	0.027 3	0.024 7	0.022 4	0.020 2	0.018 3
1	0.139 7	0.134 0	0.121 7	0.113 5	0.105 7	0.098 4	0.091 5	0.085 0	0.078 9	0.073 3
2	0.216 5	0.208 7	0.200 8	0.192 9	0.185 0	0.177 1	0.169 2	0.161 5	0.153 9	0.146 5
3	0.223 7	0.222 6	0.220 9	0.218 6	0.215 8	0.212 5	0.208 7	0.204 6	0.200 1	0.195 4
4	0.173 4	0.178 1	0.182 3	0.185 8	0.188 8	0.191 2	0.193 1	0.194 4	0.195 1	0.195 4
5	0.107 5	0.114 0	0.120 3	0.126 4	0.132 2	0.137 7	0.142 9	0.147 7	0.152 2	0.156 3
6	0.055 5	0.060 8	0.066 2	0.071 6	0.077 1	0.082 6	0.088 1	0.093 6	0.098 9	0.104 2
7	0.024 6	0.027 8	0.031 2	0.034 8	0.038 5	0.042 5	0.046 6	0.050 8	0.055 1	0.059 5
8	0.009 5	0.011 1	0.012 9	0.014 8	0.016 9	0.019 1	0.021 5	0.024 1	0.026 9	0.029 8
9	0.003 3	0.004 0	0.004 7	0.005 6	0.006 6	0.007 6	0.008 9	0.010 2	0.011 6	0.013 2
10	0.001 0	0.001 3	0.001 6	0.001 9	0.002 3	0.002 8	0.003 3	0.003 9	0.004 5	0.005 3
11	0.000 3	0.000 4	0.000 5	0.000 6	0.000 7	0.000 9	0.001 1	0.001 3	0.001 6	0.001 9
12	0.000 1	0.000 1	0.000 1	0.000 2	0.000 2	0.000 3	0.000 3	0.000 4	0.000 5	0.000 6
13	0.000 0	0.000 0	0.000 0	0.000 0	0.000 1	0.000 1	0.000 1	0.000 1	0.000 2	0.000 2
14	0.000 0	0.000 0	0.000 0	0.000 0	0.000 0	0.000 0	0.000 0	0.000 0	0.000 0	0.000 1

X	λ									
	4.1	4.2	4.3	4.4	4.5	4.6	4.7	4.8	4.9	5.0
0	0.016 6	0.015 0	0.013 6	0.012 3	0.011 1	0.010 1	0.009 1	0.008 2	0.007 4	0.006 7
1	0.067 9	0.063 0	0.058 3	0.054 0	0.050 0	0.046 2	0.042 7	0.039 5	0.036 5	0.033 7
2	0.139 3	0.132 3	0.125 4	0.118 8	0.112 5	0.106 3	0.100 5	0.094 8	0.089 4	0.084 2
3	0.190 4	0.185 2	0.179 8	0.174 3	0.168 7	0.163 1	0.157 4	0.151 7	0.146 0	0.140 4
4	0.195 1	0.194 4	0.193 3	0.191 7	0.189 8	0.187 5	0.184 9	0.182 0	0.178 9	0.175 5
5	0.160 0	0.163 3	0.166 2	0.168 7	0.170 8	0.172 5	0.173 8	0.174 7	0.175 3	0.175 5
6	0.109 3	0.114 3	0.119 1	0.123 7	0.128 1	0.132 3	0.136 2	0.139 8	0.143 2	0.146 2
7	0.064 0	0.068 6	0.073 2	0.077 8	0.082 4	0.086 9	0.091 4	0.095 9	0.100 2	0.104 4
8	0.032 8	0.036 0	0.039 3	0.042 8	0.046 3	0.050 0	0.053 7	0.057 5	0.061 4	0.065 3
9	0.015 0	0.016 8	0.018 8	0.020 9	0.023 2	0.025 5	0.028 0	0.030 7	0.033 4	0.036 3

(续表)

X	λ									
	4.1	4.2	4.3	4.4	4.5	4.6	4.7	4.8	4.9	5.0
10	0.006 1	0.007 1	0.008 1	0.009 2	0.010 4	0.011 8	0.013 2	0.014 7	0.016 4	0.018 1
11	0.002 3	0.002 7	0.003 2	0.003 7	0.004 3	0.004 9	0.005 6	0.006 4	0.007 3	0.008 2
12	0.000 8	0.000 9	0.001 1	0.001 4	0.001 6	0.001 9	0.002 2	0.002 6	0.003 0	0.003 4
13	0.000 2	0.000 3	0.000 4	0.000 5	0.000 6	0.000 7	0.000 8	0.000 9	0.001 1	0.001 3
14	0.000 1	0.000 1	0.000 1	0.000 1	0.000 2	0.000 2	0.000 3	0.000 3	0.000 4	0.000 5
15	0.000 0	0.000 0	0.000 0	0.000 0	0.000 1	0.000 1	0.000 1	0.000 1	0.000 1	0.000 2

X	λ									
	5.1	5.2	5.3	5.4	5.5	5.6	5.7	5.8	5.9	6.0
0	0.006 1	0.005 5	0.005 0	0.004 5	0.004 1	0.003 7	0.003 3	0.003 0	0.002 7	0.002 5
1	0.031 1	0.028 7	0.026 5	0.024 4	0.022 5	0.020 7	0.019 1	0.017 6	0.016 2	0.014 9
2	0.079 3	0.074 6	0.070 1	0.065 9	0.061 8	0.058 0	0.054 4	0.050 9	0.047 7	0.044 6
3	0.134 8	0.129 3	0.123 9	0.118 5	0.113 3	0.108 2	0.103 3	0.098 5	0.093 8	0.089 2
4	0.171 9	0.168 1	0.164 1	0.160 0	0.155 8	0.151 5	0.147 2	0.142 8	0.138 3	0.133 9
5	0.175 3	0.174 8	0.174 0	0.172 8	0.171 4	0.169 7	0.167 8	0.165 6	0.163 2	0.160 6
6	0.149 0	0.151 5	0.153 7	0.155 5	0.157 1	0.158 4	0.159 4	0.160 1	0.160 5	0.160 6
7	0.108 6	0.112 5	0.116 3	0.120 0	0.123 4	0.126 7	0.129 8	0.132 6	0.135 3	0.137 7
8	0.069 2	0.073 1	0.077 1	0.081 0	0.084 9	0.088 7	0.092 5	0.096 2	0.099 8	0.103 3
9	0.039 2	0.042 3	0.045 4	0.048 6	0.051 9	0.055 2	0.058 6	0.062 0	0.065 4	0.068 8
10	0.020 0	0.022 0	0.024 1	0.026 2	0.028 5	0.030 9	0.033 4	0.035 9	0.038 6	0.041 3
11	0.009 3	0.010 4	0.011 6	0.012 9	0.014 3	0.015 7	0.017 3	0.019 0	0.020 7	0.022 5
12	0.003 9	0.004 5	0.005 1	0.005 8	0.006 5	0.007 3	0.008 2	0.009 2	0.010 2	0.011 3
13	0.001 5	0.001 8	0.002 1	0.002 4	0.002 8	0.003 2	0.003 6	0.004 1	0.004 6	0.005 2
14	0.000 6	0.000 7	0.000 8	0.000 9	0.001 1	0.001 3	0.001 5	0.001 7	0.001 9	0.002 2
15	0.000 2	0.000 2	0.000 3	0.000 3	0.000 4	0.000 5	0.000 6	0.000 7	0.000 8	0.000 9
16	0.000 1	0.000 1	0.000 1	0.000 1	0.000 1	0.000 2	0.000 2	0.000 2	0.000 3	0.000 3
17	0.000 0	0.000 0	0.000 0	0.000 0	0.000 0	0.000 0	0.000 1	0.000 1	0.000 1	0.000 1

X	λ									
	6.1	6.2	6.3	6.4	6.5	6.6	6.7	6.8	6.9	7.0
0	0.002 2	0.002 0	0.001 8	0.001 7	0.001 5	0.001 4	0.001 2	0.001 1	0.001 0	0.000 9
1	0.013 7	0.012 6	0.011 6	0.010 6	0.009 8	0.009 0	0.008 2	0.007 6	0.007 0	0.006 4
2	0.041 7	0.039 0	0.036 4	0.034 0	0.031 8	0.029 6	0.027 6	0.025 8	0.024 0	0.022 3
3	0.084 8	0.080 6	0.076 5	0.072 6	0.068 8	0.065 2	0.061 7	0.058 4	0.055 2	0.052 1
4	0.129 4	0.124 9	0.120 5	0.116 2	0.111 8	0.107 6	0.103 4	0.099 2	0.095 2	0.091 2
5	0.157 9	0.154 9	0.151 9	0.148 7	0.145 4	0.142 0	0.138 5	0.134 9	0.131 4	0.127 7
6	0.160 5	0.160 1	0.159 5	0.158 6	0.157 5	0.156 2	0.154 6	0.152 9	0.151 1	0.149 0
7	0.139 9	0.141 8	0.143 5	0.145 0	0.146 2	0.147 2	0.148 0	0.148 6	0.148 9	0.149 0

(续表)

X	λ									
	6.1	6.2	6.3	6.4	6.5	6.6	6.7	6.8	6.9	7.0
8	0.106 6	0.109 9	0.113 0	0.116 0	0.118 8	0.121 5	0.124 0	0.126 3	0.128 4	0.130 4
9	0.072 3	0.075 7	0.079 1	0.082 5	0.085 8	0.089 1	0.092 3	0.095 4	0.098 5	0.101 4
10	0.044 1	0.046 9	0.049 8	0.052 8	0.055 8	0.058 8	0.061 8	0.064 9	0.067 9	0.071 0
11	0.024 5	0.026 5	0.028 5	0.030 7	0.033 0	0.035 3	0.037 7	0.040 1	0.042 6	0.045 2
12	0.012 4	0.013 7	0.015 0	0.016 4	0.017 9	0.019 4	0.021 0	0.027 7	0.024 5	0.026 4
13	0.005 8	0.006 5	0.007 3	0.008 1	0.008 9	0.009 8	0.010 8	0.011 9	0.013 0	0.014 2
14	0.002 5	0.002 9	0.003 3	0.003 7	0.004 1	0.004 6	0.005 2	0.005 8	0.006 4	0.007 1
15	0.001 0	0.001 2	0.001 4	0.001 6	0.001 8	0.002 0	0.002 3	0.002 6	0.002 9	0.003 3
16	0.000 4	0.000 5	0.000 5	0.000 6	0.000 7	0.000 8	0.001 0	0.001 1	0.001 3	0.001 4
17	0.000 1	0.000 2	0.000 2	0.000 2	0.000 3	0.000 3	0.000 4	0.000 4	0.000 5	0.000 6
18	0.000 0	0.000 1	0.000 1	0.000 1	0.000 1	0.000 1	0.000 1	0.000 2	0.000 2	0.000 2
19	0.000 0	0.000 0	0.000 0	0.000 0	0.000 0	0.000 0	0.000 0	0.000 1	0.000 1	0.000 1

X	λ									
	7.1	7.2	7.3	7.4	7.5	7.6	7.7	7.8	7.9	8.0
0	0.000 8	0.000 7	0.000 7	0.000 6	0.000 6	0.000 5	0.000 5	0.000 4	0.000 4	0.000 3
1	0.005 9	0.005 4	0.004 9	0.004 5	0.004 1	0.003 8	0.003 5	0.003 2	0.002 9	0.002 7
2	0.020 8	0.019 4	0.018 0	0.016 7	0.015 6	0.014 5	0.013 4	0.012 5	0.011 6	0.010 7
3	0.049 2	0.046 4	0.043 8	0.041 3	0.038 9	0.036 6	0.034 5	0.032 4	0.030 5	0.028 6
4	0.087 4	0.083 6	0.079 9	0.076 4	0.072 9	0.069 6	0.066 3	0.063 2	0.060 2	0.057 3
5	0.124 1	0.120 4	0.116 7	0.113 0	0.109 4	0.105 7	0.102 1	0.098 6	0.095 1	0.091 6
6	0.146 8	0.144 5	0.142 0	0.139 4	0.136 7	0.133 9	0.131 1	0.128 2	0.125 2	0.122 1
7	0.148 9	0.148 6	0.148 1	0.147 4	0.146 5	0.145 4	0.144 2	0.142 8	0.141 3	0.139 6
8	0.132 1	0.133 7	0.135 1	0.136 3	0.137 3	0.138 2	0.138 8	0.139 2	0.139 5	0.139 6
9	0.104 2	0.107 0	0.109 6	0.112 1	0.114 4	0.116 7	0.118 7	0.120 7	0.122 4	0.124 1
10	0.074 0	0.077 0	0.080 0	0.082 9	0.085 8	0.088 7	0.091 4	0.094 1	0.096 7	0.099 3
11	0.047 8	0.050 4	0.053 1	0.055 8	0.058 5	0.061 3	0.064 0	0.066 7	0.069 5	0.072 2
12	0.028 3	0.030 3	0.032 3	0.034 4	0.036 6	0.038 8	0.041 1	0.043 4	0.045 7	0.048 1
13	0.015 4	0.016 8	0.018 1	0.019 6	0.021 1	0.022 7	0.024 3	0.026 0	0.027 8	0.029 6
14	0.007 8	0.008 6	0.009 5	0.010 4	0.011 3	0.012 3	0.013 4	0.014 5	0.015 7	0.016 9
15	0.003 7	0.004 1	0.004 6	0.005 1	0.005 7	0.006 2	0.006 9	0.007 5	0.008 3	0.009 0
16	0.001 6	0.001 9	0.002 1	0.002 4	0.002 6	0.003 0	0.003 3	0.003 7	0.004 1	0.004 5
17	0.000 7	0.000 8	0.000 9	0.001 0	0.001 2	0.001 3	0.001 5	0.001 7	0.001 9	0.002 1
18	0.000 3	0.000 3	0.000 4	0.000 4	0.000 5	0.000 6	0.000 6	0.000 7	0.000 8	0.000 9
19	0.000 1	0.000 1	0.000 1	0.000 2	0.000 2	0.000 2	0.000 3	0.000 3	0.000 3	0.000 4
20	0.000 0	0.000 0	0.000 1	0.000 1	0.000 1	0.000 1	0.000 1	0.000 1	0.000 1	0.000 2
21	0.000 0	0.000 0	0.000 0	0.000 0	0.000 0	0.000 0	0.000 0	0.000 0	0.000 1	0.000 1

(续表)

X	λ									
	8.1	8.2	8.3	8.4	8.5	8.6	8.7	8.8	8.9	9.0
0	0.000 3	0.000 3	0.000 2	0.000 2	0.000 2	0.000 2	0.000 2	0.000 2	0.000 1	0.000 1
1	0.002 5	0.002 3	0.002 1	0.001 9	0.001 7	0.001 6	0.001 4	0.001 3	0.001 2	0.001 1
2	0.010 0	0.009 2	0.008 6	0.007 9	0.007 4	0.006 8	0.006 3	0.005 8	0.005 4	0.005 0
3	0.026 9	0.025 2	0.023 7	0.022 2	0.020 8	0.019 5	0.018 3	0.017 1	0.016 0	0.015 0
4	0.054 4	0.051 7	0.049 1	0.046 6	0.044 3	0.042 0	0.039 8	0.037 7	0.035 7	0.033 7
5	0.088 2	0.084 9	0.081 6	0.078 4	0.075 2	0.072 2	0.069 2	0.066 3	0.063 5	0.060 7
6	0.119 1	0.116 0	0.112 8	0.109 7	0.106 6	0.103 4	0.100 3	0.097 2	0.094 1	0.091 1
7	0.137 8	0.135 8	0.133 8	0.131 7	0.129 4	0.127 1	0.124 7	0.122 2	0.119 7	0.117 1
8	0.139 5	0.139 2	0.138 8	0.138 2	0.137 5	0.136 6	0.135 6	0.134 4	0.133 2	0.131 8
9	0.125 6	0.126 9	0.128 0	0.129 0	0.129 9	0.130 6	0.131 1	0.131 5	0.131 7	0.131 8
10	0.101 7	0.104 0	0.106 3	0.108 4	0.110 4	0.112 3	0.114 0	0.115 7	0.117 2	0.118 6
11	0.074 9	0.077 6	0.080 2	0.082 8	0.085 3	0.087 8	0.090 2	0.092 5	0.094 8	0.097 0
12	0.050 5	0.053 0	0.055 5	0.057 9	0.060 4	0.062 9	0.065 4	0.067 9	0.070 3	0.072 8
13	0.031 5	0.033 4	0.035 4	0.037 4	0.039 5	0.041 6	0.043 8	0.045 9	0.048 1	0.050 4
14	0.018 2	0.019 6	0.021 0	0.022 5	0.024 0	0.025 6	0.027 2	0.028 9	0.030 6	0.032 4
15	0.009 8	0.010 7	0.011 6	0.012 6	0.013 6	0.014 7	0.015 8	0.016 9	0.018 2	0.019 4
16	0.005 0	0.005 5	0.006 0	0.006 6	0.007 2	0.007 9	0.008 6	0.009 3	0.010 1	0.010 9
17	0.002 4	0.002 6	0.002 9	0.003 3	0.003 6	0.004 0	0.004 4	0.004 8	0.005 3	0.005 8
18	0.001 1	0.001 2	0.001 4	0.001 5	0.001 7	0.001 9	0.002 1	0.002 4	0.002 6	0.002 9
19	0.000 5	0.000 5	0.000 6	0.000 7	0.000 8	0.000 9	0.001 0	0.001 1	0.001 2	0.001 4
20	0.000 2	0.000 2	0.000 2	0.000 3	0.000 3	0.000 4	0.000 4	0.000 5	0.000 5	0.000 6
21	0.000 1	0.000 1	0.000 1	0.000 1	0.000 1	0.000 2	0.000 2	0.000 2	0.000 2	0.000 3
22	0.000 0	0.000 0	0.000 0	0.000 0	0.000 1	0.000 1	0.000 1	0.000 1	0.000 1	0.000 1

X	λ									
	9.1	9.2	9.3	9.4	9.5	9.6	9.7	9.8	9.9	10
0	0.000 1	0.000 1	0.000 1	0.000 1	0.000 1	0.000 1	0.000 1	0.000 1	0.000 1	0.000 0
1	0.001 0	0.000 9	0.000 9	0.000 8	0.000 7	0.000 7	0.000 6	0.000 5	0.000 5	0.000 5
2	0.004 6	0.004 3	0.004 0	0.003 7	0.003 4	0.003 1	0.002 9	0.002 7	0.002 5	0.002 3
3	0.014 0	0.013 1	0.012 3	0.011 5	0.010 7	0.010 0	0.009 3	0.008 7	0.008 1	0.007 6
4	0.031 9	0.030 2	0.028 5	0.026 9	0.025 4	0.024 0	0.022 6	0.021 3	0.020 1	0.018 9
5	0.058 1	0.055 5	0.053 0	0.050 6	0.048 3	0.046 0	0.043 9	0.041 8	0.039 8	0.037 8
6	0.088 1	0.085 1	0.082 2	0.079 3	0.076 4	0.073 6	0.070 9	0.068 2	0.065 6	0.063 1
7	0.114 5	0.111 8	0.109 1	0.106 4	0.103 7	0.101 0	0.098 2	0.095 5	0.092 8	0.090 1
8	0.130 2	0.128 6	0.126 9	0.125 1	0.123 2	0.121 2	0.119 1	0.117 0	0.114 8	0.112 6
9	0.131 7	0.131 5	0.131 1	0.130 6	0.130 0	0.129 3	0.128 4	0.127 4	0.126 3	0.125 1
10	0.119 8	0.121 0	0.121 9	0.122 8	0.123 5	0.124 1	0.124 5	0.124 9	0.125 0	0.125 1
11	0.099 1	0.101 2	0.103 1	0.104 9	0.106 7	0.108 3	0.109 8	0.111 1	0.112 5	0.113 7

(续表)

X	λ									
	9.1	9.2	9.3	9.4	9.5	9.6	9.7	9.8	9.9	10
12	0.075 2	0.077 6	0.079 9	0.082 2	0.084 4	0.086 6	0.088 8	0.090 8	0.092 8	0.094 8
13	0.052 6	0.054 9	0.057 2	0.059 4	0.061 7	0.064 0	0.066 2	0.068 5	0.070 7	0.072 9
14	0.034 2	0.036 1	0.038 0	0.039 9	0.041 9	0.043 9	0.045 9	0.047 9	0.050 0	0.052 1
15	0.020 8	0.022 1	0.023 5	0.025 0	0.026 5	0.028 1	0.029 7	0.031 3	0.033 0	0.034 7
16	0.011 8	0.012 7	0.013 7	0.014 7	0.015 7	0.016 8	0.018 0	0.019 2	0.020 4	0.021 7
17	0.006 3	0.006 9	0.007 5	0.008 1	0.008 8	0.009 5	0.010 3	0.011 1	0.011 9	0.012 8
18	0.003 2	0.003 5	0.003 9	0.004 2	0.004 6	0.005 1	0.005 5	0.006 0	0.006 5	0.007 1
19	0.001 5	0.001 7	0.001 9	0.002 1	0.002 3	0.002 6	0.002 8	0.003 1	0.003 4	0.003 7
20	0.000 7	0.000 8	0.000 9	0.001 0	0.001 1	0.001 2	0.001 4	0.001 5	0.001 7	0.001 9
21	0.000 3	0.000 3	0.000 4	0.000 4	0.000 5	0.000 6	0.000 6	0.000 7	0.000 8	0.000 9
22	0.000 1	0.000 1	0.000 2	0.000 2	0.000 2	0.000 2	0.000 3	0.000 3	0.000 4	0.000 4
23	0.000 0	0.000 1	0.000 1	0.000 1	0.000 1	0.000 1	0.000 1	0.000 1	0.000 2	0.000 2
24	0.000 0	0.000 0	0.000 0	0.000 0	0.000 0	0.000 0	0.000 0	0.000 1	0.000 1	0.000 1

X	$\lambda=20$	X	$\lambda=20$	X	$\lambda=20$	X	$\lambda=20$
0	0.000 0	10	0.005 8	20	0.088 8	30	0.008 3
1	0.000 0	11	0.010 6	21	0.084 6	31	0.005 4
2	0.000 0	12	0.017 6	22	0.076 9	32	0.003 4
3	0.000 0	13	0.027 1	23	0.066 9	33	0.002 0
4	0.000 0	14	0.038 7	24	0.055 7	34	0.001 2
5	0.000 1	15	0.051 6	25	0.044 6	35	0.000 7
6	0.000 2	16	0.064 6	26	0.034 3	36	0.000 4
7	0.000 5	17	0.076 0	27	0.025 4	37	0.000 2
8	0.001 3	18	0.084 4	28	0.018 1	38	0.000 1
9	0.002 9	19	0.088 8	29	0.012 5	39	0.000 1

附表3　累积标准正态分布表

表中条目表示标准正态分布下，从 $-\infty$ 累积到 Z 的面积

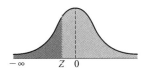

Z	累积概率									
	0.00	0.01	0.02	0.03	0.04	0.05	0.06	0.07	0.08	0.09
−6.0	0.000 000 001									
−5.5	0.000 000 019									
−5.0	0.000 000 287									
−4.5	0.000 003 398									
−4.0	0.000 031 671									
−3.9	0.000 05	0.000 05	0.000 04	0.000 04	0.000 04	0.000 04	0.000 04	0.000 04	0.000 03	0.000 03
−3.8	0.000 07	0.000 07	0.000 07	0.000 06	0.000 06	0.000 06	0.000 06	0.000 05	0.000 05	0.000 05
−3.7	0.000 11	0.000 10	0.000 10	0.000 10	0.000 09	0.000 09	0.000 08	0.000 08	0.000 08	0.000 08
−3.6	0.000 16	0.000 15	0.000 15	0.000 14	0.000 14	0.000 13	0.000 13	0.000 12	0.000 12	0.000 11
−3.5	0.000 23	0.000 22	0.000 22	0.000 21	0.000 20	0.000 19	0.000 19	0.000 18	0.000 17	0.000 17
−3.4	0.000 34	0.000 32	0.000 31	0.000 30	0.000 29	0.000 28	0.000 27	0.000 26	0.000 25	0.000 24
−3.3	0.000 48	0.000 47	0.000 45	0.000 43	0.000 42	0.000 40	0.000 39	0.000 38	0.000 36	0.000 35
−3.2	0.000 69	0.000 66	0.000 64	0.000 62	0.000 60	0.000 58	0.000 56	0.000 54	0.000 52	0.000 50
−3.1	0.000 97	0.000 94	0.000 90	0.000 87	0.000 84	0.000 82	0.000 79	0.000 76	0.000 74	0.000 71
−3.0	0.001 35	0.001 31	0.001 26	0.001 22	0.001 18	0.001 14	0.001 11	0.001 07	0.001 03	0.001 00
−2.9	0.001 9	0.001 8	0.001 8	0.001 7	0.001 6	0.001 6	0.001 5	0.001 5	0.001 4	0.001 4
−2.8	0.002 6	0.002 5	0.002 4	0.002 3	0.002 3	0.002 2	0.002 1	0.002 1	0.002 0	0.001 9
−2.7	0.003 5	0.003 4	0.003 3	0.003 2	0.003 1	0.003 0	0.002 9	0.002 8	0.002 7	0.002 6
−2.6	0.004 7	0.004 5	0.004 4	0.004 3	0.004 1	0.004 0	0.003 9	0.003 8	0.003 7	0.003 6
−2.5	0.006 2	0.006 0	0.005 9	0.005 7	0.005 5	0.005 4	0.005 2	0.005 1	0.004 9	0.004 8
−2.4	0.008 2	0.008 0	0.007 8	0.007 5	0.007 3	0.007 1	0.006 9	0.006 8	0.006 6	0.006 4
−2.3	0.010 7	0.010 4	0.010 2	0.009 9	0.009 6	0.009 4	0.009 1	0.008 9	0.008 7	0.008 4
−2.2	0.013 9	0.013 6	0.013 2	0.012 9	0.012 5	0.012 2	0.011 9	0.011 6	0.011 3	0.011 0
−2.1	0.017 9	0.017 4	0.017 0	0.016 6	0.016 2	0.015 8	0.015 4	0.015 0	0.014 6	0.014 3
−2.0	0.022 8	0.022 2	0.021 7	0.021 2	0.020 7	0.020 2	0.019 7	0.019 2	0.018 8	0.018 3
−1.9	0.028 7	0.028 1	0.027 4	0.026 8	0.026 2	0.025 6	0.025 0	0.024 4	0.023 9	0.023 3
−1.8	0.035 9	0.035 1	0.034 4	0.033 6	0.032 9	0.032 2	0.031 4	0.030 7	0.030 1	0.029 4
−1.7	0.044 6	0.043 6	0.042 7	0.041 8	0.040 9	0.040 1	0.039 2	0.038 4	0.037 5	0.036 7

附表3 累积标准正态分布表

(续表)

Z	累积概率									
	0.00	0.01	0.02	0.03	0.04	0.05	0.06	0.07	0.08	0.
−1.6	0.054 8	0.053 7	0.052 6	0.051 6	0.050 5	0.049 5	0.048 5	0.047 5	0.046 5	0.045 5
−1.5	0.066 8	0.065 5	0.064 3	0.063 0	0.061 8	0.060 6	0.059 4	0.058 2	0.057 1	0.055 9
−1.4	0.080 8	0.079 3	0.077 8	0.076 4	0.074 9	0.073 5	0.072 1	0.070 8	0.069 4	0.068 1
−1.3	0.096 8	0.095 1	0.093 4	0.091 8	0.090 1	0.088 5	0.086 9	0.085 3	0.083 8	0.082 3
−1.2	0.115 1	0.113 1	0.111 2	0.109 3	0.107 5	0.105 6	0.103 8	0.102 0	0.100 3	0.098 5
−1.1	0.135 7	0.133 5	0.131 4	0.129 2	0.127 1	0.125 1	0.123 0	0.121 0	0.119 0	0.117 0
−1.0	0.158 7	0.156 2	0.153 9	0.151 5	0.149 2	0.146 9	0.144 6	0.142 3	0.140 1	0.137 9
−0.9	0.184 1	0.181 4	0.178 8	0.176 2	0.173 6	0.171 1	0.168 5	0.166 0	0.163 5	0.161 1
−0.8	0.211 9	0.209 0	0.206 1	0.203 3	0.200 5	0.197 7	0.194 9	0.192 2	0.189 4	0.186 7
−0.7	0.242 0	0.238 8	0.235 8	0.232 7	0.229 6	0.226 6	0.223 6	0.220 6	0.217 7	0.214 8
−0.6	0.274 3	0.270 9	0.267 6	0.264 3	0.261 1	0.257 8	0.254 6	0.251 4	0.248 2	0.245 1
−0.5	0.308 5	0.305 0	0.301 5	0.298 1	0.294 6	0.291 2	0.287 7	0.284 3	0.281 0	0.277 6
−0.4	0.344 6	0.340 9	0.337 2	0.333 6	0.330 0	0.326 4	0.322 8	0.319 2	0.315 6	0.312 1
−0.3	0.382 1	0.378 3	0.374 5	0.370 7	0.366 9	0.363 2	0.359 4	0.355 7	0.352 0	0.348 3
−0.2	0.420 7	0.416 8	0.412 9	0.409 0	0.405 2	0.401 3	0.397 4	0.393 6	0.389 7	0.385 9
−0.1	0.460 2	0.456 2	0.452 2	0.448 3	0.444 3	0.440 4	0.436 4	0.432 5	0.428 6	0.424 7
−0.0	0.500 0	0.496 0	0.492 0	0.488 0	0.484 0	0.480 1	0.476 1	0.472 1	0.468 1	0.464 1
0.0	0.500 0	0.504 0	0.508 0	0.512 0	0.516 0	0.519 9	0.523 9	0.527 9	0.531 9	0.535 9
0.1	0.539 8	0.543 8	0.547 8	0.551 7	0.555 7	0.559 6	0.563 6	0.567 5	0.571 4	0.575 3
0.2	0.579 3	0.583 2	0.587 1	0.591 0	0.594 8	0.598 7	0.602 6	0.606 4	0.610 3	0.614 1
0.3	0.617 9	0.621 7	0.625 5	0.629 3	0.633 1	0.636 8	0.640 6	0.644 3	0.648 0	0.651 7
0.4	0.655 4	0.659 1	0.662 8	0.666 4	0.670 0	0.673 6	0.677 2	0.680 8	0.684 4	0.687 9
0.5	0.691 5	0.695 0	0.698 5	0.701 9	0.705 4	0.708 8	0.712 3	0.715 7	0.719 0	0.722 4
0.6	0.725 7	0.729 1	0.732 4	0.735 7	0.738 9	0.742 2	0.745 4	0.748 6	0.751 8	0.754 9
0.7	0.758 0	0.761 2	0.764 2	0.767 3	0.770 4	0.773 4	0.776 4	0.779 4	0.782 3	0.785 2
0.8	0.788 1	0.791 0	0.793 9	0.796 7	0.799 5	0.802 3	0.805 1	0.807 8	0.810 6	0.813 3
0.9	0.815 9	0.818 6	0.821 2	0.823 8	0.826 4	0.828 9	0.831 5	0.834 0	0.836 5	0.838 9
1.0	0.841 3	0.843 8	0.846 1	0.848 5	0.850 8	0.853 1	0.855 4	0.857 7	0.859 9	0.862 1
1.1	0.864 3	0.866 5	0.868 6	0.870 8	0.872 9	0.874 9	0.877 0	0.879 0	0.881 0	0.883 0
1.2	0.884 9	0.886 9	0.888 8	0.890 7	0.892 5	0.894 4	0.896 2	0.898 0	0.899 7	0.901 5
1.3	0.903 2	0.904 9	0.906 6	0.908 2	0.909 9	0.911 5	0.913 1	0.914 7	0.916 2	0.917 7
1.4	0.919 2	0.920 7	0.922 2	0.923 6	0.925 1	0.926 5	0.927 9	0.929 2	0.930 6	0.931 9
1.5	0.933 2	0.934 5	0.935 7	0.937 0	0.938 2	0.939 4	0.940 6	0.941 8	0.942 9	0.944 1
1.6	0.945 2	0.946 3	0.947 4	0.948 4	0.949 5	0.950 5	0.951 5	0.952 5	0.953 5	0.954 5
1.7	0.955 4	0.956 4	0.957 3	0.958 2	0.959 1	0.959 9	0.960 8	0.961 6	0.962 5	0.963 3
1.8	0.964 1	0.964 9	0.965 6	0.966 4	0.967 1	0.967 8	0.968 6	0.969 3	0.969 9	0.970 6
1.9	0.971 3	0.971 9	0.972 6	0.973 2	0.973 8	0.974 4	0.975 0	0.975 6	0.976 1	0.976 7
2.0	0.977 2	0.977 8	0.978 3	0.978 8	0.979 3	0.979 8	0.980 3	0.980 8	0.981 2	0.981 7

(续表)

Z	累积概率									
	0.00	0.01	0.02	0.03	0.04	0.05	0.06	0.07	0.08	0.
2.1	0.982 1	0.982 6	0.983 0	0.983 4	0.983 8	0.984 2	0.984 6	0.985 0	0.985 4	0.985 7
2.2	0.986 1	0.986 4	0.986 8	0.987 1	0.987 5	0.987 8	0.988 1	0.988 4	0.988 7	0.989 0
2.3	0.989 3	0.989 6	0.989 8	0.990 1	0.990 4	0.990 6	0.990 9	0.991 1	0.991 3	0.991 6
2.4	0.991 8	0.992 0	0.992 2	0.992 5	0.992 7	0.992 9	0.993 1	0.993 2	0.993 4	0.993 6
2.5	0.993 8	0.994 0	0.994 1	0.994 3	0.994 5	0.994 6	0.994 8	0.994 9	0.995 1	0.995 2
2.6	0.995 3	0.995 5	0.995 6	0.995 7	0.995 9	0.996 0	0.996 1	0.996 2	0.996 3	0.996 4
2.7	0.996 5	0.996 6	0.996 7	0.996 8	0.996 9	0.997 0	0.997 1	0.997 2	0.997 3	0.997 4
2.8	0.997 4	0.997 5	0.997 6	0.997 7	0.997 7	0.997 8	0.997 9	0.997 9	0.998 0	0.998 1
2.9	0.998 1	0.998 2	0.998 2	0.998 3	0.998 4	0.998 4	0.998 5	0.998 5	0.998 6	0.998 6
3.0	0.998 65	0.998 69	0.998 74	0.998 78	0.998 82	0.998 86	0.998 89	0.998 93	0.998 97	0.999 00
3.1	0.999 03	0.999 06	0.999 10	0.999 13	0.999 16	0.999 18	0.999 21	0.999 24	0.999 26	0.999 29
3.2	0.999 31	0.999 34	0.999 36	0.999 38	0.999 40	0.999 42	0.999 44	0.999 46	0.999 48	0.999 50
3.3	0.999 52	0.999 53	0.999 55	0.999 57	0.999 58	0.999 60	0.999 61	0.999 62	0.999 64	0.999 65
3.4	0.999 66	0.999 68	0.999 69	0.999 70	0.999 71	0.999 72	0.999 73	0.999 74	0.999 75	0.999 76
3.5	0.999 77	0.999 78	0.999 78	0.999 79	0.999 80	0.999 81	0.999 81	0.999 82	0.999 83	0.999 83
3.6	0.999 84	0.999 85	0.999 85	0.999 86	0.999 86	0.999 87	0.999 87	0.999 88	0.999 88	0.999 89
3.7	0.999 89	0.999 90	0.999 90	0.999 90	0.999 91	0.999 91	0.999 92	0.999 92	0.999 92	0.999 92
3.8	0.999 93	0.999 93	0.999 93	0.999 94	0.999 94	0.999 94	0.999 94	0.999 95	0.999 95	0.999 95
3.9	0.999 95	0.999 95	0.999 96	0.999 96	0.999 96	0.999 96	0.999 96	0.999 96	0.999 97	0.999 97
4.0	0.999 968 329									
4.5	0.999 996 602									
5.0	0.999 999 713									
5.5	0.999 999 981									
6.0	0.999 999 999									

附表4 t 分布表

对于特定自由度下,表中条目表示对应于特定累积概率为 $(1-\alpha)$ 和右尾区域 (α) 的 t 临界值

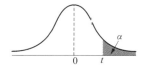

自由度	累积概率					
	0.75	0.90	0.95	0.975	0.99	0.995
	右尾面积					
	0.25	0.10	0.05	0.025	0.01	0.005
1	1.000 0	3.077 7	6.313 8	12.706 2	31.820 7	63.657 4
2	0.816 5	1.885 6	2.920 0	4.302 7	6.964 6	9.924 8
3	0.764 9	1.637 7	2.353 4	3.182 4	4.540 7	5.840 9
4	0.740 7	1.533 2	2.131 8	2.776 4	3.746 9	4.604 1
5	0.726 7	1.475 9	2.015 0	2.570 6	3.364 9	4.032 2
6	0.717 6	1.439 8	1.943 2	2.446 9	3.142 7	3.707 4
7	0.711 1	1.414 9	1.894 6	2.364 6	2.998 0	3.499 5
8	0.706 4	1.396 8	1.859 5	2.306 0	2.896 5	3.355 4
9	0.702 7	1.383 0	1.833 1	2.262 2	2.821 4	3.249 8
10	0.699 8	1.372 2	1.812 5	2.228 1	2.763 8	3.169 3
11	0.697 4	1.363 4	1.795 9	2.201 0	2.718 1	3.105 8
12	0.695 5	1.356 2	1.782 3	2.178 8	2.681 0	3.054 5
13	0.693 8	1.350 2	1.770 9	2.160 4	2.650 3	3.012 3
14	0.692 4	1.345 0	1.761 3	2.144 8	2.624 5	2.976 8
15	0.691 2	1.340 6	1.753 1	2.131 5	2.602 5	2.946 7
16	0.690 1	1.336 8	1.745 9	2.119 9	2.583 5	2.920 8
17	0.689 2	1.333 4	1.739 6	2.109 8	2.566 9	2.398 2
18	0.688 4	1.330 4	1.734 1	2.100 9	2.552 4	2.378 4
19	0.687 6	1.327 7	1.729 1	2.093 0	2.539 5	2.360 9
20	0.687 0	1.325 3	1.724 7	2.086 0	2.528 0	2.345 3
21	0.686 4	1.323 2	1.720 7	2.079 6	2.517 7	2.331 4
22	0.685 8	1.321 2	1.717 1	2.073 9	2.508 3	2.318 8
23	0.685 3	1.319 5	1.713 9	2.068 7	2.499 9	2.307 3
24	0.684 8	1.317 8	1.710 9	2.063 9	2.492 2	2.796 9
25	0.684 4	1.316 3	1.708 1	2.059 5	2.485 1	2.787 4

(续表)

自由度	累积概率					
	0.75	0.90	0.95	0.975	0.99	0.995
	右尾面积					
	0.25	0.10	0.05	0.025	0.01	0.005
26	0.684 0	1.315 0	1.705 6	2.055 5	2.478 6	2.778 7
27	0.683 7	1.313 7	1.703 3	2.051 8	2.472 7	2.770 7
28	0.683 4	1.312 5	1.701 1	2.048 4	2.467 1	2.763 3
29	0.683 0	1.311 4	1.699 1	2.045 2	2.462 0	2.756 4
30	0.682 8	1.310 4	1.697 3	2.042 3	2.457 3	2.750 0
31	0.682 5	1.309 5	1.695 5	2.039 5	2.452 8	2.744 0
32	0.682 2	1.308 6	1.693 9	2.036 9	2.448 7	2.738 5
33	0.682 0	1.307 7	1.692 4	2.034 5	2.444 8	2.733 3
34	0.681 8	1.307 0	1.690 9	2.032 2	2.441 1	2.728 4
35	0.681 6	1.306 2	1.689 6	2.030 1	2.437 7	2.723 8
36	0.681 4	1.305 5	1.688 3	2.028 1	2.434 5	2.719 5
37	0.681 2	1.304 9	1.687 1	2.026 2	2.431 4	2.715 4
38	0.681 0	1.304 2	1.686 0	2.024 4	2.428 6	2.711 6
39	0.680 8	1.303 6	1.684 9	2.022 7	2.425 8	2.707 9
40	0.680 7	1.303 1	1.683 9	2.021 1	2.423 3	2.704 5
41	0.680 5	1.302 5	1.682 9	2.019 5	2.420 8	2.701 2
42	0.680 4	1.302 0	1.682 0	2.018 1	2.418 5	2.698 1
43	0.680 2	1.301 6	1.681 1	2.016 7	2.416 3	2.695 1
44	0.680 1	1.301 1	1.680 2	2.015 4	2.414 1	2.692 3
45	0.680 0	1.300 6	1.679 4	2.014 1	2.412 1	2.689 6
46	0.679 9	1.300 2	1.678 7	2.012 9	2.410 2	2.687 0
47	0.679 7	1.299 8	1.677 9	2.011 7	2.408 3	2.684 6
48	0.679 6	1.299 4	1.677 2	2.010 6	2.406 6	2.682 2
49	0.679 5	1.299 1	1.676 6	2.009 6	2.404 9	2.680 0
50	0.679 4	1.298 7	1.675 9	2.008 6	2.403 3	2.677 8
51	0.679 3	1.298 4	1.675 3	2.007 6	2.401 7	2.675 7
52	0.679 2	1.298 0	1.674 7	2.006 6	2.400 2	2.673 7
53	0.679 1	1.297 7	1.674 1	2.005 7	2.398 8	2.671 8
54	0.679 1	1.297 4	1.673 6	2.004 9	2.397 4	2.670 0
55	0.679 0	1.297 1	1.673 0	2.004 0	2.396 1	2.668 2
56	0.678 9	1.296 9	1.672 5	2.003 2	2.394 8	2.666 5
57	0.678 8	1.296 6	1.672 0	2.002 5	2.393 6	2.664 9
58	0.678 7	1.296 3	1.671 6	2.001 7	2.392 4	2.663 3
59	0.678 7	1.296 1	1.671 1	2.001 0	2.391 2	2.661 8
60	0.678 6	1.295 8	1.670 6	2.000 3	2.390 1	2.660 3

(续表)

自由度	累积概率					
	0.75	0.90	0.95	0.975	0.99	0.995
	右尾面积					
	0.25	0.10	0.05	0.025	0.01	0.005
61	0.6785	1.2956	1.6702	1.9996	2.3890	2.6589
62	0.6785	1.2954	1.6698	1.9990	2.3880	2.6575
63	0.6784	1.2951	1.6694	1.9983	2.3870	2.6561
64	0.6783	1.2949	1.6690	1.9977	2.3860	2.6549
65	0.6783	1.2947	1.6686	1.9971	2.3851	2.6536
66	0.6782	1.2945	1.6683	1.9966	2.3842	2.6524
67	0.6782	1.2943	1.6679	1.9960	2.3833	2.6512
68	0.6781	1.2941	1.6676	1.9955	2.3824	2.6501
69	0.6781	1.2939	1.6672	1.9949	2.3816	2.6490
70	0.6780	1.2938	1.6669	1.9944	2.3808	2.6479
71	0.6780	1.2936	1.6666	1.9939	2.3800	2.6469
72	0.6779	1.2934	1.6663	1.9935	2.3793	2.6459
73	0.6779	1.2933	1.6660	1.9930	2.3785	2.6449
74	0.6778	1.2931	1.6657	1.9925	2.3778	2.6439
75	0.6778	1.2929	1.6654	1.9921	2.3771	2.6430
76	0.6777	1.2928	1.6652	1.9917	2.3764	2.6421
77	0.6777	1.2926	1.6649	1.9913	2.3758	2.6412
78	0.6776	1.2925	1.6646	1.9908	2.3751	2.6403
79	0.6776	1.2924	1.6644	1.9905	2.3745	2.6395
80	0.6776	1.2922	1.6641	1.9901	2.3739	2.6387
81	0.6775	1.2921	1.6639	1.9897	2.3733	2.6379
82	0.6775	1.2920	1.6636	1.9893	2.3727	2.6371
83	0.6775	1.2918	1.6634	1.9890	2.3721	2.6364
84	0.6774	1.2917	1.6632	1.9886	2.3716	2.6356
85	0.6774	1.2916	1.6630	1.9883	2.3710	2.6349
86	0.6774	1.2915	1.6628	1.9879	2.3705	2.6342
87	0.6773	1.2914	1.6626	1.9876	2.3700	2.6335
88	0.6773	1.2912	1.6624	1.9873	2.3695	2.6329
89	0.6773	1.2911	1.6622	1.9870	2.3690	2.6322
90	0.6772	1.2910	1.6620	1.9867	2.3685	2.6316
91	0.6772	1.2909	1.6618	1.9864	2.3680	2.6309
92	0.6772	1.2908	1.6616	1.9861	2.3676	2.6303
93	0.6771	1.2907	1.6614	1.9858	2.3671	2.6297
94	0.6771	1.2906	1.6612	1.9855	2.3667	2.6291
95	0.6771	1.2905	1.6611	1.9853	2.3662	2.6286

（续表）

自由度	累积概率					
	0.75	0.90	0.95	0.975	0.99	0.995
	右尾面积					
	0.25	0.10	0.05	0.025	0.01	0.005
96	0.677 1	1.290 4	1.660 9	1.985 0	2.365 8	2.628 0
97	0.677 0	1.290 3	1.660 7	1.984 7	2.365 4	2.627 5
98	0.677 0	1.290 2	1.660 6	1.984 5	2.365 0	2.626 9
99	0.677 0	1.290 2	1.660 4	1.984 2	2.364 6	2.626 4
100	0.677 0	1.290 1	1.660 2	1.984 0	2.364 2	2.625 9
110	0.676 7	1.289 3	1.658 8	1.981 8	2.360 7	2.621 3
120	0.676 5	1.288 6	1.657 7	1.979 9	2.357 8	2.617 4
∞	0.674 5	1.281 6	1.644 9	1.960 0	2.326 3	2.575 8

附表 5　F 分 布 表

对于特定分子和分母自由度组合的特定值，表中条目表示对应于特定累积概率为 $(1-\alpha)$ 和右尾区域 (α) 的 F 临界值

累积概率=0.95
右尾面积=0.05

分母自由度	分子自由度																	
	1	2	3	4	5	6	7	8	9	10	12	15	20	24	30	40	60	120	∞
1	161.40	199.50	215.70	224.60	230.20	234.00	236.80	238.90	240.50	241.90	243.90	245.90	248.00	249.10	250.10	251.10	252.20	253.30	254.30
2	18.51	19.00	19.16	19.25	19.30	19.33	19.35	19.37	19.38	19.40	19.41	19.43	19.45	19.45	19.46	19.47	19.48	19.49	19.50
3	10.13	9.55	9.28	9.12	9.01	8.94	8.89	8.85	8.81	8.79	8.74	8.70	8.66	8.64	8.62	8.59	8.57	8.55	8.53
4	7.71	6.94	6.59	6.39	6.26	6.16	6.09	6.04	6.00	5.96	5.91	5.86	5.80	5.77	5.75	5.72	5.69	5.66	5.63
5	6.61	5.79	5.41	5.19	5.05	4.95	4.88	4.82	4.77	4.74	4.68	4.62	4.56	4.53	4.50	4.46	4.43	4.40	4.36
6	5.99	5.14	4.76	4.53	4.39	4.28	4.21	4.15	4.10	4.06	4.00	3.94	3.87	3.84	3.81	3.77	3.74	3.70	3.67
7	5.59	4.74	4.35	4.12	3.97	3.87	3.79	3.73	3.68	3.64	3.57	3.51	3.44	3.41	3.38	3.34	3.30	3.27	3.23
8	5.32	4.46	4.07	3.84	3.69	3.58	3.50	3.44	3.39	3.35	3.28	3.22	3.15	3.12	3.08	3.04	3.01	2.97	2.93
9	5.12	4.26	3.86	3.63	3.48	3.37	3.29	3.23	3.18	3.14	3.07	3.01	2.94	2.90	2.86	2.83	2.79	2.75	2.71
10	4.96	4.10	3.71	3.48	3.33	3.22	3.14	3.07	3.02	2.98	2.91	2.85	2.77	2.74	2.70	2.66	2.62	2.58	2.54
11	4.84	3.98	3.59	3.36	3.20	3.09	3.01	2.95	2.90	2.85	2.79	2.72	2.65	2.61	2.57	2.53	2.49	2.45	2.40
12	4.75	3.89	3.49	3.26	3.11	3.00	2.91	2.85	2.80	2.75	2.69	2.62	2.54	2.51	2.47	2.43	2.38	2.34	2.30
13	4.67	3.81	3.41	3.18	3.03	2.92	2.83	2.77	2.71	2.67	2.60	2.53	2.46	2.42	2.38	2.34	2.30	2.25	2.21
14	4.60	3.74	3.34	3.11	2.96	2.85	2.76	2.70	2.65	2.60	2.53	2.46	2.39	2.35	2.31	2.27	2.22	2.18	2.13
15	4.54	3.68	3.29	3.06	2.90	2.79	2.71	2.64	2.59	2.54	2.48	2.40	2.33	2.29	2.25	2.20	2.16	2.11	2.07
16	4.49	3.63	3.24	3.01	2.85	2.74	2.66	2.59	2.54	2.49	2.42	2.35	2.28	2.24	2.19	2.15	2.11	2.06	2.01
17	4.45	3.59	3.20	2.96	2.81	2.70	2.61	2.55	2.49	2.45	2.38	2.31	2.23	2.19	2.15	2.10	2.06	2.01	1.96
18	4.41	3.55	3.16	2.93	2.77	2.66	2.58	2.51	2.46	2.41	2.34	2.27	2.19	2.15	2.11	2.06	2.02	1.97	1.92
19	4.38	3.52	3.13	2.90	2.74	2.63	2.54	2.48	2.42	2.38	2.31	2.23	2.16	2.11	2.07	2.03	1.98	1.93	1.88
20	4.35	3.49	3.10	2.87	2.71	2.60	2.51	2.45	2.39	2.35	2.28	2.20	2.12	2.08	2.04	1.99	1.95	1.90	1.84
21	4.32	3.47	3.07	2.84	2.68	2.57	2.49	2.42	2.37	2.32	2.25	2.18	2.10	2.05	2.01	1.96	1.92	1.87	1.81
22	4.30	3.44	3.05	2.82	2.66	2.55	2.46	2.40	2.34	2.30	2.23	2.15	2.07	2.03	1.98	1.94	1.89	1.84	1.78
23	4.28	3.42	3.03	2.80	2.64	2.53	2.44	2.37	2.32	2.27	2.20	2.13	2.05	2.01	1.96	1.91	1.86	1.81	1.76
24	4.26	3.40	3.01	2.78	2.62	2.51	2.42	2.36	2.30	2.25	2.18	2.11	2.03	1.98	1.94	1.89	1.84	1.79	1.73
25	4.24	3.39	2.99	2.76	2.60	2.49	2.40	2.34	2.28	2.24	2.16	2.09	2.01	1.96	1.92	1.87	1.82	1.77	1.71
26	4.23	3.37	2.98	2.74	2.59	2.47	2.39	2.32	2.27	2.22	2.15	2.07	1.99	1.95	1.90	1.85	1.80	1.75	1.69
27	4.21	3.35	2.96	2.73	2.57	2.46	2.37	2.31	2.25	2.20	2.13	2.06	1.97	1.93	1.88	1.84	1.79	1.73	1.67
28	4.20	3.34	2.95	2.71	2.56	2.45	2.36	2.29	2.24	2.19	2.12	2.04	1.96	1.91	1.87	1.82	1.77	1.71	1.65
29	4.18	3.33	2.93	2.70	2.55	2.43	2.35	2.28	2.22	2.18	2.10	2.03	1.94	1.90	1.85	1.81	1.75	1.70	1.64
30	4.17	3.32	2.92	2.69	2.53	2.42	2.33	2.27	2.21	2.16	2.09	2.01	1.93	1.89	1.84	1.79	1.74	1.68	1.62
40	4.08	3.23	2.84	2.61	2.45	2.34	2.25	2.18	2.12	2.08	2.00	1.92	1.84	1.79	1.74	1.69	1.64	1.58	1.51
60	4.00	3.15	2.76	2.53	2.37	2.25	2.17	2.10	2.04	1.99	1.92	1.84	1.75	1.70	1.65	1.59	1.53	1.47	1.39
120	3.92	3.07	2.68	2.45	2.29	2.17	2.09	2.02	1.96	1.91	1.83	1.75	1.66	1.61	1.55	1.50	1.43	1.35	1.25
∞	3.84	3.00	2.60	2.37	2.21	2.10	2.01	1.94	1.88	1.83	1.75	1.67	1.57	1.52	1.46	1.39	1.32	1.22	1.00

(续表)

累积概率=0.975
右尾面积=0.025

分母自由度	\\ 分子自由度	1	2	3	4	5	6	7	8	9	10	12	15	20	24	30	40	60	120	∞
1		647.80	799.50	864.20	899.60	921.80	937.10	948.20	956.70	963.30	968.60	976.70	984.90	993.10	997.20	1 001.00	1 006.00	1 010.00	1 014.00	1 018.00
2		38.51	39.00	39.17	39.25	39.30	39.33	39.36	39.39	39.39	39.40	39.41	39.43	39.45	39.46	39.46	39.47	39.48	39.49	39.50
3		17.44	16.04	15.44	15.10	14.88	14.73	14.62	14.54	14.47	14.42	14.34	14.25	14.17	14.12	14.08	14.04	13.99	13.95	13.90
4		12.22	10.65	9.98	9.60	9.36	9.20	9.07	8.98	8.90	8.84	8.75	8.66	8.56	8.51	8.46	8.41	8.36	8.31	8.26
5		10.01	8.43	7.76	7.39	7.15	6.98	6.85	6.76	6.68	6.62	6.52	6.43	6.33	6.28	6.23	6.18	6.12	6.07	6.02
6		8.81	7.26	6.60	6.23	5.99	5.82	5.70	5.60	5.52	5.46	5.37	5.27	5.17	5.12	5.07	5.01	4.96	4.90	4.85
7		8.07	6.54	5.89	5.52	5.29	5.12	4.99	4.90	4.82	4.76	4.67	4.57	4.47	4.42	4.36	4.31	4.25	4.20	4.14
8		7.57	6.06	5.42	5.05	4.82	4.65	4.53	4.43	4.36	4.30	4.20	4.10	4.00	3.95	3.89	3.84	3.78	3.73	3.67
9		7.21	5.71	5.08	4.72	4.48	4.32	4.20	4.10	4.03	3.96	3.87	3.77	3.67	3.61	3.56	3.51	3.45	3.39	3.33
10		6.94	5.46	4.83	4.47	4.24	4.07	3.95	3.85	3.78	3.72	3.62	3.52	3.42	3.37	3.31	3.26	3.20	3.14	3.08
11		6.72	5.26	4.63	4.28	4.04	3.88	3.76	3.66	3.59	3.53	3.43	3.33	3.23	3.17	3.12	3.06	3.00	2.94	2.88
12		6.55	5.10	4.47	4.12	3.89	3.73	3.61	3.51	3.44	3.37	3.28	3.18	3.07	3.02	2.96	2.91	2.85	2.79	2.72
13		6.41	4.97	4.35	4.00	3.77	3.60	3.48	3.39	3.31	3.25	3.15	3.05	2.95	2.89	2.84	2.78	2.72	2.66	2.60
14		6.30	4.86	4.24	3.89	3.66	3.50	3.38	3.29	3.21	3.15	3.05	2.95	2.84	2.79	2.73	2.67	2.61	2.55	2.49
15		6.20	4.77	4.15	3.80	3.58	3.41	3.29	3.20	3.12	3.06	2.96	2.86	2.76	2.70	2.64	2.59	2.52	2.46	2.40
16		6.12	4.69	4.08	3.73	3.50	3.34	3.22	3.12	3.05	2.99	2.89	2.79	2.68	2.63	2.57	2.51	2.45	2.38	2.32
17		6.04	4.62	4.01	3.66	3.44	3.28	3.16	3.06	2.98	2.92	2.82	2.72	2.62	2.56	2.50	2.44	2.38	2.32	2.25
18		5.98	4.56	3.95	3.61	3.38	3.22	3.10	3.01	2.93	2.87	2.77	2.67	2.56	2.50	2.44	2.38	2.32	2.26	2.19
19		5.92	4.51	3.90	3.56	3.33	3.17	3.05	2.96	2.88	2.82	2.72	2.62	2.51	2.45	2.39	2.33	2.27	2.20	2.13
20		5.87	4.46	3.86	3.51	3.29	3.13	3.01	2.91	2.84	2.77	2.68	2.57	2.46	2.41	2.35	2.29	2.22	2.16	2.09
21		5.83	4.42	3.82	3.48	3.25	3.09	2.97	2.87	2.80	2.73	2.64	2.53	2.42	2.37	2.31	2.25	2.18	2.11	2.04
22		5.79	4.38	3.78	3.44	3.22	3.05	2.93	2.84	2.76	2.70	2.60	2.50	2.39	2.33	2.27	2.21	2.14	2.08	2.00
23		5.75	4.35	3.75	3.41	3.18	3.02	2.90	2.81	2.73	2.67	2.57	2.47	2.36	2.30	2.24	2.18	2.11	2.04	1.97
24		5.72	4.32	3.72	3.38	3.15	2.99	2.87	2.78	2.70	2.64	2.54	2.44	2.33	2.27	2.21	2.15	2.08	2.01	1.94
25		5.69	4.29	3.69	3.35	3.13	2.97	2.85	2.75	2.68	2.61	2.51	2.41	2.30	2.24	2.18	2.12	2.05	1.98	1.91
26		5.66	4.27	3.67	3.33	3.10	2.94	2.82	2.73	2.65	2.59	2.49	2.39	2.28	2.22	2.16	2.09	2.03	1.95	1.88
27		5.63	4.24	3.65	3.31	3.08	2.92	2.80	2.71	2.63	2.57	2.47	2.36	2.25	2.19	2.13	2.07	2.00	1.93	1.85
28		5.61	4.22	3.63	3.29	3.06	2.90	2.78	2.69	2.61	2.55	2.45	2.34	2.23	2.17	2.11	2.05	1.98	1.91	1.83
29		5.59	4.20	3.61	3.27	3.04	2.88	2.76	2.67	2.59	2.53	2.43	2.32	2.21	2.15	2.09	2.03	1.96	1.89	1.81
30		5.57	4.18	3.59	3.25	3.03	2.87	2.75	2.65	2.57	2.51	2.41	2.31	2.20	2.14	2.07	2.01	1.94	1.87	1.79
40		5.42	4.05	3.46	3.13	2.90	2.74	2.62	2.53	2.45	2.39	2.29	2.18	2.07	2.01	1.94	1.88	1.80	1.72	1.64
60		5.29	3.93	3.34	3.01	2.79	2.63	2.51	2.41	2.33	2.27	2.17	2.06	1.94	1.88	1.82	1.74	1.67	1.58	1.48
120		5.15	3.80	3.23	2.89	2.67	2.52	2.39	2.30	2.22	2.16	2.05	1.94	1.82	1.76	1.69	1.61	1.53	1.43	1.31
∞		5.02	3.69	3.12	2.79	2.57	2.41	2.29	2.19	2.11	2.05	1.94	1.83	1.71	1.64	1.57	1.48	1.39	1.27	1.00

(续表)

累积概率 = 0.99
右尾面积 = 0.01

分母自由度	\分子自由度 1	2	3	4	5	6	7	8	9	10	12	15	20	24	30	40	60	120	∞
1	4 052.00	4 999.50	5 403.00	5 625.00	5 764.00	5 859.00	5 928.00	5 982.00	6 022.00	6 056.00	6 106.00	6 157.00	6 209.00	6 235.00	6 261.00	6 287.00	6 313.00	6 339.00	6 366.00
2	98.50	99.00	99.17	99.25	99.30	99.33	99.36	99.37	99.39	99.40	99.42	99.43	44.45	99.46	99.47	99.47	99.48	99.49	99.50
3	34.12	30.82	29.46	28.71	28.24	27.91	27.67	27.49	27.35	27.23	27.05	26.87	26.69	26.60	26.50	26.41	26.32	26.22	26.13
4	21.20	18.00	16.69	15.98	15.52	15.21	14.98	14.80	14.66	14.55	14.37	14.20	14.02	13.93	13.84	13.75	13.65	13.56	13.46
5	16.26	13.27	12.06	11.39	10.97	10.67	10.46	10.29	10.16	10.05	9.89	9.72	9.55	9.47	9.38	9.29	9.20	9.11	9.02
6	13.75	10.92	9.78	9.15	8.75	8.47	8.26	8.10	7.98	7.87	7.72	7.56	7.40	7.31	7.23	7.14	7.06	6.97	6.88
7	12.25	9.55	8.45	7.85	7.46	7.19	6.99	6.84	6.72	6.62	6.47	6.31	6.16	6.07	5.99	5.91	5.82	5.74	5.65
8	11.26	8.65	7.59	7.01	6.63	6.37	6.18	6.03	5.91	5.81	5.67	5.52	5.36	5.28	5.20	5.12	5.03	4.95	4.86
9	10.56	8.02	6.99	6.42	6.06	5.80	5.61	5.47	5.35	5.26	5.11	4.96	4.81	4.73	4.65	4.57	4.48	4.40	4.31
10	10.04	7.56	6.55	5.99	5.64	5.39	5.20	5.06	4.94	4.85	4.71	4.56	4.41	4.33	4.25	4.17	4.08	4.00	3.91
11	9.65	7.21	6.22	5.67	5.32	5.07	4.89	4.74	4.63	4.54	4.40	4.25	4.10	4.02	3.94	3.86	3.78	3.69	3.60
12	9.33	6.93	5.95	5.41	5.06	4.82	4.64	4.50	4.39	4.30	4.16	4.01	3.86	3.78	3.70	3.62	3.54	3.45	3.36
13	9.07	6.70	5.74	5.21	4.86	4.62	4.44	4.30	4.19	4.10	3.96	3.82	3.66	3.59	3.51	3.43	3.34	3.25	3.17
14	8.86	6.51	5.56	5.04	4.69	4.46	4.28	4.14	4.03	3.94	3.80	3.66	3.51	3.43	3.35	3.27	3.18	3.09	3.00
15	8.68	6.36	5.42	4.89	4.56	4.32	4.14	4.00	3.89	3.80	3.67	3.52	3.37	3.29	3.21	3.13	3.05	2.96	2.87
16	8.53	6.23	5.29	4.77	4.44	4.20	4.03	3.89	3.78	3.69	3.55	3.41	3.26	3.18	3.10	3.02	2.93	2.84	2.75
17	8.40	6.11	5.18	4.67	4.34	4.10	3.93	3.79	3.68	3.59	3.46	3.31	3.16	3.08	3.00	2.92	2.83	2.75	2.65
18	8.29	6.01	5.09	4.58	4.25	4.01	3.84	3.71	3.60	3.51	3.37	3.23	3.08	3.00	2.92	2.84	2.75	2.66	2.57
19	8.18	5.93	5.01	4.50	4.17	3.94	3.77	3.63	3.52	3.43	3.30	3.15	3.00	2.92	2.84	2.76	2.67	2.58	2.49
20	8.10	5.85	4.94	4.43	4.10	3.87	3.70	3.56	3.46	3.37	3.23	3.09	2.94	2.86	2.78	2.69	2.61	2.52	2.42
21	8.02	5.78	4.87	4.37	4.04	3.81	3.64	3.51	3.40	3.31	3.17	3.03	2.88	2.80	2.72	2.64	2.55	2.46	2.36
22	7.95	5.72	4.82	4.31	3.99	3.76	3.59	3.45	3.35	3.26	3.12	2.98	2.83	2.75	2.67	2.58	2.50	2.40	2.31
23	7.88	5.66	4.76	4.26	3.94	3.71	3.54	3.41	3.30	3.21	3.07	2.93	2.78	2.70	2.62	2.54	2.45	2.35	2.26
24	7.82	5.61	4.72	4.22	3.90	3.67	3.50	3.36	3.26	3.17	3.03	2.89	2.74	2.66	2.58	2.49	2.40	2.31	2.21
25	7.77	5.57	4.68	4.18	3.85	3.63	3.46	3.32	3.22	3.13	2.99	2.85	2.70	2.62	2.54	2.45	2.36	2.27	2.17
26	7.72	5.53	4.64	4.14	3.82	3.59	3.42	3.29	3.18	3.09	2.96	2.81	2.66	2.58	2.50	2.42	2.33	2.23	2.13
27	7.68	5.49	4.60	4.11	3.78	3.56	3.39	3.26	3.15	3.06	2.93	2.78	2.63	2.55	2.47	2.38	2.29	2.20	2.10
28	7.64	5.45	4.57	4.07	3.75	3.53	3.36	3.23	3.12	3.03	2.90	2.75	2.60	2.52	2.44	2.35	2.26	2.17	2.06
29	7.60	5.42	4.54	4.04	3.73	3.50	3.33	3.20	3.09	3.00	2.87	2.73	2.57	2.49	2.41	2.33	2.23	2.14	2.03
30	7.56	5.39	4.51	4.02	3.70	3.47	3.30	3.17	3.07	2.98	2.84	2.70	2.55	2.47	2.39	2.30	2.21	2.11	2.01
40	7.31	5.18	4.31	3.83	3.51	3.29	3.12	2.99	2.89	2.80	2.66	2.52	2.37	2.29	2.20	2.11	2.02	1.92	1.80
60	7.08	4.98	4.13	3.65	3.34	3.12	2.95	2.82	2.72	2.63	2.50	2.35	2.20	2.12	2.03	1.94	1.84	1.73	1.60
120	6.85	4.79	3.95	3.48	3.17	2.96	2.79	2.66	2.56	2.47	2.34	2.19	2.03	1.95	1.86	1.76	1.66	1.53	1.38
∞	6.63	4.61	3.78	3.32	3.02	2.80	2.64	2.51	2.41	2.32	2.18	2.04	1.88	1.79	1.70	1.59	1.47	1.32	1.00

(续表)

累积概率=0.995
右尾面积=0.005

分母自由度	|分子自由度																	
	1	2	3	4	5	6	7	8	9	10	12	15	20	24	30	40	60	120	∞
1	16 211.00	20 000.00	21 615.00	22 500.00	23 056.00	23 437.00	23 715.00	23 925.00	24 091.00	24 224.00	24 426.00	24 630.00	24 836.00	24 910.00	25 044.00	25 148.00	25 253.00	25 359.00	25 465.00
2	198.50	199.00	199.20	199.20	199.30	199.30	199.40	199.40	199.40	199.40	199.40	199.40	199.40	199.50	199.50	199.50	199.50	199.50	199.50
3	55.55	49.80	47.47	46.19	45.39	44.84	44.43	44.13	43.88	43.69	43.39	43.08	42.78	42.62	42.47	42.31	42.15	41.99	41.83
4	31.33	26.28	24.26	23.15	22.46	21.97	21.62	21.35	21.14	20.97	20.70	20.44	20.17	20.03	19.89	19.75	19.61	19.47	19.32
5	22.78	18.31	16.53	15.56	14.94	14.51	14.20	13.96	13.77	13.62	13.38	13.15	12.90	12.78	12.66	12.53	12.40	12.27	12.11
6	18.63	14.54	12.92	12.03	11.46	11.07	10.79	10.57	10.39	10.25	10.03	9.81	9.59	9.47	9.36	9.24	9.12	9.00	8.88
7	16.24	12.40	10.88	10.05	9.52	9.16	8.89	8.68	8.51	8.38	8.18	7.97	7.75	7.65	7.53	7.42	7.31	7.19	7.08
8	14.69	11.04	9.60	8.81	8.30	7.95	7.69	7.50	7.34	7.21	7.01	6.81	6.61	6.50	6.40	6.29	6.18	6.06	5.95
9	13.61	10.11	8.72	7.96	7.47	7.13	6.88	6.69	6.54	6.42	6.23	6.03	5.83	5.73	5.62	5.52	5.41	5.30	5.19
10	12.83	9.43	8.08	7.34	6.87	6.54	6.30	6.12	5.97	5.85	5.66	5.47	5.27	5.17	5.07	4.97	4.86	4.75	4.64
11	12.23	8.91	7.60	6.88	6.42	6.10	5.86	5.68	5.54	5.42	5.24	5.05	4.86	4.76	4.65	4.55	4.44	4.34	4.23
12	11.75	8.51	7.23	6.52	6.07	5.76	5.52	5.35	5.20	5.09	4.91	4.72	4.53	4.43	4.33	4.23	4.12	4.01	3.90
13	11.37	8.19	6.93	6.23	5.79	5.48	5.25	5.08	4.94	4.82	4.64	4.46	4.27	4.17	4.07	3.97	3.87	3.76	3.65
14	11.06	7.92	6.68	6.00	5.56	5.26	5.03	4.86	4.72	4.60	4.43	4.25	4.06	3.96	3.86	3.76	3.66	3.55	3.44
15	10.80	7.70	6.48	5.80	5.37	5.07	4.85	4.67	4.54	4.42	4.25	4.07	3.88	3.79	3.69	3.58	3.48	3.37	3.26
16	10.58	7.51	6.30	5.64	5.21	4.91	4.69	4.52	4.38	4.27	4.10	3.92	3.73	3.64	3.54	3.44	3.33	3.22	3.11
17	10.38	7.35	6.16	5.50	5.07	4.78	4.56	4.39	4.25	4.14	3.97	3.79	3.61	3.51	3.41	3.31	3.21	3.10	2.98
18	10.22	7.21	6.03	5.37	4.96	4.66	4.44	4.28	4.14	4.03	3.86	3.68	3.50	3.40	3.30	3.20	3.10	2.99	2.87
19	10.07	7.09	5.92	5.27	4.85	4.56	4.34	4.18	4.04	3.93	3.76	3.59	3.40	3.31	3.21	3.11	3.00	2.89	2.78
20	9.94	6.99	5.82	5.17	4.76	4.47	4.26	4.09	3.96	3.85	3.68	3.50	3.32	3.22	3.12	3.02	2.92	2.81	2.69
21	9.83	6.89	5.73	5.09	4.68	4.39	4.18	4.02	3.88	3.77	3.60	3.43	3.24	3.15	3.05	2.95	2.84	2.73	2.61
22	9.73	6.81	5.65	5.02	4.61	4.32	4.11	3.94	3.81	3.70	3.54	3.36	3.18	3.08	2.98	2.88	2.77	2.66	2.55
23	9.63	6.73	5.58	4.95	4.54	4.26	4.05	3.88	3.75	3.64	3.47	3.30	3.12	3.02	2.92	2.82	2.71	2.60	2.48
24	9.55	6.66	5.52	4.89	4.49	4.20	3.99	3.83	3.69	3.59	3.42	3.25	3.06	2.97	2.87	2.77	2.66	2.55	2.43
25	9.48	6.60	5.46	4.84	4.43	4.15	3.94	3.78	3.64	3.54	3.37	3.20	3.01	2.92	2.82	2.72	2.61	2.50	2.38
26	9.41	6.54	5.41	4.79	4.38	4.10	3.89	3.73	3.60	3.49	3.33	3.15	2.97	2.87	2.77	2.67	2.56	2.45	2.33
27	9.34	6.49	5.36	4.74	4.34	4.06	3.85	3.69	3.56	3.45	3.28	3.11	2.93	2.83	2.73	2.63	2.52	2.41	2.29
28	9.28	6.44	5.32	4.70	4.30	4.02	3.81	3.65	3.52	3.41	3.25	3.07	2.89	2.79	2.69	2.59	2.48	2.37	2.25
29	9.23	6.40	5.28	4.66	4.26	3.98	3.77	3.61	3.48	3.38	3.21	3.04	2.86	2.76	2.66	2.56	2.45	2.33	2.21
30	9.18	6.35	5.24	4.62	4.23	3.95	3.74	3.58	3.45	3.34	3.18	3.01	2.82	2.73	2.63	2.52	2.42	2.30	2.18
40	8.83	6.07	4.98	4.37	3.99	3.71	3.51	3.35	3.22	3.12	2.95	2.78	2.60	2.50	2.40	2.30	2.18	2.06	1.93
60	8.49	5.79	4.73	4.14	3.76	3.49	3.29	3.13	3.01	2.90	2.74	2.57	2.39	2.29	2.19	2.08	1.96	1.83	1.69
120	8.18	5.54	4.50	3.92	3.55	3.28	3.09	2.93	2.81	2.71	2.54	2.37	2.19	2.09	1.98	1.87	1.75	1.61	1.43
∞	7.88	5.30	4.28	3.72	3.35	3.09	2.90	2.74	2.62	2.52	2.36	2.19	2.00	1.90	1.79	1.67	1.53	1.36	1.00